中文社会科学引文索引(CSSCI)来源集刊
中国知网(CNKI)全文收录

# 对外汉语研究

## 第 十 期

上海师范大学
《对外汉语研究》编委会 编

2013年·北京

## 《对外汉语研究》编委会

名誉主编：张　斌

主　　编：齐沪扬

编委会成员（按音序排列）：
陈昌来　　崔希亮　　范开泰　　范　晓　　古川裕〔日本〕
李宇明　　陆俭明　　孟柱亿〔韩国〕　　潘文国　　齐沪扬
邵敬敏　　沈家煊　　石定栩〔中国香港〕　　史有为〔日本〕
吴为善　　信世昌〔中国台湾〕　　张谊生　　赵金铭

本期执行编委：齐沪扬　吴为善

本期执行编辑：姚占龙

# 目　　录

## 汉语教学研究

新加坡小学一年级华文口语诊断评量表的开发
　　……………………………………………〔新加坡〕陈之权　孙晓曦　1
论高级阶段修辞教学
　　——以比喻手法的输入与输出为例 …………………肖奚强　颜　明　13
论汉语教学大纲本土化
　　——以法国《初中汉语教学大纲》为例 ………………………丁安琪　24
"把"量构式形成的认知机制和语义格局
　　——基于汉语作为第二语言的量词教学策略研究
　　………………………………………………………高亚楠　吴长安　34
国际汉语基础教材中练习的设置与编写 ……………〔新加坡〕徐　峰　44
国际汉语教师培养模式考察：问题与对策 ………………………马国彦　58
第二语言教学的听说微技能训练及方法 …………………………高　红　72
汉语国际教育硕士教师话语微技能对比核查
　　——以教师话语中的标记语赘言及其纠正为个案 …………姜有顺　81
海峡两岸利用同语素类推构词情况研究 …………………………许　蕾　87
19世纪西方人汉外词典编纂中的汉语"根字"研究 ……………江　莉　95
外向型汉语学习词典的检字法及其创新 … 段濛濛　付　娜　孙　菁　105

## 汉语本体研究

及物动作动词构成的句干句式 ……………………………………范　晓　110

词语[±积极]语义特征的句法投射及其认知解释 … 吴为善 高亚亨 130
"整个"的语法化 …………………………………………… 胡清国 142
汉语篇章话题系统与篇章表达 ………………… 吴碧宇 王建国 151
反问(否定性疑问)的语义和功能
　　——以汉语与马达加斯加语的反问标记为例 … 陈振宇 安明明 160
话语标记"要知道" …………………………………………… 刘 焱 174
现代汉语同语式的重新界定及相关问题分析 ……………… 吴春相 184
"VO+N处所"构式的认知语用分析 ……………………… 唐依力 195
试论焦点和语序的互动关系问题 …………………………… 祁 峰 202
"拉倒吧"的话语标记功能及其来源 ……………………… 蒋协众 212
信息挤压与"都"的位移 ………………………… 程璐璐 刘思洁 222
以汉语方言为本的"V起来""V起去"比较
　　——兼论"起去"在现代汉语中的消隐 ……………… 蔡 瑱 230

《对外汉语研究》征稿启事 ……………………………………… 242

# 新加坡小学一年级华文口语诊断评量表的开发*

〔新加坡〕陈之权　孙晓曦

**摘　要**：本文利用质化和量化的分析数据描述了"新加坡小学一年级华文口语诊断评量表"的研发过程，并验证了该评量表的效度、信度和可操作性。通过对数据的呈现和解析发现，"新加坡小学一年级华文口语诊断评量表"的建构由于主要依赖真实的口语语料，同时结合专家和一线教师的意见，其效度和信度是一个逐步建立的过程，而且最终都达到了很高的程度。除了科学性，数据证明该评量表也是一个操作性很强的口语诊断工具，而且适用于课堂的实时评估。

**关键词**：新加坡小学一年级华文口语诊断评量表；效度；信度；可操作性

## 一、背景

新加坡自1965年独立后，出于对生存发展与地域政治的考量，政府在政策上一开始就规定以英语作为行政和商贸用语，但保障各族有使用本族语言的权利，并通过双语教育政策传承各族的语言文化（李光耀，2011）。以英语为行政兼商贸用语的政策，导致国民的社会经济地位在很大程度上与个人英语掌握能力相关的结局，英语成了社会的主流语言。现实的考量致使越来越多的家长把孩子送进英文学校受教育，以便日后得以谋得较好的职业。这批独立之后入学的孩子，目前已经成为新加坡经济人口的主要组成部分。从小就接受英文教育的结果，使他们习惯性地以英语思考和沟通，以英语为主要家庭用语。英语家庭在全国人口中的比例因此迅速扩大，其中尤以华族家庭的变化最大。

新加坡教育部于2010年公布的数据显示，过去20年来，以英语作为家庭主要用语

---

\* 感谢新加坡教育部"新加坡小一华文口语能力诊断工具"项目对本研究的支持。

的小学一年级华族新生的比例,从1991年的28%提高到2010年的59%,且有继续增加的趋势(新加坡教育部,2010)。虽然如此,依然有相当部分的家庭,继续以母语为主要的家庭用语。与此同时,近年来移民新加坡的外国人口也在增加,其中尤以中国移民的人数为最,带来了纯讲高水平华语的家庭。此外,来自非华语地区的移民人口也在上升。这批为数不少的非华语地区的移民,因为中国崛起为重要经济体的关系,纷纷要求孩子在学校里修读华文。本地华族国民家庭用语的迅速"脱华入英"、华语地区移民补充了原已萎缩的华语家庭、非华语地区移民孩子华语的低起点,这三个本地语言生态环境中的重要元素,导致了新加坡学校华语教学背景的多样性和复杂性的特点,也无可避免地决定了差异性教学将是华文教学的主要特色。

语言的学习规律是先听说后读写,以听说能力的发展来带动读写能力的发展(McGuinness,2006)。新加坡当前社会语言环境下这三类背景的学生入学之后,华文教学上面对的首要问题便是华语口语能力的明显差距。华文教师需要更专业地诊断学生的口语起点,并针对不同能力的学生设置最优化的口语教学。新加坡华文教师在过去很长的时间里,对学生口语能力的判断纯凭个人的专业知识,各校之间没有统一的诊断标准。因此新加坡需要一个能客观有效评鉴学生口语能力的工具,既能为全国不同学校评价学生口语能力提供参照,又能对学生口语表现的强弱面进行诊断,以协助教师根据学生口语能力的优势与不足进行差异性教学。

基于这样的情况,南洋理工大学新加坡华文教研中心,于2010年向新加坡教育部申报了"新加坡小一华文口语能力诊断工具"项目,以协助华文教师科学、有效地诊断学生的口语能力,并进行有针对性的口语教学。这套工具已经于2011年11月产出,其中的"新加坡小一华文口语能力诊断评量表"是核心部分。它不仅能够在课堂口语活动过程中诊断学生的口语强弱面、描述学生的口语表现,还能记录学生的口语能力发展以及他们在课堂上使用华语进行交际的信心,能够给教学提供及时的反馈,让教师能够根据学生的需求调整教学策略和内容,进行针对性的差异教学,进而提高每一个学生的华文口语能力。

## 二、第二语言口语评量表的研发概况

第二语言口语测量研究的发展要归因于二战后对外语人才的极度需求和外语教学的蓬勃发展。为选拔合格的外语人才,并评估不同外语教学方法的效果,很多第二语言口语能力评量表相继问世。其中不乏一些对后来的口语测量研究意义深远的量表(见表1)。

表1 主要第二语言口语能力评量表

| 量表名称 | 评分方式 | 级别 | 研发方法 | 对象 | 目标语言 |
|---|---|---|---|---|---|
| FSI(Foreign Service Institute) | 综合 | 11 | 直觉与经验 | 成人 | 第二语言 |
| ILR (Interagency Language Roundtable Scale) | 综合 | 13 | 直觉与经验 | 成人 | 第二语言 |
| ACTFL(the American Council on the Teaching of Foreign Languages) | 综合 | 9 | 直觉与经验 | 成人(主要为大学生) | 英语为第二语言 |
| ISL PR (International Second Language Proficiency Ratings) | 综合 | 12 | 直觉与经验 | 成人及青少年 | 第二语言 |
| FNC(Finnish National Certificate) | 综合 | 6 | 直觉与经验 | 成人 | 10种语言 |
| CLB (the Canadian Language Benchmarks) | 综合 | 12 | 直觉与经验 | 成人 | 英语为第二语言 |
| ALTE (Association of Language Testers in Europe) | 综合 | 6 | 直觉与经验 | 成人 | 27种语言 |
| CEFR(Common European Framework of Reference for languages) | 综合、分项 | 6 | 直觉、经验与实证数据 | 成人及年轻人 | 欧洲语言 |
| TSE (Test of Spoken English) | 综合、分项 | 5 | 直觉与经验 | 成人 | 英语 |
| Melbourne medical students' diagnostic speaking scales | 综合、分项 | 6 | 直觉与经验 | 成人(大学生) | 英语 |
| HSK(Hanyu Shuiping Kaoshi) | 综合 | 11 | 直觉与经验 | 成人 | 汉语为第二语言 |
| HKC (Hanyu Kouyu Shuiping Ceshi) | 综合 | 9 | 直觉与经验 | 成人 | 汉语为第二语言 |
| TOP (Test of Proficiency-Huayu)/TOCFL (Test of Chinese as a Foreign Language) | 综合 | 4 | 直觉与经验 | 成人 | 汉语为第二语言 |
| CCCC(Children's Chinese Competency Certificate) | 综合 | 3 | 直觉与经验 | 儿童 | 汉语为第二语言 |

表1所列的量表中,FSI,ILR与ACTFL量表一脉相承,且前两者的问世源于当时的军事历史背景,后者则主要针对外语教学领域。FSI量表是美国在20世纪50年代为了评量军事外交人才的口语能力而制定的标准。它的能力标准完全依赖人们对受良好教育的本族语者的定义,并无任何客观证据。基于FSI量表开发的ILR和ACTFL量表用途更加广泛、标准更加细化、能力级别更加科学,至今还在世界上广泛使用。

ISL PR 量表由澳大利亚开发,其内容在很大程度上与 ILR 和 ACTFL 量表相似,但在使用上则具体分为特定职业专用型和通用型。

FNC 量表是芬兰 1994 年出台的国家外语水平考试的口语能力评量工具。除了口语,该考试还考核阅读、写作、句型词汇和听力。FNC 量表将口语能力分为六级,并将其平均设在三个水平的考试(初级、中级和高级)中进行评估。

CLB 量表是 20 世纪末加拿大政府针对外来移民制定的英语作为第二语言的语言能力评估标准。它的语言能力描述跨越 12 个级别,并涵盖听、说、读、写四个方面。较之于其他量表,CLB 量表更明确地描述了在不同交际场合中,应试者可以完成的交际任务。

ALTE 和 CEFR 量表都于 20 世纪末源自欧洲。前者的开发团队为后者的开发提供了有力帮助,而后者的语言能力级别又为前者提供了参考。尽管如此,二者的开发目的却不尽相同。ALTE 量表的目的是为欧洲各国之间外语考试证书的相互认证提供统一标准。CEFR 量表则主要是为全欧洲地区语言教学的大纲编写、课程设置、教材编写和考试设计提供普遍框架(韩宝成,2006)。对于语言能力描述,ALTE 量表与 CLB 量表比较接近,分别从社会生活情境和旅游情境两个角度描述应试者的听、说、读、写之技能。

TSE 量表也是现今最为广泛使用的英语口语能力评量表之一。该量表将口语交际能力分为五个等级,并按照 Bachman 和 Palmer(1996)提出的交际能力构成框架对每个级别的能力表现进行描述。该量表于 2001 年由美国教育考试服务中心(ETS)推出,是专门评估口语交际能力的评量表。

"墨尔本医科学生口语诊断量表(Melbourne medical students' diagnostic speaking scales)"较之于其他评量表,是明确以诊断为目的的口语能力评量表,它能够提供应试者现有交际水平与实际要求之间差距的详细信息。

针对汉语为第二语言的语言能力评量表也为数不少,其中 HSK、HKC、TOP/TOCFL 和 CCCC 量表的使用颇为普遍。HSK 从设计到使用至今已有 20 多年,不仅在中国大陆和香港,而且在澳大利亚等地也多为使用。HKC、TOCFL 和 CCCC 量表都是用来评估口语能力的评量表。前者主要在中国大陆使用,后两者则是在中国台湾设计和使用,值得指出的是,CCCC 量表的测试对象集中为 7 到 12 岁的儿童。

以上所述评量表主要针对第二语言口语能力的评量,而且按照不同标准将口语能力分成不同级别,这对准确区别不同能力水平学习者的口语表现及详细描述其口语表现的特点大有裨益。尽管如此,根据表 1 所示,这些评量表仍有以下局限:第一,大部分评量表都以综合评分的方式对口语水平进行评定,只有少数几个评量表(如 CEFR 和

TSE量表)针对口语能力的不同侧面评定分项分数。例如,较之于ALTE和CLB量表,CEFR量表对语言能力和语言活动的划分和描述更为细致。除了综合性语言能力描述,CEFR量表还从范围、准确性、流利度、互动性和连贯性五个方面进行分项评估。第二,除CEFR量表之外的所有量表对口语能力的描述都主要基于量表设计者或语言专家们的直觉或经验,缺乏来源于第二语言学习者的客观证据的支撑。相反,CEFR量表的设计并不是依赖单纯的直觉与经验,而是将其与量化数据相结合,从而提高评量表的准确性和可靠性。第三,大部分评量表的测评对象为成人,针对儿童口语能力评估的工具还很有限。第四,还有待开发评估中国以外地区的汉语为第二语言学习者口语能力的评量表。第五,除"墨尔本医科学生口语诊断量表"外,其他量表都以衡量学习者口语表现特点、界定他们的口语水平为目的。这种评量信息对于了解学习者的口语程度确有价值,但其教学意义并不明显。测试的主要目的之一是服务教学,只有将评量信息有效融入教学实践,使教学有据可依,才能保证教学的针对性和有效性。从这个角度而言,能够传递学习者口语能力不同方面强弱项信息的诊断性测试则更具开发和实践价值。

新加坡是一个多种族、多语言社会。虽然华人人口众多,但英语作为官方和通用语言的地位决定了华文的教与学带有第二语言之特点,华文的使用和发展也明显带有新加坡本地之特色。因此,华文教师和专家学者们都意识到建立符合新加坡特色的华文口语评估工具的必要性和迫切性。以上综述的这些普遍使用并深受大众认可的口语能力评量表不仅为"新加坡小一华文口语能力诊断评量表"的构建提供参考,还为对以往局限性的突破提供了方向。

本研究中"新加坡小一华文口语能力诊断评量表"的开发历经两个阶段:评量表语言能力指标的确立和评量表效度、信度、可操作性的建立。

具体来讲,本研究的研究目的有三:

第一,如何确立"新加坡小一华文口语能力诊断评量表"的语言能力指标?

第二,"新加坡小一华文口语能力诊断评量表"的效度和信度如何?

第三,"新加坡小一华文口语能力诊断评量表"的可操作性如何?

## 三、研究方法

### 3.1 研究对象

不同阶段由于研究目的的不同,所参与的对象也不尽相同。具体研究对象的信息如表2所示。

表 2　研究对象信息

| 阶段 | 学校数量 | 班级数量 | 教师数量 | 学生数量 | 被评估学生数量 |
|---|---|---|---|---|---|
| 阶段一 | 4 | 16 | 16 | 400 | 184 |
| 阶段二 | 12 | 20 | 36 | 500 | 210 |

### 3.2 数据收集与分析过程

本研究的第一阶段于 2010 年 2 月开始进行。首先，研究组分别对新加坡四所小学一年级的 16 个班的学生的华文课学习进行观察，同时随机抽取和收集了对其中 184 名学生一对一的访谈语料，并从不同角度对这些学生华文口语表现的特征进行分析、评估和总结，从而为建构评量表的语言能力指标提供依据。其次，研究组开放网上平台调查新加坡小学一年级教师对学生华文口语能力表现的看法（见表 3），以期为评量表的语言能力指标的确定提供参考。通过将这两种渠道获得的数据汇总，初步建构评量表的雏形。

表 3　教师在线问卷调查

| 您认为以下哪些方面是学生口语能力的表现？ | 参与教师人数（共 44 人） |
|---|---|
| 学生在说话或回答问题时能运用课堂上所学的句型、词汇等 | 35(79.5%) |
| 学生能用正确的华语在课堂中与同学进行交谈、讨论 | 41(93.2%) |
| 学生能以正确的发音与声调朗读或念出课文 | 23(52.3%) |
| 学生能用正确的华语在课堂上回应老师 | 39(88.6%) |
| 学生能在日常生活中与家人或其他人以华语进行交谈 | 31(70.5%) |
| 学生能对设定的物品、图片或情景进行描述 | 38(86.4%) |

本研究的第二阶段始于 2011 年 4 月，另外 12 所新加坡小学一年级的 20 个班级和教师参与试用初始版本的"新加坡小一华文口语能力诊断评量表"。研究组通过问卷收集有关评量表效度的反馈信息，并对评量表的语言能力指标进行相应调整。评量表的信度共经历了两轮测试。在评量表的试用阶段，研究组比较了 20 位参与教师分别与项目组评分员之间对 196 名学生课堂华文口语表现评分的一致性。在评量表经过调整之后，项目组又比较了另外 16 位教师通过观看录像对 14 名学生的课堂华文口语表现评分的一致性。同时，通过比较每位教师的评分与标准分的一致性，评量表的可操作性也得以证明。

本研究采用了定性和定量分析相结合的方法。其中，评量表效度的建立主要依靠定性分析的方法；而第二阶段对评量表效度、信度和可操作性的验证则主要借助定量的分析手段。

## 四、结果与讨论

### 4.1 效度的建立与验证

通过对第一阶段184名学生访谈语料的分析,研究组从语音、词汇、句法、交际表达、偏误等角度①对新加坡小一学生的华文口语表现特征进行归纳和总结后将其划分为四个发展期——萌芽期、展叶期、开花期和幼果期。

教师在线问卷调查所得的数据清楚显示,小一华文教师认为口语能力基本涵盖词汇、句型、发音及回应、描述、讨论等不同交际功能。

据此,评量表中口语能力评量的主要内容基本锁定在词汇、语法句型、语音语调和交际表达②。这四个层面的语言能力指标项(indicator)和描述项(descriptor)③也得以初步建构。表4概括了评量表的主要内容。从中不难发现,除了上文提到的将口语能力发展划分为四个发展期、将口语表现分割为四个层面之外,各个层面的指标项在每个发展期保持不变。例如,对词汇表现的评量在四个发展期中都是从用词的丰富度角度进行的。而四个发展期的口语表现特点则是由描述项体现④。另外,为了便于教师细化操作,四个发展期又分别涵盖下、中、上三个阶段。这样的设计又为教师鉴别同一发展期学生口语表现的强弱面提供了更可靠的依据。

表4 新加坡小一华文口语能力诊断评量表(简表)

| 发展期<br>构成 | 萌芽期<br>(下—中—上) | 展叶期<br>(下—中—上) | 开花期<br>(下—中—上) | 幼果期<br>(下—中—上) |
|---|---|---|---|---|
| 词汇 | 丰富度 | 丰富度 | 丰富度 | 丰富度 |
| 语法句型 | 语法、词序<br>句型变化 | 语法、词序<br>句型变化 | 语法、词序<br>句型变化 | 语法、词序<br>句型变化 |
| 语音语调 | 语音语调句调 | 语音语调句调 | 语音语调句调 | 语音语调句调 |
| 交际表达 | 听、回应<br>停顿与话轮<br>提问<br>语意连贯 | 听、回应<br>停顿与话轮<br>提问<br>语意连贯 | 听、回应<br>停顿与话轮<br>提问<br>语意连贯 | 听、回应<br>停顿与话轮<br>提问<br>语意连贯 |

---

① 这些角度的选取参照了现有主要口语评量表的结构,如ACTFL、CEFR等。
② 在此,"词汇""语法句型"和"语音语调"被界定为语言能力;"交际表达"被界定为交际能力。
③ 指标项是指能明显标示和观测口语能力发展特点的要素。这些要素以不同量值标注,量值的不同范围界定被评估者的语言能力程度;描述项是指对指标项在四个发展期中的解释。
④ 例如词汇层面的"丰富度"指标项在四个发展期的描述分别以"贫乏""不丰富""较丰富""丰富"等表述进行区别。

在教师试用评量表后,研究组再次调查了教师对评量表内容效度的态度,即"您觉得诊断工具在词汇、语法句型、语音语调和交际表达层面的各个指标项是不是能够清楚区分和描述各等级学生的能力表现?"。如表5所示,教师们分别三次在不同主题活动中试用评量表,每一次绝大多数教师都认可评量表在四个层面上的语言能力指标能够明确显示和区别各等级学生的口语能力表现。具体来说,在第一个主题活动中试用后,分别有85%(17人)、75%(15人)、90%(18人)和80%(16人)的教师肯定评量表在词汇、语法句型、语音语调和交际表达四个方面的有效性;在第二个主题活动中试用后,同意评量表的四个层面能有效反映和显示学生口语能力差异的教师的比例分别为94.1%(16人)、88.2%(15人)、94.1%(16人)和82.4%(14人);同样,通过第三个主题活动的试用,调查结果表明赞成评量表在四个层面上的内容有效性的教师比例分别为80%(16人)、80%(16人)、85%(17人)和75%(15人)。

表5　评量表内容效度教师态度调查

| 诊断层面<br>试用次数 | 词汇 | | | 语法句型 | | | 语音语调 | | | 交际表达 | | | 教师人数 |
|---|---|---|---|---|---|---|---|---|---|---|---|---|---|
| | 是 | 否 | 一 | 是 | 否 | 一 | 是 | 否 | 一 | 是 | 否 | 一 | |
| 第一次 | 17 | 2 | 1 | 15 | 4 | 1 | 18 | 1 | 1 | 16 | 3 | 1 | 20 |
| 第二次 | 16 | 1 | 0 | 15 | 2 | 0 | 16 | 1 | 0 | 14 | 3 | 0 | 17 |
| 第三次 | 16 | 2 | 2 | 16 | 2 | 2 | 17 | 0 | 3 | 15 | 3 | 2 | 20 |

表5还显示,综观三次不同主题活动的试用反馈,评量表四个语言层面中"语音语调"和"词汇"的各个指标项对帮助教师评量学生的口语能力表现更加有效。如,三次试用分别有90%(18人)、94.1%(16人)和85%(17人)的教师赞成"语音语调"各个指标项的有效性;同时也有85%(17人)、94.1%(16人)和80%(16人)的教师认为"词汇"层面的指标项更能有效帮助他们诊断学生的口语能力。持否定态度的教师的意见主要是描述项的表述不够详细,建议提供实例进行说明。

### 4.2 信度的建立与验证

如前所述,评量表的信度历经两次测试,第一次在评量表试用期间进行。20位教师分别与一位项目组评分员在课堂活动中使用评量表对学生的口语表现进行实时诊断。参与诊断的项目组评分员已事先接受了针对评量表使用的专门培训。并且他们之间在词汇、语法句型、语音语调、交际表达和综合表现方面的评分一致性分别为0.849、0.862、0.820、0.868、0.882。

表6显示,教师与项目组评分员之间评分的组内相关系数的显著性比率在词汇、语法句型、语音语调、交际表达和综合表现方面分别是65%、70%、70%、80%、80%。在

评分显著一致的范围内,大部分 ICC 值都在 0.700 以上[①]。例如,在词汇方面,11 组教师—评分员的评分一致性在 0.700 以上,甚至有 5 组处在 0.900 以上,只有两组低于 0.600。在语法句型、语音语调、交际表达和综合表现方面,评分一致性达到 0.700 以上的组数分别是 11、12、14 和 16。而低于 0.700 的组数分别是 3、2、2 和 0。

表 6 教师—项目组评分员评分一致性归总

| 教师数量 | ICC | 词汇 显著比率 65% | 语法句型 显著比率 70% | 语音语调 显著比率 70% | 交际表达 显著比率 80% | 综合 显著比率 80% |
|---|---|---|---|---|---|---|
| 20 | ＜0.600 | 2 | 0 | 2 | 1 | 0 |
| | 0.600~0.699 | 0 | 3 | 0 | 1 | 0 |
| | 0.700~0.799 | 4 | 1 | 5 | 2 | 2 |
| | 0.800~0.899 | 2 | 4 | 4 | 7 | 9 |
| | 0.900~1 | 5 | 6 | 3 | 5 | 5 |

ICC＝组内相关系数

试用阶段的测试表明,教师—项目组评分员的评分在交际表达和综合评估两项的一致性很高,在词汇、语法句型和语音语调三项的一致性也很明显。这一点不仅可以从 ICC 值的显著性比率看出,达到 0.800 以上的 ICC 值数量也显示教师—项目组评分员在交际表达和综合表现方面的评分一致性很高。这主要归结于很多教师在理解评量表中发展期尤其是"幼果期"的语言能力描述时存在分歧。例如,他们在访谈中有的表示对某些指标项的描述还不够熟悉、把握得不够准确;有的则表示很多交际表达和综合表现都很好的学生在用词、语法准确性或语音语调上不一定就达到很高的程度。所以,这一阶段的信度测试显示,评量表的信度虽然已经得到较好的建立,但还有进一步提升的空间。

表 7 教师评分一致性归总

| 教师数量 | 口语样本数量 | 词汇 ICC | 语法句型 ICC | 语音语调 ICC | 交际表达 ICC | 综合 ICC |
|---|---|---|---|---|---|---|
| 16 | 14 | 0.724 | 0.729 | 0.705 | 0.737 | 0.752 |

ICC＝组内相关系数　　＊ICC 值都显著（P＜0.001）

在根据试用教师和专家的意见对评量表的期别划分,尤其是"幼果期"的界定进一步调整之后,项目组对其信度进行第二轮测试,即,由另外 16 名教师利用量表对录像中

---

[①] 根据国际研发惯例,ICC 值在 0.700 以上即可证明一致性很高(Novak, Herman, & Gearhart, 1996)。

14个口语样本进行实时评价。表7明确显示所有ICC值都显著($P<0.001$),这与信度测试一相比,是一个明显的提高。除此之外,教师们在词汇、语法句型、语音语调、交际表达和综合表现方面评分的一致性都达到0.700以上。由此可见,调整后的评量表能有效地帮助教师诊断学生的口语表现在各个层面上的强弱。

### 4.3 可操作性的验证

"新加坡小一华文口语能力诊断评量表"的研发原则之一便是"易用",因此,项目组通过比较以上16名教师的评分与标准分之间的一致性对评量表的可操作性进行了验证。从表8中不难发现,首先,所有ICC值都具有显著性。其次,16名教师中大部分(12人、12人、15人和14人)的评分在词汇、语法句型、交际表达和综合表现上与标准分的一致性达到0.700以上。这表明在经过了将近两天的培训之后,大部分教师都能很好地使用评量表对口语表现进行有效评估。但同时数据还显示,在词汇、语法句型和语音语调层面分别有4名、4名和10名教师的评分与标准分的一致性低于0.700。尤其是在"语音语调"这一层面,虽然根据试用阶段教师的反馈,这个层面的能力指标能够清楚区分和描述各发展期学生的能力表现(见表5),但在实践中对很多教师而言似乎还无法准确把握。这个结果一方面与很多以往的研究相近,如在Hendricks等人的研究(1980;cf. Fulcher, 2003)中评分员对语音语调评分的一致性仅为0.43;另一方面也说明,相对于交际表达,教师们对评量表中语言能力各个层面指标的熟练掌握还需要更多时间和操练,还需要更多专业性的指导。

表8 教师评分与标准分一致性归总

| 教师数量 | ICC | 词汇 | 语法句型 | 语音语调 | 交际表达 | 综合 |
|---|---|---|---|---|---|---|
| 16 | <0.600 | 0 | 2 | 4 | 0 | 0 |
| | 0.600~0.699 | 4 | 2 | 6 | 1 | 2 |
| | 0.700~0.799 | 4 | 4 | 3 | 5 | 3 |
| | 0.800~0.899 | 6 | 8 | 3 | 8 | 8 |
| | 0.900~1 | 2 | 0 | 0 | 2 | 3 |

ICC=组内相关系数　　＊ICC值都显著($P<0.001$)

## 五、结束语

"新加坡小一华文口语能力诊断评量表"对新加坡华文教学具有深远的实践意义。

首先，该诊断评量表能辅助教师更客观有效地了解学生华文口语能力不同侧面的强弱。这不仅可以让教师对学生的起点和学习进程一目了然，并且能够促使教师对教学过程做更现实的反思，从教学内容到教学策略上进行更具有针对性的调整，从而提高学生的华文口语能力。其次，通过使用该诊断评量表，教师将能够对口语表现的方方面面、口语能力的发展轨迹乃至口语教学具有更深刻的认识。这对新加坡华文教师的专业提升无疑大有裨益。

作为华文口语的评量工具，"新加坡小一华文口语能力诊断评量表"为评量华文为第二语言学习者，尤其是初级水平学习者的口语能力提供了有效参考和可靠依据。其研发过程也对华文口语能力评估工具的进一步开发具有借鉴意义。

第一，就其性质而论，本评量表是诊断性评估的有效工具。它超越了绝大部分现存的仅止步于界定学习者口语能力级别的评量表，更加深入地挖掘学习者语言使用中的优势和缺陷。这种诊断信息的价值在于它能够使语言教育工作者意识到不同背景的第二语言学习者语言学习成果的差异性，并进一步思考如何在第二语言的教学中乃至教育政策的制定和实施中进行调整。因此，本评量表的研发不仅是诊断性评估实施和推广的前提，也为今后诊断性评估工具的研发抛砖引玉。

第二，从评分方式上来讲，该评量表采用综合评分和分项评分相结合的方式。不仅提供学习者口语能力总体水平的信息，更反映了他们在词汇、语法、发音、交际表达各方面的具体表现。对教师而言，这种评分方式既方便他们了解全体学生口语能力水平的比例和分布，也有助于他们认清每个学生口语能力不同层面的强弱表现。较之于大多数仅限于综合评分的评量表而言，本评量表无疑更具有教育价值。

第三，从其自身有效性的验证来看，本评量表的构建主要立足于真实的口语语料，同时参考专家及一线教师的意见。这不仅在内容和架构上确保了评量表口语能力指标设立的理论性和完整性，还使其更符合新加坡本地华文第二语言初学者华文使用的特色。这种基于真实语料，而不单纯依赖经验和直觉建构的评量表才能为评估者和教师提供真实、客观、可信的评估信息。

第四，就其使用操作而言，本评量表专为教师于课堂内对学生口语产出进行实时诊断所用，即教师针对目标学生在特定口语活动①中的口语产出进行诊断。毫无疑问，口语是交际中使用的语言，因此口语评估绝不应该脱离交际情景。实际上，很多口语测试都已设法融入交际情境元素，如 FSI 考试的 OPI（Oral Proficiency Interview）、HKC 考试的"问答"等等。正是基于这样的考虑，本评量表旨在帮助教师判断学生身处具体

---

① 这里指根据课本教学内容设计的互动性活动。

情境、针对具体话题时口语产出的特点。该种操作方式不仅不占用教师额外的时间和精力，而且所生成的诊断信息对教师、对学生及家长而言都更客观、更具体、更可信。因此，这是对以往借助笔试、录音或访谈的口语测试形式的一次突破性尝试。

综上所述，"新加坡小一华文口语能力诊断评量表"的成功建立对新加坡乃至国际华文口语评量工具的研发及华文第二语言口语教学都具有不可低估的价值和启示意义。

**参考文献**

韩宝成（2006）国外语言能力量表述评，《外语教学与研究》第6期。
李光耀（2011）《我一生的挑战——新加坡双语之路》，新加坡《联合早报》。
新加坡教育部（2010）《乐学善用——2010年母语检讨委员会报告书》，新加坡教育部。
Alderson, J. C., Clapham, C. M. and Wall, D. (1995) *Language Test Construction and Evaluation*. Cambridge: Cambridge University Press.
Bachman, L. F. and Palmer, A. S. (1996) *Language Testing in Practice*. Oxford: Oxford University Press.
Fulcher, G. (2003) *Testing Second Language Speaking*. Britain: Pearson Education Limited.
McGuinness, D. (2006) *Language Development and Learning to Read*. MA: MIT Press.
Novak, J. R., Herman, J. L. and Gearhart, M. (1996) *Issues in Portfolio Assessment: The Scorability of Narrative Collections*. CSE Technical Report 410. Los Angeles: National Center for Research on Evaluation, Standards and Student Testing (CRESST), University of California.

（279623　新加坡，新加坡南洋理工大学新加坡华文教研中心）

# 论高级阶段修辞教学*
## ——以比喻手法的输入与输出为例

肖奚强　颜　明①

**摘　要**：文章以比喻手法的输入与输出为例讨论高级阶段汉语修辞教学问题。在介绍《多文体精泛结合高级汉语教程》修辞方面的编写理念与实践以及比喻的教学输入的基础上，分析外国留学生的输出。发现留学生对比喻次类及与其他辞格的兼用、连用的使用不仅仅是简单的模仿而是能动地创造性地产生输出。认为丰富有效的教学输入对学生的理解和输出有着正面、积极的引导和促进作用；学生的输出不等同于输入，往往大于输入；输出既是教学输入的证据，也是学生业已内化的语言知识的证据。

**关键词**：高级阶段；修辞教学；教材编写；比喻手法；教学输入；输出

## 缘　起

在众多的对外汉语教材以及教学实践中，修辞教学几近阙如。我们自新世纪立项建设高级汉语课程以来，在这方面进行了长期的探索与实践。此间，我们改革了课程教学内容和教学方法，立项编写并出版了配套的教材——《多文体·精泛结合·高级汉语教程》，并将该课程建设成校级精品课程。

虽然自20世纪90年代后期以来，陆续有人撰文呼吁要重视修辞教学；但迄今为止发表在核心以上期刊上的此类论文数量仅寥寥十数篇，且多为宏观讨论修辞教学的重

---

\* 本文得到国家社科基金、教育部哲社基金、江苏省优势学科建设项目、江苏省研究生精品课程建设项目、南京师大优秀教学团队项目的资助。初稿曾在第十一届高校对外汉语教学国际研讨会(2013.7.3—7.5 英国·诺丁汉大学)上宣读。

① 肖奚强，男，语言学博士，教授，对外汉语专业博士生导师，南京师范大学国际汉语教育研究所所长。主要研究领域为现代汉语语法、语言教学与习得理论。颜明，女，对外汉语专业博士生，主要研究领域语言教学与习得理论。

要性以及给出一些彼此相似的教学建议,对修辞教学的促进作用并不大。① 鉴于此,本文拟在介绍有关高级阶段修辞教学的教材编写理念及教学实践的基础之上,以比喻手法的输入、输出为例讨论外国留学生表达与教学输入之间的相关性;进而揭示高级阶段修辞教学的必要性和有效性。

## 一、修辞教学的编写理念

肖奚强(2003)从主副课文的选材、功能、语言点的编排等方面讨论了高级汉语教材的编写问题。认为应结合课文编排解释修辞手法,这对学生理解和生成汉语大有裨益。② 这里我们将简要介绍《多文体·精泛结合·高级汉语教程》修辞方面的编写理念和实践。

对外汉语教学中一直缺乏系统的修辞教学,现有的教材至多只有零星的修辞注释。③ 到了高级阶段,学生接触的都是原汁原味的作品,这些作品中必然存在大量的修辞现象。如果对汉语的常用修辞手法缺乏了解,势必会影响学生对文章的准确理解和表达水平的提高。因此,我们在教材的每一课中都结合主课文安排了修辞教学的内容,使得学生在阅读理解中不仅知其然而且知其所以然,而不再是囫囵吞枣。比如课文中有这样的句子:

(1)他们的房屋,稀稀疏疏的,在雨里静默着。

(2)一边是平静的湖水,迎着斜风细雨,懒洋洋只是欲步不前,……

(3)仰起头来朝西望,半空挂着一条两尺来宽的白带子,随风摆动,想凑近了看,隔着宽阔的山沟,走不过去。

(4)然而圆规很不平,显出鄙夷的神色,……

如果说例(1)、例(2)的比拟手法还较易理解,那么如果我们不在教学中介绍比喻修辞手法并且分析明喻、暗喻和借喻的联系与区别,学生光从字面上就很难理解例(3)和例(4)的真实含义。

---

① 更令人困惑不解是,明明国内在新世纪之初业已出现系统编排修辞格和修辞手法的高级汉语教材,且有专文进行了评述,但诸多呼吁要重视修辞教学的论文(包括近期的几篇硕士学位论文)均未注意到该教材及述评文章的存在,这说明这些研究者对文献的陌生和闭门造车现象严重。

② 该文还从《多文体·精泛结合·高级汉语教程》的编写实践中探讨了高级汉语教材应该注意主副课文的选材与分工,主课文训练精读,副课文训练泛读;语法点的编排与解释应与初中级知识相衔接并有所归纳和深化。

③ 比如北京语言学院出版的《中级汉语教程》(上、下册)没有编写修辞点。北京语言学院出版的《高级汉语教程》(上、中、下册)也仅编有如下修辞点:对偶和排比、大词小用、双关、明比暗喻、反语、幽默。平均一册书两个修辞点,而且有的解释并不准确,下文将论及。新世纪后期出版的邓小宁(2007)、郭曙纶(2009)在修辞教学方面有所改观,但仍不如肖奚强(2003)系统全面。关于高级汉语教材中涉及到修辞方面的安排请参看朱祥芳(2013)。

我们结合课文实例,对汉语中常用的修辞手法进行系统的介绍,教材中作为语言点讲解的常用修辞手法有:反问、设问、比喻、比拟、排比、反复、引用、降用、对偶、对比、映衬、借代、双关、摹声、仿拟、顶真、回环、拈连、移就、反语、夸张以及整句与散句、辞格的综合运用等等。除此之外,我们还从篇章修辞的角度介绍篇章对常用句式的制约、复句衔接与篇章衔接的异同、篇章中的照应与回指等。

我们不仅介绍这些辞格和修辞手段,而且对形式和/或表义相近或相关的修辞手段进行适当的分析、比较,以提高学生的理解、欣赏和表达水平。① 下面略举一例加以说明。

"反问"和"设问"。

"反问"和"设问"的共同点都是无疑而问、不需要对方回答,不同的是"反问"既不需要对方回答,也不需要自己回答,而"设问"则是自问自答;"反问"是一种强调手段而"设问"则主要是引起对下文的注意以增强表达效果。了解了它们的区别与联系,学生就会在表达中尝试使用。比如:

(5)那个瞬间是什么? 当然是我们出生在人世的瞬间!

(6)你看过韩国的秋天吗? 你听说过对韩国的秋天的话吗? 要是你还没有经验的话,让我来告诉你吧。

这些例子都是学生在学习了"设问"辞格以后的尝试。如果不从形式和表达效果上对"设问"进行分析,学生就很难在实际交际中加以运用。我们发现,在讲解"设问"这一修辞手法之前,学生的表达中几乎看不到这种修辞现象;而讲解之后这一修辞手法在学生的表达中则时有出现。与此相似的是,一些常用的修辞手法,经过系统的分析比较,学生的表达热情更为高涨,甚至一篇习作中多次出现某种修辞手法或出现多种修辞手法。这在我们没有系统地引进修辞教学的多年的教学实践中是没有看到的。

下文我们以比喻手法的教学输入输出为例,探讨修辞教学的必要性和有效性。

## 二、比喻手法的教学输入

比喻是汉语修辞中的超级辞格。它可以用于各种语体,在抒情散文中更是常见。一般将常见的比喻分为明喻、暗喻和借喻。我们在教材中对这三种比喻从形式到表义进行了分析比较。指出:

---

① 解释,特别是相近、相关的修辞手法的比较,分析力求与公认的修辞理论相一致,切忌随意道来。陆庆和(1998)将谐音双关和换义混为一谈,《高级汉语教程》(中)将降用与移就混为一谈,这都是不正确的。

2.1 比喻的三大要素是本体、喻体和喻词,这三大要素在明喻和暗喻的句法形式上都出现,而借喻的句法形式上只出现喻体,不出现本体和比喻词;如:

(7)<u>春天像小姑娘</u>,花枝招展的,笑着,走着。

(8)<u>潺潺的水声变成訇訇的雷鸣</u>。

(9)仰起头来朝西望,半空挂着一条两尺来宽的<u>白带子</u>,随风摆动。

例(7)、例(8)分别是明喻和暗喻,有本体、喻体和喻词。例(9)是借喻,只有喻体(白带子),而没出现本体(泉水)和喻词。

2.2 明喻和暗喻的区别在于比喻词的不同,明喻的比喻词是:像、如(同)、若、似、仿佛、一样、一般、似的等,且"像、如(同)、若、仿佛"与"一样、一般、似的"可单独使用亦可配合使用;暗喻的比喻词:是、当作、(变)成等;①如课文中的明喻用例:

(10)红的<u>像</u>火,粉的<u>像</u>霞,白的<u>像</u>雪。

(11)七股大水,从水库的桥孔跃出,<u>仿佛</u>七幅闪光的黄锦,直铺下去。

(12)梅树成林,愈进愈密,近看则白影点点<u>如</u>漫天飞雪,远望则茫茫一片<u>似</u>空中浮云。

(13)轮廓线清晰地留在黄昏的天幕上,<u>像</u>剪纸<u>一般</u>优美。

课文中的暗喻用例如:

(14)是云吗?……看样子<u>是</u>积雪,要不也<u>是</u>棉絮堆,高高低低,连续不断,一直把天边<u>变成</u>海边。

(15)他脸上的皱纹,<u>是</u>那树木的皱纹。他那坚强的双腿,<u>是</u>那些坚强的树干。

2.3 比喻除了本体、喻体和比喻词三大要素以外,还有一个要素:相似点。相似点是构成比喻的心理基础,但在表层结构中不一定出现。暗喻和借喻因为结构关系都不出现相似点,在明喻中相似点可以根据表义的明确、具体、生动与否出现或不出现。比如:"他像猴子一样"这句话中没有出现相似点,表义就不很清楚。因为在汉语中"猴子"既可以用来比喻"瘦"又可以用来比喻"精明"还可以用来比喻"调皮、好动"。正因为"猴子"可以从多个方面作比,所以用它作为喻体时,如果没有适当的语境,就必须同时把相似点说出来,否则就会表义不清。② 比如:

(16)树冠有一簇球形的枝叶,像剪纸般的<u>优美</u>。

(17)"吹面不寒杨柳风",不错的,像母亲的手<u>抚摸着你</u>。

(18)紧十八盘仿佛一条灰白大蟒,<u>匍匐在山峡当中</u>。

---

① 《高级汉语教程》(下)认为暗喻"在本体和喻体之间不用比喻词",这是不准确的。

② 有关比喻的相似点出现与否及其与可接受度之间的关系,可参看张亚军、肖奚强(1990),此处不赘述。

如果这三例不出现相似点"优美""抚摸着你""匍匐在山峡当中",则表义不够显豁、生动。

2.4 明喻往往可以多方设喻(一个本体多个喻体)或与其他修辞手法连用或兼用。请看例句:

(19)雨是最寻常的,……像牛毛,像花针,像细丝,密密地斜织着。

(20)桂林的山真秀啊,像翠绿的屏障,像新生的竹笋,色彩明丽,倒映水中。

(21)别成一格的还有那些石头。有的像莲花瓣,有的像大象头,有的像老人,有的像卧虎,有的错落成桥,有的兀立如柱,有的侧身探海,有的怒目相向。

前两例都是多方设喻,第三例则是与暗喻(错落成桥)、拟人(侧身探海,怒目相向)连用;例(19)、例(21)还与排比手法兼用。

2.5 明喻不仅用例多、表义丰富,而且句法功能多样,除了主要充当句子的谓语和状语,有时也会充当补语或定语。比如主副课文中有这样的用例:

(22)整个画面的乡情浓得像油一样……

(23)因为当时的我,几乎量不到血压,脑袋被撞得像个瘪葫芦。

(24)欣赏过水平如镜的西湖。

(25)游览过红叶似火的香山。

前两例是比喻充当补语,后两例则是比喻充当定语。

通过理论的讲解和实例的展示以及比喻手法的辨认练习这种密集性的教学输入,学生的表达欲望就呼之欲出了。在接下来的仿写练习中,学生的习作中就出现了丰富多彩的比喻用例。因为按照习得理论,在学习一个新的语言项目或形式以后,学生就会有尝试表达的冲动,就会出现该项目或形式的高发期。

## 三、留学生比喻手法的输出

汉语的明喻、暗喻和借喻三者的结构、表义的显豁度以及使用频率都有所不同。在实际使用中,明喻的使用频率最高,暗喻次之,借喻最低。[①] 本文所统计到的留学生的用例中这三种比喻都有,同时也呈现与汉语本族人使用频率相似的差异。[②] 而且也出

---

[①] 据缪兴梅(2007)对300万字的小说语料的统计,汉语中明喻的使用频率最高(占80.8%),暗喻次之(占15.3%),借喻最少(仅占3.9%)。这说明:明喻在本体和喻体之间比较容易建立联想,比较容易理解,所以使用频率最高;借喻较难建立联想,较难理解,所以使用频率很低;暗喻的理解难度介于二者之间,所以使用频率也介乎其间。

[②] 本文语料来自三年级的三次作文,1.家乡的秋天,2.家乡的春天,3.记一次旅游;共75篇,约3万字。我们惊奇地发现,在统计到的107个用例中,明喻为85例,占79.4%;暗喻为16例,占15%;借喻为6例,占5.6%。各自所占的比喻与缪兴梅(2007)的统计结果几乎完全吻合。

现了一个本体多个喻体(多方设喻),及明喻和暗喻、借喻连用、与其他辞格兼用、连用的表述现象。这些现象都说明留学生语言表达的创造性和丰富性,也说明丰富的语言表达形式的教学输入的必要性和有效性。

下面就按我们第二节讨论的比喻的各种表达手段,分析外国留学生的使用情况。

### 3.1 明喻的使用情况

在75篇作文中我们共检索到明喻用例85个(多个明喻连用的计为1,以下对暗喻、借喻的统计同此),占全部用例的79.4%。下面我们从喻词的使用、相似点的使用、一体多喻、充当补语或定语等角度加以分析。

#### 3.1.1 喻词的使用

在明喻的喻词使用方面,学生倾向于使用最为常用的(好)像,有106例。如:

(26)在果园里,农田上人们像蚂蚁一样跑来跑去。(罗马尼亚)①

(27)那时候最美丽的是女孩儿,她们好像春天的海花,打扮得格外吸引男人的注目。(俄罗斯)

而其他喻词用得很少,"仿佛""如""比作"各有1例:

(28)湖面光亮、平静仿佛是放在神秘森林中的一面巨大镜子。(蒙古)

(29)周围它的海水清如玻璃,我们可以看见水下的沙和石头。(印度尼西亚)

(30)如果把蓝色的天空比作生气勃勃的孩子,那么阴天的白色天空就可以比作有很多心事的青年人。(韩国)

值得注意的是,"比作"并未出现在教学输入的材料中。与"好像""仿佛"等配合使用的"一样"有42例,"似的"有10例,"一般""那样"各1例。说明学生更倾向于使用常见形式。

#### 3.1.2 相似点的使用

在85例明喻用例中有35例出现了相似点,占41.2%,另有58.8%的用例没有出现相似点;说明学生认为多数喻体的比喻义是比较显豁、易于理解的。如:

(31)大地像刚洗脸的孩子的脸一样亮晶晶的。(蒙古)

(32)秋天的太阳就像一个姑娘的脸,从早上一直到傍晚都在对你微笑。(越南)

---

① 例句之后括号里的国名指该句摘自来自该国的留学生。下同。

(33)很高很高的天上,漂来漂去的云,<u>好像一位画家天上做的一幅画一样</u>。(波兰)

(34)在我国家秋天是最望穿秋水的季节。那时候全自然改变,<u>好像一位正在重新打扮,化装的姑娘</u>。(罗马尼亚)

前两例出现相似点,后两例则没有出现相似点。以画儿来比喻天空的美丽,以姑娘来比喻风景的美丽,与汉民族具有相同的认知心理,所以不出现相似点并没有理解的障碍。①

### 3.1.3 一体多喻(多方设喻)

一体多喻(多方设喻)往往更具表现力,是语言能力较高的表现。在留学生的85例明喻用例中有6例是一体多喻(多方设喻)的。如:

(35)黑色的夜幕上,出现了一颗颗星星,忽明忽暗,<u>像一颗颗宝石,像一粒粒珍珠</u>。(越南)

(36)一片绿油油的草木上缀着各式各样的云影。<u>有的像兔,有的像鹿,有的像飞机,有的像巨大的星星</u>。那抹海又<u>像精彩的地毯又像一幅美丽的风景画</u>。(韩国)

### 3.1.4 充当补语和定语

留学生的明喻用例中除了主要充当句子的谓语和状语以外,也有充当补语或定语的用例,分别为8例和6例。比如:

(37)我不是不喜欢那个<u>好像快要破碎了的玻璃</u>似的天空。我也不是不喜欢秋天的<u>像深深的大海</u>一样的天空。但是,阴天的白色天空也很别致。(韩国)

(38)<u>像一部电影</u>的路,<u>像一个人</u>的城市,<u>像一条龙</u>的长城给我留下难忘的印象。(俄罗斯)

(40)济州岛的海非常绿。<u>绿得好像很多的翡翠一样</u>。(韩国)

(41)因为花瓣<u>白得像牛奶一样</u>,所以人们给它取个名叫奶花。(蒙古)

## 3.2 暗喻和借喻的使用情况

相较而言,暗喻和借喻表义不是那么显豁,所以用例要少得多。

---

① 语言的共性和共通的认知心理是比喻手法教学效果良好的基础。学生输出的比喻用例中,除了明喻大多未出现相似点,不出现相似点的暗喻以及只出现喻体的借喻也有不少用例(下文将论及),这些都说明学生接受和输出这些比喻有着相似的认知心理,也说明各种不同语言对比喻本体和喻体之间的相似性有着相同的认知心理。

### 3.2.1 暗喻

我们共统计到暗喻用例16例,占全部用例的15%。其喻词主要用"是",有11例。例如:

(42)如果这湖是人的话肯定是一个漂亮的姑娘。(蒙古)

(43)她的手是春风。……她的声音是音乐。……①(日本)

其余5例分别为"成""变成""堆成""织成""闪变出",其中"变成""堆成""织成"都含有语素"成"。如:

(44)在秋天中每个地方变成一幅很美丽、很逼真的画。(日本)

(45)现在橘子成了很普通的水果,马路上到处都可以看到橘子堆成小山,……(俄罗斯)

(46)白色,绿色,蓝色,红色,粉色……的草和花跟成千上万的蝴蝶一起织成春天的新衣装。(越南)

(47)这样的雪上面还没有脚印,它闪变出霓虹般的色彩。(俄罗斯)

课文教学输入中只出现过"成""变成",而"堆成""织成""闪变出"超出了教学输入。

### 3.2.2 借喻

我们共统计到借喻用例6例,占全部用例的5.6%。如:

(48)早上我们继续路,我们走的两边高高的山耸立着。我感觉到两个高墙中间走的样子。(蒙古)

(49)在河流旁边的无数柳树上我看到了"蚊子的王国"。白天,和夜里这些"巨大"和"厉害"的河流人民不断地欺负我。(罗马尼亚)

借喻一般较难构成联想,所以一般会有相关的上文(本体)与之呼应以帮助理解。比如鲁迅《故乡》中先说杨二嫂(本体)"像一个画图仪器里细脚伶仃的圆规",然后才说"圆规(喻体)很不平,显出鄙夷的神色";学生的用例也秉承了这样的表达结构:例(48)先说两边高山耸立(本体),然后说走在高墙之间(喻体);将耸立的高山比喻成高墙。例(49)先说蚊子(本体),然后说"人民"(喻体)如何。这样的上下文有利于读者的阅读和理解。

### 3.3 比喻格之间的连用、与其他辞格的兼用、连用

除了以上单个的比喻手法的表达以外,外国学生很多比喻表达是明喻、暗喻、借喻

---

① 例句中与要说明的现象关系不大的内容笔者以省略号略去,特此说明。

连用,或与其他辞格兼用、连用。形式丰富多彩。

### 3.3.1 比喻格之间的连用

首先我们来看明喻、暗喻、借喻的连用。

(50)那湖真美丽。它的水是透明的玻璃,湖底的植物和石头都看得很清楚,可以数数的。水里浮的鱼鳞亮得像银金。(蒙古)

(51)小孩儿来了。胖乎乎的脸蛋就像有人在路上买的包子一样,而红通通的脸蛋儿是冰糖葫芦。(日本)

(52)秋天的湖面就像一面大的镜子。这面镜子里面是整个蓝莹莹的天空。(波兰)

(53)走到清凉门大街,已经很多人往同方向去,从后边看前面,似有一条黑河,好几个老头儿用笤帚扫这条黑河的旁边。被扬起的灰尘变成大雾,蒙蒙的前面看不清。(日本)

例(50)和例(51)是明喻、暗喻连用,例(52)和例(53)是明喻、借喻连用。明喻、暗喻连用使得语言更具表现力,而明喻、借喻连用则便于理解借喻这种表达形式。

### 3.3.2 比喻格与其他辞格的兼用、连用

比喻格与其他辞格的兼用或连用现象较比喻格内部的连用更多,可能是因为表达更加自由。先看与其他辞格的兼用。

(54)我们排队欣赏自然创作的雕刻——有的像象,有的像骆驼,有的像姑娘,它们都成了一幅画。(日本)

(55)下龙湾的山形状不一,各有各样。有的像双龙争斗,有的像巨大的壶子,有的却像一只凶猛的鹞鹰,每座山都在它们身上都带一个神奇的故事。(越南)

我们统计到的兼用现象有5例,都是与排比兼用,都是对课文"有的像莲花瓣,有的像大象头,有的像老人,有的像卧虎,……"的模仿。

再看与其他辞格的连用。

(56)街道两边的树像穿着白色婚纱的新娘;大风吹来,它们一个个手舞足蹈。(俄罗斯)

(57)一只象在睡懒觉,太阳射在它的灰灰的皮上,看样子热得难受可它一点儿都不动。是象吗? 不是,那是一块山石,就是我常常听人们提到的那块山石。(越南)

(58)下龙湾像是一幅景致的图画。水拥抱着山,抚摸着山,像母亲保护自己的

儿子似的。而山呢？山像要向水母肯定自己，尽量地朝天耸立。（越南）

例(56)是比喻与比拟的连用，这是最常见的连用现象，因为二者的心理基础都有相似性。例(57)是借喻与设问连用，语言精练活泼。例(58)是明喻、拟人、设问连用，形成比喻—拟人—比喻—设问—拟人的环环相扣，语言生动而精练。

## 四、余论

从以上的分析中我们可以看出，教学输入对学生的理解和表达有着非常重要的引导作用。在语料统计分析中，我们明显地感觉到学生创造性地对教学输入进行的模仿。除了上举比喻、排比兼用的模仿以外，我们再来看看对《春》中"春风像母亲的手抚摸着你"的模仿。请看例句：

(59)秋风吹到我的脸就像妈妈的手轻轻地抚摸我的脸。（韩国）

(60)春风刮起来就像母亲的手摸我似的十分舒服。（蒙古）

(61)我国的秋天就像天国。秋天时没有冬天的寒冷，没有夏天的干热，没有春天的大雨、大风，就像母亲的温柔的手一样既暖和又亲情。（蒙古）

例(59)加上了状语"轻轻地"，例(60)添加了"似的"、以及相似点"十分舒服"，例(61)则添加了状语"温柔的"、喻词"一样"以及相似点"既暖和又亲情"；这些都说明学生并非简单地机械地模仿，而是能动地创造性地表达。

据朱祥芳(2013)报道，在对我校三年级学生和高等HSK考生各100篇作文的统计分析中发现，无论是辞格种类还是使用频率，我校学生都远远高于HSK（高等）的考生。（分别为14:6和278:76）。这从另一个角度说明了重视修辞教学，对学生的有效输出的正面影响。

同时我们也注意到学生的表达中除了模仿教学输入以外，也存在大量的创造性的表达形式和内容，比如对相似点的省略、对喻词的使用、对辞格的兼用和连用都不是简单的模仿。这证明，学生的输出既是教学输入的证据，也是学生业已内化的语言知识的证据。① 输出不等同于输入，往往大于输入。因为学生不是机械地照相似地接受输入，而是能动地创造性地产生输出。

---

① 国外研究一般认为学生的输出不是教师以为的他们教学的证据，而是学生已经内化了的语言知识的证据。这种说法强调了学生语言掌握和输出的主观能动性，但忽视教学输入对学生理解和输出的影响。我们认为虽然外因（教学输入）要通过内因（学生的内化）而起作用，但完全否认教学输入对学生理解和输出的影响有失偏颇。

**参考文献**

陈光磊（2006）对外汉语的语用修辞教学，《修辞学习》第 2 期。
陈汝东（2000）《对外汉语修辞学》，广西教育出版社。
邓小宁主编（2007）《高级汉语精读教程》（Ⅰ、Ⅱ），北京大学出版社。
郭曙纶主编（2009）《新汉语高级教程》（上、下册），北京大学出版社。
陆庆和（1998）对外汉语教学中的修辞问题，《语言教学与研究》第 2 期。
缪兴梅（2007）《基于统计的汉英、英汉比喻翻译对比研究》，南京师范大学硕士学位论文。
石慧敏（1997）浅谈比喻与民族差异——中英日比喻及对外汉语教学，《上海师范大学学报》第 1 期。
吴勇毅（2004）教材改革创精品有突破——读《多文体·精泛结合·高级汉语教程》，《世界汉语教学》第 4 期。
肖奚强（2003）高级汉语教学及其教材编写问题，〔韩〕《中国语文学志》总第 12 期。
肖奚强主编（2003）《多文体·精泛结合·高级汉语教程》（上、下册），北京语言大学出版社。
徐国珍、施麒麟（2009）对外汉语修辞教学研究述评，《云南师范大学学报》（对外汉语教学与研究版）第 1 期。
杨德峰（2001）试论修辞教学在对外汉语教学中的地位，《修辞学习》第 6 期。
张亚军、肖奚强（1990）试论比喻新异性与可接受性之辩证关系，《修辞学习》第 4 期。
周　健、彭彩虹（2005）中高级汉语教学应突出修辞能力培养，《汉语学习》第 3 期。
朱祥芳（2013）《高级阶段留学生修辞格教学调查研究——以南京师范大学学生为例》，南京师范大学硕士学位论文。

（210097　江苏南京,南京师范大学国际文化教育学院国际汉语教育研究所）

# 论汉语教学大纲本土化

——以法国《初中汉语教学大纲》为例

丁安琪

**摘　要**：汉语国际推广，既需要有面向世界汉语教学的、大家普遍认同的汉语教学与评估标准，也需要有符合各国外语教育政策、适合各地汉语教学实际情况的本土化大纲及标准。法国《初中汉语教学大纲》在"兼容"《欧洲语言共同参考框架》的同时，又根据汉语教学的特殊性有所突破，为我们汉语教学的国际化与本土化提供了思路。

**关键词**：汉语教学大纲；本土化；《初中汉语教学大纲》；《欧洲语言共同参考框架》

## 一、汉语教学本土化与汉语教学大纲本土化

汉语教学本土化主要指将汉语教学与世界各国的教学实际情况相结合，根据各国不同的教育文化背景与国情，注入本土因素，使汉语教学达到最佳效果。随着汉语国际推广的不断发展，汉语教学本土化的问题引起了越来越多的专家学者的关注。赵金铭教授在谈到"十二五"期间国际汉语教育的新发展时就曾指出，国际汉语教育的发展"从长远的目光来看，最重要的是大力培养本土化的汉语教师。深入比较不同语言文化的异同，探索汉语教学本土化的教学方法，编写本土化的汉语教材，让本土化的汉语教师现身说法，提升汉语学习者的学习积极性。"（赵金铭，2011：89）

目前业界对汉语教学本土化的研究主要集中在两个领域：教材的本土化（如黄金英，2010，2011；李雪梅，2010；吴峰，2012 等）与本土化师资的培养（如邓亮等，2012；宛新政，2009；王瑛，2010；杨晓霭，2012 等）。这些研究从世界各国汉语教材与教师的现状出发，针对汉语教学本土化，提出了自己的意见和建议，对我们深入研究汉语教学本土化具有重要的参考价值。

教师与教材的本土化是汉语教学本土化的重要组成部分，除此之外，汉语教学的本土化还应该包括教学大纲的本土化和教学方法的本土化等重要内容。

汉语教学大纲是根据汉语教学的学科内容及其体系和教学计划的要求编写的教学指导文件,它以纲要的形式规定了汉语课程的教学目的、任务;知识、技能的范围、深度与体系结构;教学进度和教学法的基本要求。它是编写汉语教材和进行教学工作的主要依据,也是检查学生学业成绩和评估教师教学质量的重要准则。因此相比较而言,汉语教学大纲的本土化具有更重要的意义,它能指导教材、教法与教师的本土化发展,从政策层面能推动教材、教法、教师的本土化建设。

综观全球各国的汉语教学,越来越多的国家开始制定本国的本土化汉语教学大纲,如美国、加拿大、法国、日本、韩国等都拥有自己国家和地区的各级汉语教学大纲。制定本土化的汉语教学大纲,对于各国汉语教学政策的制定者来说,需要妥善处理好汉语教学特色与当地外语教育政策要求之间的关系。如果只考虑汉语及汉语教学的特殊性,不遵从当地教育政策的规定,不符合当地政府对外语学习者的实际要求,汉语教学很可能无法在当地得到认可和推广;如果完全按照当地外语教育政策对其他语言的规定要求汉语教学,而不考虑汉语及汉语教学的特性,也很难取得成功。我们认为,在本土汉语教学大纲的制定中,让汉语教学大纲与当地的外语教育政策相"兼容"是实现汉语教学大纲本土化的关键,兼容的同时,还需要想办法对其做一定程度的"突破",才能凸显汉语与汉语教学的特色。

鉴于目前对于汉语教学大纲本土化的研究尚不多见,本文将以《法国初中汉语教学大纲》对《欧洲语言共同参考框架:学习、教学、评估》(以下简称《欧框》)的"兼容"与"突破"为例,分析汉语教学大纲的本土化。

## 二、《欧框》与《初中汉语教学大纲》简介

20世纪60年代以来,欧洲各国之间跨国合作和交流加快,为了有效克服沟通障碍、提升欧洲公民国际交流能力、保护和发展欧洲多元的语言和文化,欧洲理事会及其所属语言政策司成立"语言学习与欧洲公民资格"项目组,编制了《欧框》,并于2001年正式出版发行。

《欧框》的出台,为欧洲各国外语教学制定具体目标和评价标准提供了可参照系数,是欧洲各国外语教学大纲设计、考试评估、教材编写、教师培训的重要依据。(岑海兵,2011:165)《欧框》所倡导的外语教学理念对欧洲各国外语教学产生了极大的影响,自《欧框》出台以来,欧盟各成员国在语言教学及评估上,纷纷依照《欧框》进行调整与修改。自2001年起,法国教育部也依据《欧框》规定了法国中小学的10门外语的教学大

纲和具体评估指南。汉语作为法国教育体系的第五大外语①，毫无例外地被囊括其中。

　　法国中小学汉语教学处于法国外语教育体系中，必须要考虑使汉语教学与《欧框》相"兼容"，然而《欧框》毕竟是以印欧语系语言为基础制定的，对非印欧语系语言几乎没有涉及。汉语教学要想完全"兼容"《欧框》是不可能也不可行的。只有既考虑外语教学的普遍性，"兼容"《欧框》，又考虑汉语作为非印欧语系语言的独特性，对《欧框》有所突破，才有可能使法国中小学汉语教学在"抉择的紧要关头"②做出正确的选择。

　　2002—2007年间，法国教育部先后制定并颁布了《小学汉语教学大纲》(PROGRAMME DES LANGUES ÉTRANGÈRES ET RÉGIONALES À L'ÉCOLE PRIMAIRE CHINOIS)、《高中汉语教学大纲——普通高中及技术专科一年级》(CHINOIS CLASSE DE SECONDE GÉNÉRALE ET TECHNOLOGIQUE)、《高中汉语教学大纲——普通高中及技术专科毕业年级》(PROGRAMMES DES LYCEES CHINOIS CLASSE TERMINALE - SERIES GENERALES ET TECHNOLOGIQUES)和《初中汉语教学大纲》(PROGRAMMES DES COLLÈGES LANGUES VIVANTES ÉTRANGÈRES QU PALIER 1/2 CHINOIS)。这些大纲的制定，为规范法国中小学汉语教学提供了重要依据，是法国汉语教学政策制定者对实现《欧框》与法国中小学汉语教学"兼容"的尝试。其中于2005年和2007年制定的《初中汉语教学大纲1、2》(以下简称《大纲》)集中体现了制定者对如何兼容《欧框》要求与法国汉语教学特殊性的思考以及汉语教学大纲本土化的特点。

## 三、《大纲》对《欧框》的兼容

　　《大纲》对《欧框》的兼容主要体现在以下三个方面：贯彻"以行动为导向"，培养学习者"多元语言能力"的理念；注重学习者跨文化交际能力的培养；执行《欧框》语言能力分级标准。

### 3.1 贯彻"以行动为导向"，培养学习者"多元语言能力"的理念

　　《欧框》第一章就提出了欧洲外语教学与学习的目标，即在多种语言和文化背景下，提高"多元语言能力(plurilingualism)"。所谓多元语言能力，指的是学习者在其所处的

---

　　① 十门外语即英语、西班牙语、德语、意大利语、汉语、阿拉伯语、希伯来语、葡萄牙语、日语和俄语。前四种外语分别为英语、西班牙语、德语、意大利语，见 L'enseignement du chinois dans le système éducatif fraçais：http://media.education.gouv.fr/file/62/0/620.pdf
　　② 见白乐桑、张丽(2008)，第70页。

社会语言环境中不断增长语言经验,各种语言经验共同建立起的不能孤立分隔开来的语言交际能力。这种语言交际能力的培养,是"以行动为导向(action oriented)"的。学习者要在"交际活动"中实现交际任务。《欧框》将"交际活动"分为三种:语言理解(reception)、语言产出(production)、互动(interaction)。在此基础上,又将"语言理解"细分为听和读;"语言产出"细分为说和写;"互动"细分为听和说。这种分法强调了交际的目的性,更自然,更接近交际的本质。

2005年颁布的《大纲1》尝试将汉语交际活动按照"听力理解、口头连贯表达、口语互动、阅读理解和书面表达"进行分类,到2007年颁布《大纲2》则是严格按照《欧框》的分类标准,在三种活动的大框架下,对语言活动进行了细分,甚至连顺序也保持了与《欧框》的一致性。

《大纲》对《欧框》所倡导的"以行动为导向",培养学习者"多元语言能力"理念的贯彻,除了在对"交际活动"的分类上做到与《欧框》保持一致外,更重要的是采用了《欧框》的"能做"陈述模式,对初中汉语学习者的不同语言交际能力进行了描述。如其对"听力理解"的描述为"学生能够理解某段简短且表意明确的对话含义,并能够回答与此段对话相关的具体问题"。尽管这样的描述与《欧框》相比还显得比较笼统与粗糙,但它已经不是单纯的对"听力"技能的描述,而是增加了与听力理解相伴进行交际的能力,是对学习者在交际活动中所表现出来的综合能力的描述。

### 3.2 注重学习者跨文化交际能力的培养

《欧框》对学习者跨文化交际能力培养的重视体现在它主张学习者要积极了解和吸收目的语所属的区域文化知识及社会文化知识,并将其与自己的母语社会文化知识进行对比,努力感悟及运用各种跨文化的技巧和其他文化者进行有效沟通。《欧框》还将语言交际能力诠释为语言能力、社会语言能力和语用能力三个层面,其中社会语言能力也就是语言使用中的社会文化因素。(傅荣、王克非,2008)与《欧框》相一致,《大纲》也十分重视对学习者跨文化交际能力的培养。

《大纲》在"基本概念及目标"中专门指出"中国文化博大精深","可以增加学生学习汉语的动力",要求"每个学生都能从中找到一个或几个兴趣点"[①],并重点强调了汉字书写方式及汉字词源对学生学习中国文化的帮助。

在对五种不同类型语言交际活动的能力描述中,专门列出了不同任务中对跨文化

---

① 本文中对《初中汉语教学大纲》的翻译主要参考了国家汉办组织编译的内部参考资料《国外汉语教学标准与课程大纲》。

交际能力的要求,如在口语互动中,对"问候"这一任务的跨文化交际能力描述是"能根据上下语境的不同选择不同的问候方式";在书面表达中,对"肖像描写"这一任务的跨文化交际能力描述是了解"汉语地点名词、中国教育体制、职业"等。

"文化内容及词汇:现代与传统的融合"一节强调了在汉语教学中跨文化交际的重要性:"学习中国文化是学习汉语必不可少的一部分","可以有效避免学生与不断变化的中国文化之间的隔阂。"要求学校要"开设中国文化课程";要求教师"从初一开始就对学生进行中国文化的熏陶",在语言课上教学生"学习与文化内涵相连的汉字"。为了便于授课教师对博大精深、变化多样的中国文化有更好的把握,《大纲》还制定了初中阶段相关文化一览表,并建议教师"通过各种电视节目或是中文电影来扩充想要研究的领域。"

### 3.3 执行《欧框》语言能力分级标准

执行《欧框》语言能力分级标准,是《大纲》兼容《欧框》的一个显性标识。《欧框》将学习者的语言能力分为三等六级:A 为初级使用者,含 A1 入门级和 A2 基础级两级;B 为独立使用者,含 B1 进阶级和 B2 高阶级两级;C 为熟练使用者,含 C1 流利运用级和 C2 精通级。《大纲》也将学习者的汉语能力按照三等六级的标准进行了描述,它遵照法国教育部依据《欧框》制定的分级体系规定:第一外语在初中毕业时要达到 B1 水平(白乐桑,张丽,2008:67)。

这一分级体系的运用,不仅体现在对大纲的制定上,也深刻影响着法国的汉语教学。以 2008 年起设立的"中文国际班"[①]为例,该班规定其语言课程(汉语)和非语言课程均由中国教师和法国教师同时任教,以培养学生高水平的外语语言能力和文化理解能力。它对学习者小学、初中、高中毕业时要达到的语言能力的规定也是按照《欧框》的分类体系进行描述的。[②]

执行《欧框》语言能力分级标准,有利于将法国学习者汉语水平与其他外语水平进行比较,也有利于法国汉语学习者与其他国家汉语学习者之间汉语水平的比较,有利于政府及教育部门相互承认在不同学习环境下所取得的证书。

---

① 中国教育部和法国教育部于 2008 年 6 月在北京签署协议,在巴黎、里昂、雷恩等 8 个学区开办中文国际班,以期在全法培养对汉语和中国文化有深入了解的学生。中文国际班教学有统一的大纲,教师会用中文讲授包括数学在内的各项课程。

② "中文国际班"规定,考虑到汉字的图案非拼音文字的特性,小学毕业时,学习者书面表达和阅读要达到 A1 水平,口头表达和理解要达到 A2 水平;初中毕业时,书面表达和阅读要达到 B1 水平,口头表达和理解要达到 B2 水平;高中毕业时,书面表达和阅读要达到 B2 水平,口头表达和理解要达到 C1 水平。

## 四、《大纲》对《欧框》的突破

《大纲》制定者对汉语的特殊性有深刻的认识,在"基本概念及目标"一节中,他们要求教师要清楚汉语的如下特点:

从句法层面上来讲,现代汉语有别于其他印欧语言;汉语书写方式是非字母性质的,由众多的方块字组成;汉语存在"四声"(另外还有轻声);中国文化博大精深。

正是由于对汉语特殊性有这样的认识,而《欧框》从字词、句法、语义、音韵、拼写等各角度对学习者"语言内在能力"的规定体现的仅仅是印欧语系拼音文字的特点,与汉语特点不符,所以《大纲》在兼容《欧框》要求的同时,对《欧框》也做了一定的突破,使其更符合汉语特点的要求,也更符合初中汉语学习者的认知要求。

### 4.1 降低了语言能力各级难度

尽管《大纲》完全按照法国教育部的要求执行了《欧框》语言能力分级标准,但我们对两者对于同一级别的描述进行深入分析就会发现,《大纲》对各语言能力级别的难度要求明显低于《欧框》。

以口语互动A2级的描述为例,《欧框》中规定"在熟悉的话题和活动方面要求简单直接的信息交流时,我可以完成简单的日常交际任务。尽管我的理解能力还不足以让我主动地进行会话,但是我还是可以应付简短的社会交际任务";而《大纲》中的规定是,"如果对方可以以较慢的语速重复或者解释他的话,学生可以与之做简单的交流。"《大纲》没有像《欧框》那样要求学生"应付简短的社会交际任务",只是要求学生"做简单的交流"。即便是这样简单的交流,也是在对方语速较慢或重复解释自己话语的情况下进行的。

《大纲》还尤其强调"阅读汉语原文对于学生的难度较大,只能抽取其中的某些部分让学生进行阅读。(A2级)";"大部分汉语原文都应经过修改,学生才能读懂。(B1级)"。在《欧框》相对应的级别描述中则没有类似描述。

由此可见,不管是任务难度还是语言难度,《大纲》都较《欧框》要低一些。对法国人来说,汉语与法语之间的距离较远,它们之间的透明度和相关度比较小(Guder,2005转引自白乐桑、张丽,2008),不论在词汇方面,还是在语音、语法方面,抑或是在文字方面,法国汉语学习者都无法借鉴母语来提高自己汉语学习的速度。因此适当降低《大纲》中对同一语言能力级别的要求难度,符合汉语学习实际情况,也有利于增强法国学习者学习汉语的信心。

### 4.2 细化了"语音能力"描述

汉语有四声,这对法国汉语学习者来说是非常重要的一个特征,因此在关于语音能力的描述中,《大纲》没有仅限于《欧框》所要求的读音正确、掌握音标等简单规定,而是将汉语的声调与拼音做了非常详细的描述。

《大纲》首先强调了声调的重要性,然后指出,对初学者来说,"最好先从汉语的声调学起",要求学生要"去感悟汉语的声调""说出所使用的声调"。为了帮助教师教学,《大纲》还在教学方法、教学材料、教学顺序及练习形式方面给出了一些建议:使用手势演示声高及声调有助于学生感知及说出汉语的"四声";班级常用语是练习声调的最好素材,如"学、你好、谢谢"等;可以给学生听一些短小的录音资料;教学要先从词语开始,然后再过渡到简单的句子;可以采用高声重复、默念、重构等形式进行练习。

除声调外,《大纲》还列出了一些语音教学中的重点与难点音,要求教师逐步讲解它们的特征,帮助学生掌握这些发音规则,如"送气音'p, t, k';汉语中特有的辅音'zh, ch, sh, z, c, s,……j, q, x'以及词尾鼻音等。"

对于学习者在此阶段的语音能力,《大纲》要求他们要能高声朗读用拼音标注的句子或文章;要能用拼音标注听写内容;要能使用拼音拼读软件,并能在汉语字典里查阅某个汉字的读音。

### 4.3 提出了"主动/被动"概念

《大纲》对《欧框》的突破还表现在它在汉字及语法两部分中都提出了"主动/被动"概念。

汉字在《大纲》中占据非常重要的地位,这与法国汉语教学界一贯坚持的"字本位"思想有关。白乐桑先生认为汉字书写系统的特殊性决定了它在汉语教学与学习中的重要地位。他在评价《欧框》中"读音正确能力"时,甚至将"读音"与"汉字书写"联系起来,认为"读音正确能力的提出为汉语书写系统的教学提出了鲜明的目标"(白乐桑、张丽,2008:68)。在这种目标的指引下,《大纲》不仅设置了"识字门槛",还区分了不要求书写只要求认读的"被动认读汉字(caractères passifs)"与"主动书写汉字(caractères actifs)"。

《大纲》将语法也区分为"主动语法"与"被动语法"。"主动语法"指的是学习者在语言理解、语言产出和互动层面都应该掌握的语言点;"被动语法"指的是在语言理解层面可以掌握的语言点,也就是别人说我听得懂,但是我自己不会用的语言点。

将"主动/被动"概念运用于汉字与语法,符合第二语言习得的规律。在汉语学习的初级阶段,把一些交际中必不可少的汉字及语法列为"被动"项目,让学生只在语言理解层面掌握,可以帮助学生提高语言理解能力,进而增强其语言交际能力,同时又不因为这些汉字或语法过难而增加学习难度。这种划分是十分科学的。

### 4.4 规定了对查字典任务的要求

查字典对于字母文字系统的人来说,几乎不需要进行专门学习。但由于汉字的特殊性,对于学习汉语来说,不管是母语者还是第二语言学习者,查字典都是一件需要认真学习的事。尤其是对于第二语言学习者来说,查字典不仅可以帮助他们巩固语音,还可以帮助他们记忆汉字的部件。《大纲》中专门对查字典做出了规定,要求学生要会分析部首,会数笔画,会区分笔画类型等。这突显了《大纲》在遵循《欧框》要求的同时对汉语特性的考虑。

## 五、《大纲》对《欧框》兼容中的不足

从《大纲》我们可以看出,尽管由于汉语与法语差别很大,给法国汉语教学的"兼容"《欧框》之路带来了重重困难,但是法国汉语教学已经在面临"机遇"与"挑战"时成功地向前迈出了一大步,既做到了"兼容"《欧框》,又对《欧框》有所突破。当然,《欧框》中还有一些先进的理念和内容,在《大纲》中暂时没有得到体现。

首先,忽视了对学习者"语言交际策略"能力的培养。学习者为了进行有效交际,需要调动一切策略手段来满足交际需要,因此,在《框架》中,"语言交际策略"被当作"语言交际活动"不可分割的一个部分来对待,被分为三大类:在语言理解过程中识别线索和进行推断的策略;在互动环境中,采取讨论、合作和确认等的策略;在语言表达活动中,采取计划、补偿、监控等策略。(王建勤,2008:67)但在《大纲》中,我们没有发现任何关于培养"语言交际策略"的描述。我们推测,这也许跟初级阶段学习者汉语水平仍然较低有关,但即便是在较低水平阶段,学习者能适当运用一些交际策略,也能对他们的语言交际起到一定的补充作用,有利于学习者语言交际任务的完成。因此,我们认为如果《大纲》中能增加对"语言交际策略"的描述,鼓励教师有意识培养学习者的语言交际策略,对提高学生语言交际能力将更有帮助。

其次,缺乏对社会语言学能力和语用能力的关注。《框架》将语言交际能力分为语言学能力、社会语言学能力和语用能力。其中语言学能力包括词汇能力、语法能力、语义能力、语音能力及拼写能力和正确拼读能力等。社会语言学能力包括对社会关系程度的区分、礼貌原则、民间智慧的表达、语体差异、方言与口音等方面的能力。语用能力包括表达灵活性、话轮控制、主题发展、连贯和严密、口语流利程度和陈述准确性等。

《大纲》对语言学能力进行了较为详尽的描述,但对社会语言学能力和语用能力的描述相比较而言就显得不成系统,这些内容基本散见于对语言学能力各组成部分的描述中,如在"词汇能力"中穿插了礼貌原则的应用(如应该学会使用"请");在文化内容与词汇范围部分穿插了对"民间智慧的表达"的应用(如能听懂诸如"叶公好龙"等成语故事,会说一些简单成语等)。但对于语体差异以及语用能力等,却未见描述。强调社会语言学能力及语用能力,对提高学习者的跨文化交际能力是非常重要的,缺乏对这些内容的关注,在一定程度上也影响了《大纲》对汉语学习者跨文化交际能力培养的重视。

《大纲》是指导法国汉语教师进行汉语教学的纲领性文件,语言交际策略的缺失以及对社会语言学能力及语用能力关注不足,也会影响法国汉语教师对《欧框》"以行动为导向",注重培养学习者跨文化交际能力的理念的理解,进而影响教师在日常汉语教学中对学习者汉语交际能力的培养,因此值得法国汉语教学政策制定者予以重视。

## 六、结语

从国际语言教学发展的大趋势来看,各国都在制定各自统一的外语教学大纲,如美国1996年公布了《21世纪外语学习标准》(Standards for Foreign Language Learning in the 21st Century),2000年加拿大发布了《加拿大语言等级标准》(Canadian Language Benchmarks)。作为纲领性文件,这些大纲反映了当地教育部门对外语教育发展的理念与态度,指引着当地外语教育发展的方向。但使用表义文字作为书面语言的汉语与拼音文字不同,汉语教学有其特殊性,因此汉语教学大纲既需要与所在国的外语教学大纲的理念、原则保持一致又要反映汉语教学的特殊性。本土化的汉语教学大纲只有在教育理念、教学方法等方面与当地统一的外语教学大纲保持一致,才能融入各国大的外语教育环境中去,才能有生存发展的基础。同时也只有将汉语教学的特点反映到这些纲领性文件中才能保证汉语教学的科学性和有效性。

法国《大纲》在这方面做了一些领先的尝试,其对《欧框》的"兼容"与"突破"为我们将来在汉语国际推广领域中既推行统一的汉语教学大纲,又符合当地关于外语教育的政策规定,并照顾各地实际汉语教学情况提供了参考。正如王建勤教授所说,我们只有建立了标准兼容机制,才能为汉语国际推广,为教材和汉语师资走出国门铺平道路。(王建勤,2008:71)

## 参考文献

白乐桑、张 丽(2008)《欧洲语言共同参考框架》新理念对汉语教学的启示与推动——处于抉择关头的汉语教学,《世界汉语教学》第3期。

岑海兵(2011)论《欧洲语言共同参考框架》的语言教育观,《教育评论》第2期。

邓　亮、夏日光(2012)浅谈非洲汉语教学师资本土化建设,《牡丹江师范学院学报》第4期。

傅　荣、王克非(2008)欧盟语言多元化政策及相关外语教育政策分析,《外语教学与研究》第1期。

国家汉办教学处编译(2007)《国外汉语教学标准与课程大纲》,国家汉办内部资料。

黄金英(2010)缅甸汉语教学情况调查及汉语教材本土化思考,《汉语国际传播研究》第1期。

———(2011)《缅甸小学本土化汉语教材建设探讨——基于五套汉语教材自建语料库》,中央民族大学博士学位论文。

李雪梅(2010)对编写意大利本土化汉语教材的思考,《国际汉语学报》第1期。

欧洲理事会文化合作教育委员会(2008)《欧洲语言共同参考框架:学习、教学、评估》,外语教学与研究出版社。

宛新政(2009)孔子学院与海外汉语师资的本土化建设,《云南师范大学学报》(对外汉语教学与研究版)第1期。

王建勤(2008)汉语国际推广的语言标准建设与竞争策略,《语言教学与研究》第1期。

王　瑛(2010)法国本土化汉语师资培训模式的构建,《云南师范大学学报》(对外汉语教学与研究版)第6期。

吴　峰(2012)《泰国汉语教材研究》,中央民族大学博士学位论文。

杨晓霭(2012)汉语"本土化"教学与汉语国际教育专业硕士的培养——以土耳其汉语教学为个案,《中国大学教学》第6期。

赵金铭(2011)国际汉语教育研究的现状与拓展,《语言教学与研究》第4期。

(200062　上海,华东师范大学国际汉语教师研修基地)

# "把"量构式形成的认知机制和语义格局
## ——基于汉语作为第二语言的量词教学策略研究

高亚楠　吴长安

**摘　要**:"把"量构式是"把"动构式非范畴化的结果,集合"把"量构式、个体"把"量构式、动量"把"构式共同构成了"把"量构式范畴,其中集合"把"量构式是范畴的原型,转喻和隐喻是其范畴化的促动因素。在汉语作为第二语言的量词"把"的教学中可采用:体验量构式语义形成的过程、搭建量词认知桥梁、建立量词范畴中各构式之间的联系、构拟范畴语义网络、原型先行、依据典型程度安排多义量词的教学顺序的教学策略,我们认为这些策略具有普遍性,可用来指导整个汉语作为第二语言的量词教学。

**关键词**:"把"量构式;非范畴化;原型;认知机制;量词教学

## 一、引　言

量词系统是汉语用来表达事物或动作量特征的语法范畴,由于量词总是位于数词后并同所计量的事物共现于同一句子中,因此我们可以把数词、量词和所计量物所形成的线性序列看成一个表量的整体,称之为量构式。量词"把"是汉语最常见的量词之一,虽说它是《汉语水平词汇与汉字等级大纲》的甲级词汇,但所形成的"把"量构式却十分多样灵活。我们对《发展汉语》综合课系列教材中"把"量构式的使用情况进行了穷尽考察:"把"量构式共出现了49次,其中既有大量的个体"把"量构式的使用,如例(1)"一把斧子",也有集合"把"量构式、动量"把"构式的存在,如例(2)"一大把糖",例(3)"一把抱起来",同时也不乏边缘"把"量构式的出现,如例(4)"一把好手"。

(1)有一个人丢了一把斧子,他怀疑是邻居家的儿子偷了自己的斧子。(《发展汉语·初级汉语(下)第13课》)

(2)詹姆斯接过垃圾,笑着抓一大把糖果塞给孩子们。(《发展汉语·中级汉语(上)第14课》)

(3)荷西将我一把抱起来,肥皂水洒了他一头一胡子。(《发展汉语·高级汉语

(上)》第4课)

(4)论说,论写,他都是一把好手。(《发展汉语·高级汉语(下)》第3课)

面对用法迥异的"把"量构式,在汉语作为第二语言教学中,如何使留学生快速而有效地习得量词"把"不能不说是一大难题。我们认为运用现代语言理论深入而系统地研究"把"量构式,并把这一研究成果有效而合理地带到量词教学中去是解决这一问题的关键。

因此,本文首先挖掘"把"量构式的产生机制,分析"把"动构式向"把"量构式非范畴化的动因和认知原理。然后探讨"把"量构式的范畴化过程,找寻个体"把"量构式和动量"把"构式形成的原因和机制,构拟出"把"量构式范畴的语义网络。最后把"把"量构式的解释成果运用到汉语作为第二语言的教学中去,提出切实有效的教学策略和方法,并力图从"把"这个代表性的量词出发,找出汉语作为第二语言的量词教学普遍适用的原则和方法。

## 二、从"把"动构式到集合"把"量构式的非范畴化过程

量词是汉语基本词类中出现最晚的一种,绝大部分量词都是由名词或动词转化而来的,它们在成为量词之前,都曾以动词和名词的身份在汉语系统中使用过(金福芬、陈国华,2002)。非范畴化是范畴化理论的重要组成部分,它致力于范畴属性的动态性,研究范畴成员在一定条件下丧失原有范畴的典型特征、同时获得新范畴的特征的认知过程。刘正光(2006)指出:"非范畴化理论主要关注语法功能多义性,即一个结构在不同的话语或语篇中承担不同的语法功能,分为定型和临时的两种。"由此我们认为量词"把"由动词"把"转化而来,"把"量构式是"把"动构式非范畴化的结果,是一种定型性非范畴化现象。

《说文解字》中对"把"最初解释为:"把,握也。从手,巴声。"《说文解字注》:"握者,溢持也。"《广雅·释诂》:"把,持也。"因此"把"的本义为指称行为的动词义——握持。

(5)拘缨之国在其东,一手把缨。(《山海经》)

(6)周公把大钺,召公把小钺,以夹王。(《逸周书》)

从搜集到的语料上看,早在先秦时期,动词"把"就已经产生了,例(5)"一手把缨"现于《山海经》中,此时的"把"是一个典型的动作动词,它位于主语后(动词"把"的主语是一个默认值即人的手,所以经常省略)充当谓语中心语,其后紧跟一个具体握持物做其受事宾语。我们这里把"手+把+握持物"看成一个整体称为"把"动构式,它表示一个具体的抓握事件,其意象可表述为:大拇指和其他四指分别向两侧张开去抓握某个事

物,接触到事物后五指逐渐合拢,环绕着附着在事物的表面。

语言是随着人类认识的深入而不断向前发展的,量词则是顺应人们表量的需要而产生和发展起来的,在量词产生初期,有界事物量的表达并不借助量词范畴,而是通过计数方式(如"夺伯氏骈邑三百"(《论语·宪问》)),由于无界事物本身没有明确的边界,所以需要借助容器量词、度量词先使其有界化,再通过计数方式才能实现表量。于是集合量词(容器量词、度量词是集合量词的两个子类)就先于个体量词在先秦两汉时期相继产生了。

(7)槛鹄高飞冲天,然其所恃者六翮耳。夫腹下之毳,背上之毛,增去一把,飞不为高下。不知君之食客,六翮耶?将腹背之毳也?"(《史记》)

(8)取乾艾杂藏之,麦一石,艾一把。藏以瓦器、竹器。(《齐民要术》)

(9)有人於一时中以一把面施一乞儿能得如是解脱分法。(《北凉译经》)

集合量词"把"产生于西汉时期,如例(7)"增去一把(毛)","把"用来计量六翮身上的绒毛,意为腹背的绒毛,多一把或少一把,都不会影响它的飞翔。南北朝时期集合"把"量构式的用例逐渐增多,如例(8)、例(9)。集合"把"量构式的意象可表述为:我们伸出一只手去抓握无界事物(事物有界和无界是相对的,有界、无界主要是指人的认识,而不是客观实际),抓握的目的是以手作为容器去衡量握持物的数量,即通过把的动作去度量和测定无界握持物的量。在"把"量构式中,"把"不再表示行为事件的发生,它失去了时间轴上的位置,丧失了原型动词意义的句法功能,但同时它也获得了新的功能——作为计量工具测定事物的量,和数词一起表事物量的多寡,一得一失使"把"的功能获得了新的平衡。

从"把"动构式向"把"量构式的非范畴化过程,我们认为有以下两点动因:首先,人类生活的世界纷繁复杂,不可能为每一个事体、行为及其特征都创造一个语言符号,利用旧途径表达新功能是满足人们交际需要既简单又方便的最有效的方法。其次,汉族人词类观念的淡薄(吴长安,2012)直接促进了汉语非范畴化过程的发生。汉语新词产生的主要方法是同源孽乳,造词时只关注词的意义而不关注词的功能类别的改变,而造词的类的无意识必然导致使用上也无类的意识,即使用的多功能,而功能的多义性正是非范畴化的基础。

在"把"构式的非范畴化过程中,转喻发挥了重要的作用,我们依据沈家煊(1999)的转喻模型拟构了"把"的非范畴化模型,认为"把"构式的非范畴化是转喻机制运作的结果。

"(施事)—动作—受事,事物—数量"是人们根据经验建立起来的概念与概念之间相对固定的理想化认知模型,由于动作和受事之间是一种比较抽象的整体和部分的关

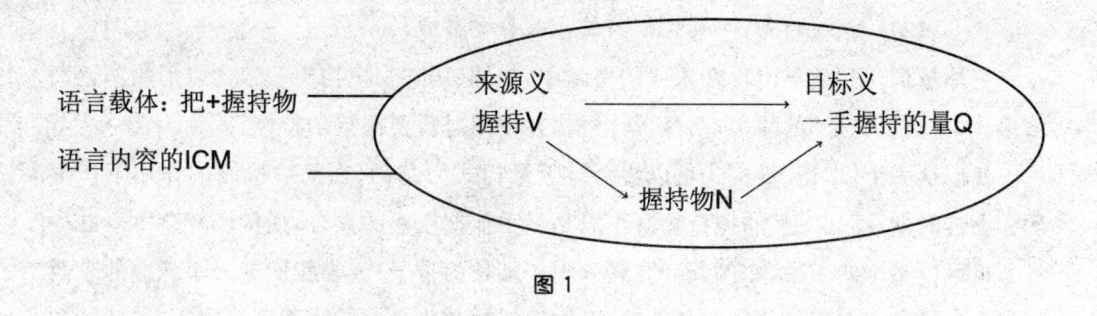

```
语言载体：把+握持物 ─────┐     ┌──来源义──────────目标义──┐
                         │     │  握持V            一手握持的量Q │
语言内容的ICM ──────────┘     │         ↘      ↗              │
                              │          握持物N               │
                              └───────────────────────────────┘
                                         图1
```

系(一个动作概念总是包含相关的事物概念在内,而想象一个事物可以不联想到动作),因而在动词"把"的典型认知模型(ICM)中,握持动作在认知上的显著度高于握持物,即激活"把"这个动作,握持物会被附带激活。同理,数量是事物的一个重要属性,事物作为整体显然要比其量特性这个部分的显著度高,即激活握持物,握持物的量会附带激活,这样通过握持物这个桥梁,握持物的量就能够和握持动作挂上钩。在某个特定的认知场景中,当需要凸显握持物的量特性而非"把"动作的动态过程时,在经济原则作用下,人们还会选择"把"来称说它,即用动词"把"来转指"一手把的量",这样"一＋把＋握持物"即"把"量构式就形成了。

## 三、个体"把"量构式和动量"把"构式语义建构的动因和机制

语义引申是对语言系统现有资源最自然、最有效率的利用,为了满足汉族人表量精细化的需要,在集合"把"量构式的基础上衍生出了个体"把"量构式和动量"把"构式。

### 3.1 个体"把"量构式语义建构的动因及认知机制

语言表达的精密化趋势使"数词＋名词"(或名词＋数词)格式无法满足表义明确性的要求,依据刘世儒(1965)的考察,个体量词在上古时期是不用或不常用的,可到了南北朝时期,数量组合不通过量词介绍是个别情况,一般情况下是要通过量词来介绍的。在数词和名词中间插入个体量词,会使所计量的事物的某种属性得到凸显,量的表达会更具体形象。同时,语言的范畴化要求同一或相似的功能或意义采取相同或相似的表达形式(李先银,2002),即具有表量功能的表达形式应该趋同,这样在集合"把"量构式的促动下个体"把"量构式就应运而生了。

(10)先买一把构头,绾一条手巾。(《虚堂和尚语录》)
(11)又诏入对便殿,赐罗扇一把。(《五灯会元》)

(12) 一把锁锁着,一条竹竿封着。(《警世通言》)

个体量词"把"最早出现在宋代的文献中,如例(10)"一把杓头",宋代以后用例逐渐增多。个体量词"把"的使用,凸显了计量物在使用时需要握持的特性。

我们认为个体"把"量构式是以集合"把"量构式为基础、在隐喻机制的作用下产生的。上古时期,动词"把"的握持物既可以是一手抓握东西的集合,如例(6)"茅"(草的一种),也可以是个体事物,如例(5)的"缨"(帽子细长的带子)。当我们把一手抓握的东西的集合看成是一个不可分割的整体时,个体握持物和集合握持物就可等同起来,功能和外形上的相似性使个体握持物也可受"把"的计量,即个体"把"量构式是集合"把"量的扩展。

### 3.2 动量"把"构式语义建构的动因及机制

动量"把"构式始于宋元时期,在明清时期逐步发展成熟。动量"把"构式在计量动作发生的次数的同时也凸显了动作发生的方式——使用手来抓握。

(13) 见后面个人,把小娘子衣裳一把揪住。(《简贴和尚》)

(14) 那客人力大,把金孝一把头发提起,像只小鸡一般。(《古今奇观》)

(15) 行修申诉离恨,一把抱住不放。(《二刻拍案惊奇》)

(16) 杨任拜辞师父下山,上了云霞兽,把顶上角拍了一把,那骑四蹄自然生起云彩,望空中飞来。(《封神演义》)

和个体量词"把"语义建构的动因相类似,语言表达的精密化要求汉语对动作所表述的动态过程有一个比较具体地、形象地描述,"动词+数词"的组合显然无法满足要求,于是在集合量词、个体量词这两类表量构式的共同促动下,"动词+数词+把"(数词+把+动词)构式就逐步形成了。

我们认为隐喻是动量词"把"语义建构的认知机制。由于事物在空间上占有一定的位置,动词在时间上占有一定的位置,一手把的个体事物是有明确界限的、可重复的有界事物,"揪、抱、拍、拉"等个体动作是有明确起始点和终止点的、可重复的有界动作,它们之间存在相似性,因此个体量词"把"也可以用来计量有界的个体动作,这符合隐喻从空间域向时间域投射的一般规律。

除隐喻外,结构上的重新分析也是动量"把"构式产生的机制,如例(13)、例(14),"一把"既可以分析为"衣服、头发"的量,也可看作是"揪、提"的次数,随着"把"的宾语的脱落,"一把"经常处于状语的位置上,"把"才逐渐发展出动量词的用法。

## 四、原型"把"量构式范畴的语义格局

认知语言学家认为,范畴化能力是人类最基本的认知能力,范畴化是以原型为认知组织的基本手段和原则的,实践早已证明原型范畴化理论在解释词汇和构式语义的多义性方面具有很强的解释力。张敏(1998)曾指出,量词是范畴化研究的重点之一,每个量词都是一个类的标记。为此,我们可以把"把"量构式看成是一个以量词"把"作为类标记的原型范畴,在"把"量构式范畴中,有些构式是好的、清楚的样本,是量词"把"对所计量事物的基本选择,我们称为"把"量构式范畴的原型或典型;有些构式距离范畴中心较远,是量词"把"对所计量事物的引申选择,我们称之为"把"量构式范畴的非典型成员,非典型成员以原型为参照点通过类比而归入该范畴。

我们依据各构式典型程度把"把"量构式范畴划分为以下五类:

A.集合"把"量构式:一把草、两把柴火、五把糖、一把菜籽

B.极言量多或量少的"把"量构式:一把眼泪、一把骨头、一把年纪、一把力气

C.表火的"把"量构式:一把火、两把大火

D.个体"把"量构式:三把剪刀、六把椅子、一把钥匙、两把铁锹

E.表人的"把"量构式:一把能手、一把手

F.动量"把"构式:帮我一把、拉他一把、擦了两把汗、一把握住

由于集合"把"量构式是"把"量构式的源头,其他构式的用法都是以它为参照点扩展而来的,因此我们认为 A 类构式是"把"量构式的原型。B 类构式是 A 类构式语义引申的结果,其认知机制为不同概念域间的相似联想。"一把眼泪"极言眼泪的量多,是固体原型向液体事物扩展的结果,"一把眼泪"可看作一滴滴眼泪的汇集;"一把骨头"极言人非常瘦,由于瘦人相对肉少骨头多,因此在体态上骨头会很突出,似一把柴火一样能用一只手来握持;"一把年纪"极言人的年龄大,是空间域向时间域扩展的结果:一棵棵草对应一年年的时间,一把草是很多棵草的集合,一把年纪也就可看作一年年的时间量的累积;同理,"一把力气"可看作一点点力气的汇合。C 类"一把火"的认知机制是转喻,即用凸显的部分来转指整体,古时有"一把炬"的说法(如使在地之火附一把炬,人从旁射之,虽中,安能灭之? 王充《论衡》),"炬"指用草秆扎成的火把,由于着火的部位是炬凸显的功能部位,因此我们也可用"一把火"来指称"一把炬"。D 类是参照 A 类在隐喻机制作用下产生的个体量"把"构式(详见 3.1)。如果说 B 类、C 类、D 类是"把"量构式的近距离扩展的话,那么 E 类、F 类则是其远距离扩展,E 类是在隐喻和转喻认知机制共同作用的结果,当用手握住的不是具体的事物,而是抽象的技能和权力时,由于手

是人抓握技能和权力的功能部位,我们就可用"一把能手"表示一位把握某种技术的人,用"一把手"表示第一把握权利者。F类动量"把"构式也是以B类为基础向动作域扩展的结果(详见3.2)。

综上所述,量词"把"构式的原型范畴可描述如下:

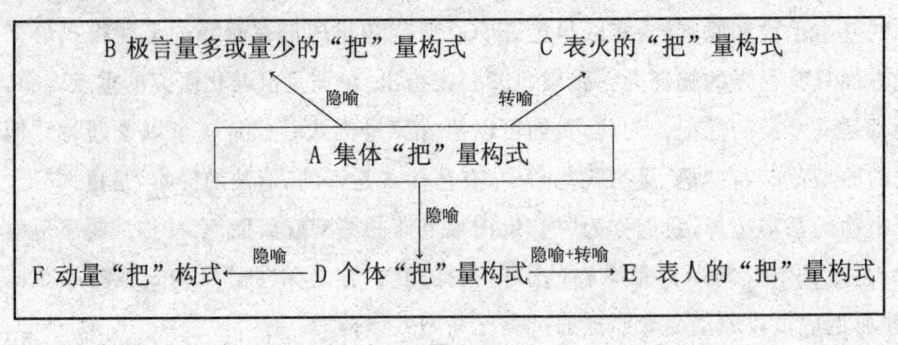

```
        B 极言量多或量少的"把"量构式      C 表火的"把"量构式
                        ↖ 隐喻        ↗ 转喻
                    ┌──────────────────┐
                    │  A 集体"把"量构式  │
                    └──────────────────┘
                              │ 隐喻
                              ↓
  F 动量"把"构式 ←─隐喻── D 个体"把"量构式 ──隐喻+转喻→ E 表人的"把"量构式
```

**图 2**

## 五、"把"量构式的研究成果在汉语作为第二语言教学中的应用

前几节我们运用范畴化理论对"把"量构式形成的原因、认知机制和语义格局进行了较为深入的探究,这一节我们力图把这一研究成果应用到汉语作为第二语言量词教学中来,提出一些切实有效的教学策略来引导和启发学生发现、理解并掌握量词"把"的用法,同时我们还对这几种策略进行了扩充和延伸,认为它们可应用到整个汉语作为第二语言的量词教学中来。

### 5.1 体验量构式语义建构过程,搭建量词的认知桥梁

由于"把"量构式是"把"动构式非范畴化的结果,"把"动构式具有较强的动态性,因此在汉语作为第二语言的课堂教学中,我们可以让学生亲身体验"把"量构式语义建构过程,使学生通过"把"动构式这个桥梁来建立起对"把"量构式的认知。具体的教学步骤如下:

首先,导入"把"动构式这个教学支架,可采用教师发口令学生做动作的方式让学生认知"把"动构式,使学生在头脑中建立起"把"动构式的意象图式。然后,借助"把"动构式搭建学生与"把"量构式的心理联系,比如引导学生做"把一把糖块、把两把大枣"等动作。最后,撤下教学支架,让学生反复认知"把"量构式。比如教师可展示"一把鲜花、一把土"等图片让学生说出相应的"把"量构式,进而使学生在大脑中建构起"把"量构式的

意象图式。

　　这种体验式的教学方法有认知科学和教育心理学上的依据。从认知层面上讲，参照能力是人类的一个基本认知能力，动作动词相对于转化后的量词来说是一个突显程度高且容易编码的实体，因此，可以让学生借助动作动词这个参照体建立与突显程度较低且难以编码的量词之间的心理联系。从心理学层面上说，实体只有被注意了才能进入感觉记忆，对知识的编码越充分，进入长时记忆的几率越大，记忆效果越佳。这种教学方法从视觉（实物、图片）、触觉（做动作）和听觉（听口令）等多个通道刺激学生的感觉器官，比平时课堂教学中单一的刺激更能引起了他们的兴奋，吸引他们的注意。同时，课堂中通过模拟量词语义建构的过程，使学生对枯燥而抽象的量词产生了真实生动的视觉意象，使学生同时进行量词语义和表象的双重编码，从而大大促进了量词记忆的保持、存储和提取。

　　其实，不只是量词"把"，其他来源于动词的量词也都可以采用这种教学策略，在汉语量词体系中这样的量词是大量存在的，如"卷、包、束、堆、封、串、捆、抽、叠"等。

## 5.2 建立量词范畴中各构式之间的联系，构拟范畴语义网络

　　根据记忆理论，记忆分为机械记忆和有意义识记两类。研究已表明有意义识记不论是在全面性、准确性、巩固性还是速度方面都优于机械记忆。美国认知心理学 D.P. Ausubel 的学习理论也认为，学校的学习主要是有意义的接受学习，要尽量建立起新知识与学习者认知结构中已有的知识的联系，这样新知识才能被顺利地同化到学习者的知识结构中来，从而被学习者所理解和掌握。鉴于以上的记忆和学习理论，我们认为在汉语作为第二语言教学的中高级阶段，当教材中出现"把"量构式的非原型用法的时候，教师要帮助学生搭建起它与原型"把"量构式之间的联系，使那些远距离扩展的"把"量构式也能被学生快速而准确地识别和理解，并顺利地同化到原有"把"量构式的知识体系中。

　　记忆的研究表明，存储到长时记忆中的信息不是孤立杂乱无章的，而是经常按照语义类别进行分类存储，把新的信息纳入到已有的知识框架内，将分散的信息整合成一个新的知识框架，形成一个语义关系系统（彭聃龄，2001）。D.P. Ausubel 也说教师给学生提供的材料应该是有意义、有组织的，这样才能使学生在短时间内获得大量的系统知识。因此我们认为在汉语作为第二语言教学的高级阶段，教师有必要对量词"把"的复杂用法做一个小结，把那些离散的"把"量构式加以归类和整理，引导学生建立各构式之间的语义关联，并使学生在头脑中形成"把"量构式的语义记忆网络，从而提高记忆的效率。量词"把"的语义网络如图3：

```
       一把眼泪
       一把年纪   液体        火把   一把火
                 年龄
                     ┌──────┐
                     │ 一把草 │
                     └──────┘
                         │ 整体
                         ↓
    推了一把 ←─动作── 一把伞 ──技术/权力→ 一把能手
                                          一把手
```

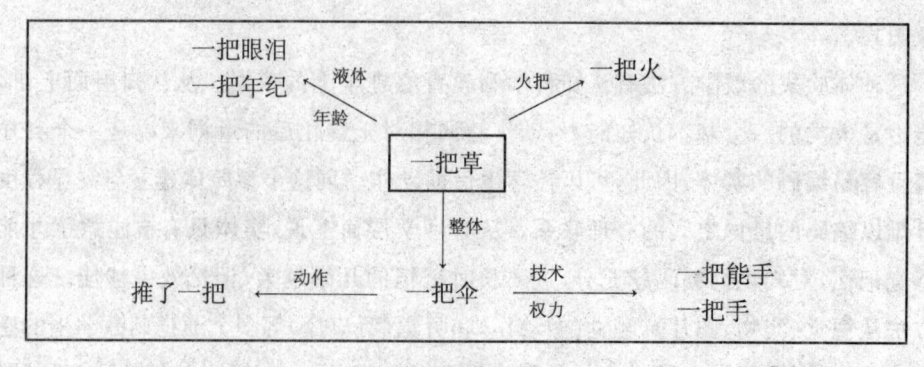

图 3

我们说这种教学策略同样适用于其他一量多物类量词,当教学内容中出现某个量词的非常规搭配的时候,教师就可给出该量词的原型范例,引导学生构建它们之间的语义关联,使学生也能通过有意义识记的方式来内化非典型量构式。同时我们还可采用绘制量构式语义网络图的方式来帮助学生更好地记忆一量多物量词。

### 5.3 原型先行,依据成员的典型程度安排量词的教学顺序

S. P. Corder 于 1967 年在《学习者言语错误的重要意义》一文中提出,第二语言学习者不是被动地服从教师的教学安排,而是和儿童习得母语一样有其自身内在的习得规律和顺序,当教师的教学安排与学生的内在大纲不一致时,就会影响语言的习得。因此,教师在汉语作为第二语言的教学中,要尽量考虑学习者的内在习得顺序,使教学安排的顺序与学习者的内在大纲即人类掌握语言的普遍规律相一致。

对于横跨三个量词子域的量词"把"的教学来说,我们不可能同时把集合量词"把"、个体量词"把"和动量词"把"的用法一次性传授给学生,因为这样的安排会加重学生的记忆负担,违背语言的习得规律。我们认为可采用依据"把"量构式的典型性逐渐分化的方式来安排量词"把"的教学顺序,即典型程度高的放在前边讲解,程度低放在其后讲解,也就是说首先讲解集合"把"量构式这个原型,随后导入极言量多或量少的"把"量构式和表火的"把"量构式,在介绍个体"把"量构式基础上让学生认知动量"把"构式和表人的"把"量构式(参见图2)。原因如下:

第一,原型是范畴中最清晰、最稳定的成员,它具有感知和认知上的显著性,记忆起来更准确,在长时记忆中保持时间更长,辨认起来更迅速。E. Rosch 的研究也表明,原型具有概念表征功能,我们总是通过概念的最佳实例来理解概念。一般情况下,儿童先会学习某一范畴的原型,然后是其他边缘成员。由于集合"把"量构式具有认知上的显著性和记忆上的优势,因此我们主张在量词"把"的教学中,首先讲解集合"把"量构式,

并通过这个构式来理解量词"把"的语义和特点。

第二,原型具有先行组织者的特性,为非典型成员提供了概念上的固定点和认知参照点,是对非典型成员进行推理的基础,非典型成员通过建立与原型成员的实质性的非人为的联系被同化到学习者的心理结构中来,使非典型成员的习得更易于理解、更快速。由于极言量多或量少的"把"量构式和表火的"把"量构式是通过集合"把"量构式这个起固定作用的构式内化到学习者的认知结构中的,因此应该把集合"把"量构式讲解放在最前边。

第三,美国语言教学理论家 S. Krashen 提出的输入假说认为,输入的语言信息既不要过难也不要过易,输入的语言水平应该控制在 i+1 的程度上(i 代表学习者目前的语言水平),即稍稍高出他目前的语言水平,因为 i+2 学习者难以理解,i+0 则无法发展其语言能力。由于动量"把"构式和表人的"把"量构式是建立在个体"把"量构式之上的,是原型"把"量构式的远距离扩展的结果,因此应把这两个构式的讲解放在最后。

对于其他一量多义类量词也可采用这样的教学顺序,即首先介绍该量词范畴的原型,按照典型程度由高到低安排教学。从宏观层面上看,我们认为可以把集合量词作为量词教学的切入点,在此基础上引入个体量词和动量词的教学。这样的教学策略出于如下的考虑:首先,集合量词是汉语中最早产生并使用的量词,其他类别量词都是以集合量词为原型逐渐衍生出来的。其次,在非汉藏语系语言中,也存在着同集合量词语法功能和意义相似的词语,如 a packet of cigarettes(一包香烟)、a handful of rice(一把米)、a bunch of flowers(一束鲜花)等,我们可以通过激发学习者表集合事物量方式上的认知共性,来更好地进行汉语特色的量词教学。

**参考文献**

陈　绂(1998)谈汉语陪伴性物量词的由来及其应用原则,《语言文字应用》第 4 期。
金福芬、陈国华(2002)汉语量词的语法化《清华大学学报》(哲学社会科学版)增第 1 期。
李先银(2002)汉语个体量词的产生及其原因探讨,《保定师范专科学校学报》第 1 期。
刘世儒(1965)《魏晋南北朝量词研究》,中华书局。
刘正光(2006)《语言非范畴化》,上海外语教育出版社。
彭聃龄(2001)《普通心理学》,北京师范大学出版社。
沈家煊(1999)转喻和转指,《当代语言学》第 1 期。
吴长安(2012)汉语名词、动词交融模式的历史形成《中国语文》第 1 期。
萧国政(2004)汉语量词"把"的意义、分类及用法,《江汉大学学报》(人文科学版)第 1 期。
张　敏(1998)《认知语言学与汉语名词短语》,中国社会科学出版社。
宗守云(2009)论集合量词"把"对名词性成分选择的范畴化过程,《语文研究》第 4 期。

(130024　吉林长春,东北师范大学文学院)

# 国际汉语基础教材中练习的设置与编写

〔新加坡〕徐　峰

**摘　要**：练习是国际汉语教材的重要组成部分。国内所编写的对外汉语教材练习在语言结构和功能的设置编排上有优势,而海外学者所编写的练习则在把握海外汉语学习者需求上有更为准确、清晰而深刻的认识,针对性更强。国际汉语基础教材练习的设置和编写需要互相借鉴,取长补短,从而进一步在细节上落实"学习者为中心"和"交际任务导向"的编写原则。

**关键词**：练习；汉字书写；交际模式；编排

## 一、引言

随着国际汉语在全球的推广,人们把目光更多地投向海外汉语教学,海外汉语教学中所面对的一些问题逐渐显现出来。除了教学方法和师资当地化等问题之外,教材的编写也很受关注。但现有的一些讨论和研究成果主要集中在教材内容的选择、词汇语法教学点的安排等方面,而教材练习设置和编写的研究,总体看来仍相对薄弱。一个较为明显的不足是绝大多数讨论主要集中在国内编写的对外汉语教材上,很少涉及海外学者所编写的教材。

目前海外所使用的较有代表性的教材大致可分为两种类型：一是由中国国内组织编写、面向海外推广使用的汉语教材,以《新实用汉语课本》(刘珣主编,北京语言大学出版社,2008)为代表；二是由海外专家学者合作编写的教材,如 *Integrated Chinese*（《中文听说读写》)(刘月华、姚道中主编,Cheng & Tsu Company 出版,1997 年初版,2011 年第三版)；*Basic Spoken Chinese*（《基础中文：听与说》)、*Basic Written Chinese*《基础中文：读与写》(Cornelius C. Kubleretc, Tuttle Publishing, 2011)和 *Learning Chinese：A Foundation Course in Mandarin*（《学汉语：汉语基础课程》)(Julian K. Wheatley, Yale University, 2010)。后两套教材的编写者本身既是语言学专家同时又是英文背景的汉语学习成功者,他们在编写教材时所融入的自身汉语学习过程的认识和经验,使得这些教材特点明显,适应性更好。

事实上,由于海外汉语教学在很多方面都有其特殊性,因此,海外汉语教学在教材练习的设置和编写上自然也应体现出相应的针对性。本文拟通过对上述教材练习的分析与考察进一步探讨基础汉语教材练习编制中的一些问题。①

## 二、对外汉语教材练习研究的简单回顾

对外汉语教学界对汉语教材练习的研究经历了一个认识上的深化过程,早期只是教材编写的附带介绍,或是相关的一些宏观理论性认识,对练习的研究也大多是教学法和教材研究的点缀,基本属于从属的地位。如李培元、赵淑华、刘山等(1980)提到《基础汉语课本》的练习设计和安排。郭志良、杨惠元、高彦德(1995),李泉、黄政澄、赵燕婉、马燕华(1996)等都提到了练习的编写应该为技能训练和课堂教学服务,赵金铭(1998)指出对外汉语教材在编写方面普遍存在练习种类单调、数量不足的问题,李扬(1999)在《对外汉语本科教育研究》中强调设计每一份练习、每一类题型、甚至每一道题目都应有明确的目的和科学的依据。

随着中国对外汉语教学的不断发展,比较有专门针对性的练习研究逐渐展开。这里又可分为两种不同情况。一是结合某一教材的编写讨论。如杨惠元(1997)《论〈速成汉语初级教程〉的练习设计》提出了"一条龙练习法",即从语音——词语——句子——会话——成段表达的自成系统的练习法。二是专项练习和编写理论的一些探讨,如刘颂浩(1999)《注释式词语练习试析》对注释式词语练习的设计依据、用法以及与其他练习形式的区别进行了讨论。刘颂浩(2003)《"把"字句练习设计中的语境问题》,针对具体练习形式进行研究,用推理及演绎的方式为练习编写设计出新颖的练习形式。李绍林(2001)《谈泛化、分化及其有关的练习样式》和李绍林(2003)《对外汉语教材练习编写的思考》则把泛化和分化的理论运用到汉语教材练习中,认为练习内容要和课型的教学目的相一致、练习内容必须兼顾泛化和分化两个方面、应该注意练习样式的总类和分布。周健、唐玲(2004)《对外汉语教材练习设计的考察与思考》一文则通过对50种汉语教材练习的考察,从量的多少、课堂练习与课后练习、紧扣教学内容和提高拓展、题型的固定与多样、教学顺序与难易顺序等五个方面分析了现行教材练习设计的得失。

上述研究加深了我们对于对外汉语教材练习编写的认识和理解,有助于进一步更

---

① 由于海外汉语教学安排上一般不像国内对外汉语教学严格按照分课型进行,本文所指的练习主要指综合课的练习。

好地进行探索。但目前教材练习的研究,理论层面的探讨较多,实际操作指导意义不够突出;而且对海外汉语教学的特殊性考虑不够。如果说在海外汉语教学开展的早期,因为处于空窗期,国内编写的教材还能受到海外市场的欢迎,占据较大份额,那么现在则早已风光不再,占据主导地位的是海外当地专家学者所编写的教材,其中一个重要原因就在于国内编写的对外汉语教材"水土不服"。

同教材编写其他部分一样,练习也涉及到许多方面,教学的指导思想不同、教学对象不同、学习者语言背景不同、教学课型不同、教学地域不同等等,都可能会造成练习编写上的差异。如何编写出适合海外汉语学习者使用的汉语教材,如何编写出具有针对性的训练学习者语言技能并成效显著的汉语教材练习,是国际汉语海外拓展过程中所面临的一个迫切而现实的问题。

## 三、对国际汉语基础教材练习设置和编写的一些认识及思考

### 3.1 并立与分立:基础教材中语言四技学习的新认识

一般认为语言学习有听、说、读、写四项技能要求。一个理想的语言学习成功者应同时具备这四项能力。如果以口语和书面语角度区分,前两者为口语技能,后两者为书面语技能。掌握书面语技能的一个重要前提是汉字书写的技能训练。尽管"听说领先、读写跟上"这样的基本原则早已为人们所接受,但教材在练习设置和编写中如何对书面语技能和口语技能分轨并没有得到过深入的讨论。传统上国内编写的对外汉语教材注重语言四技训练,无论是结构主义观念下或是结构主义与功能主义相结合观念下的语言教学,往往都强调四技的同步和均衡发展,要求学习者熟悉和掌握汉字,在进行听说训练时同步引入汉字书写训练。

众所周知,语言学习有各种不同目的,目的不同,技能安排上就有所不同。如20世纪六七十年代英美地区热衷学习汉语的人主要是因为喜欢汉语和中国文化,这些人学习汉语、学习中国文化的目的是研究汉语、研究中国文化,对于听说的口语技能要求并不突出。因此,早期偏重四技均衡发展同步进行的对外汉语教材并无太大问题,甚至一度非常受欢迎。(刘珣,2003)而现在学习汉语的人群主要目的是要了解中国、了解中国人,进而和中国人交往,从事与中国有关的工作,他们所希望的是通过学习获得运用汉语进行交际的能力。(陈绂,2007)尤其是在今天这个电子信息高度发达的新时代(语言传播在时间和空间上的限制被不断突破),听说技能可以说显得更为重要。这就要求教

材的编写者重新认识和思考对外汉语教材及练习在语言技能训练上书面语和口语的分立问题。

《新实用汉语课本》是为海外(主要是英语地区)的专业性汉语教学而编写的一套教材,全套书共六册,每册都配有《综合练习册》,前四册为基础语法阶段,后两册为中级阶段,供海外专修或选修中文的学习者一至三年级使用。

《新实用汉语课本》由20世纪80年代具有较大影响的《实用汉语课本》发展而来。继承了《实用汉语课本》在语言结构教学方面的特点,按照"结构—功能—文化"的模式编写而成,力图把功能、句型、情景有机地结合起来。练习一部分在课文之后,为课堂教学服务;另一部分则在配套练习册里,注重巩固语言技能;综合练习分为听说和读写两个大类。编写者明确说明《新实用汉语课本》在语言技能训练上的第一个指导原则就是平衡原则:听、说、读、写、译几方面均衡发展,平衡设计。①

此外,作为一部面向海外的教材,《新实用汉语课本》当初编写时接受欧洲同行的建议,加强了汉字教学。因而,书写技能部分的练习有大量与写汉字、写词组有关的练习,如临摹汉字、根据汉字写拼音、根据拼音写汉字、填字组词、听后写汉字、听后写拼音等。从学习基本笔画、部件开始,再组合成合体字的办法来练习汉字。

海外编写的汉语教材在这一点上与《新实用汉语课本》有着较为明显的不同。《中文听说读写》是美国最流行的中文教材(王晓钧,2004),至今已是第三版。第三版在课文编写和练习方面吸收了使用者的意见,做了调整和删改。从语言技能训练上看,《中文听说读写》虽然也注重整体发展的平衡,练习分为听力理解、说话练习、阅读理解和写作及语法练习四大区块。但却有意识地将汉字书写部分独立出去,另外编写配套的汉字练习册。而比《中文听说读写》在口语技能和书面语技能区分上走得更远的是Cornelius C. Kubler(顾百里)和Julian K. Wheatley(魏久安),两位编写者根据自己的学习经验和历程,都强烈主张听说技能和读写技能分开学习和训练。

Cornelius C. Kubler把教材一分为二,一是《基础中文:听与说》,二是《基础中文:读与写》,两个部分都分别配有练习册。在《基础中文:听与说》练习册的前言中他这样写道:

There are no Chinese characters to be found here because you don't need characters to learn speak Chinese. In fact, learning the characters for everything you learn to say is an inefficient way to learn Chinese, one that significantly slows down

---

① 《新实用汉语课本》(英语版)课本综合练习题使用说明,刘珣主编《新实用汉语课本·教师用书》,北京语言大学出版社,2009:137。

your progress. To help you learn to speak and understand Chinese as efficiently as possible, this book gives you the Chinese portions not via characters, but instead through audio featuring native speakers (on the accompanying disc). And in this book, the Chinese is represented in Hanyu Pinyin, the official Chinese Romanization system.

（在这里你看不到汉字,因为学习说汉语用不着汉字。其实,为了学说汉语而学习汉字是一种无效的方法,只会拖累你的进步。本书通过母语说话者的录音而不是汉字来为你提供中文。书里的中文都用官方的汉语拼音表示。）

Julian K. Wheatley 也把这一点作为其《学汉语:汉语基础课程》的一个主要特征:
One feature of particular note: Learning Chinese treats conversation and reading (and writing) separately,……. (http://yalebooks.com/wheatley/)
[一个特别值得一提的特点是《学汉语》把对话和阅读（书写）分开处理……]

对于处于刚开始学习汉语或初级阶段的学习者来说,这样处理的好处不仅突出了汉语的语言特点,而且有助于减轻学习者的学习负担,降低挫折感,使学习者能在较短的时间里迅速掌握基础汉语的基本听说,增强学习的自信心。因为"汉语具有十分丰富的内涵,无论从语音、词汇到语法、修辞以至书写系统,都独具特色。然而正是这些优点和长处,却成了非汉语为母语的学生的学习难点。单单是读写汉字一项,就足以使以字母拼写为母语的学生望而生畏"。"按照美国 Foreign Service Institute 和 Defense Language Institute 的调查和分类,中文对以英语为母语的学生来说,属于第四类,即最难学的语言之一"。(王晓钧,2004:102－103)

从语言发展的基本原理来讲,口语技能和书面语技能的学习和发展并不互为前提。比如各种语言日常生活中大量存在的文盲,再如欧美地区也有很多汉学家读写基本没问题而听说却不行,这些都是非常明显的证据。因此,语言四技同步和互相促进发展非必要条件,至少在语言学习的初级阶段是这样,而且在海外缺乏汉语使用环境的状态下,语言学习在初始阶段很难做到同步发展。

由此看来,海外汉语基础教材把汉字书写部分独立出来无疑有其相当合理的一面。当然,这主要是针对完全没有汉字基础的学习者而言,有一定汉字基础的学习者,可另行处理。《基础中文:听与说》就另配有汉字版,将其中的所有对话和补充生词的拼音版转为汉字,供教师和已有汉字基础的学习者参考、使用。2009 年国家汉办/孔子学院总部推出英语版《新实用汉语课本》,使用对象主要针对英语地区的学生,也认识到这样处理的长处。对汉字知识、结构练习不做要求,强调听和说以发挥功能教学的优势,在综合练习中删除了有关的汉字书写练习。从这一点可以看出,书面语技能和口语技能分轨处理,用以破除障碍,真正落实听说领先,正逐渐成为海外基础汉语教学的一个共识。

## 3.2 结构训练和交际技能训练的衔接与转化

从早期的结构主义教学法(强调语言知识结构)再到功能主义教学法(强调语言的理解和表达功能)和强调学习者自我构建的体验式学习(强调语言的交际功能),人们对语言学习的认识也有了深刻的改变,逐渐把语言交际功能摆在了第一位。很容易注意到这样一个事实,现在无论是国内学者还是国外语言学者编写的汉语教材都非常重视语言的功能训练,教材的练习中出现了多种多样的交际练习形式。这表明汉语初级阶段教材中以交际为最终目标的观念正日渐强化。

但不可否认,任何一种语言技能的掌握都必须以语言结构的掌握作为基础。长期的教学实践也表明:掌握语言结构是培养第二语言交际能力的基础。结构和功能孰轻孰重以及如何处理语言结构、语言功能向语言交际技能的转化就成为各种语言教材所无法回避的一个重要问题。理论观念上的认识和改变比较容易解决,但如何在汉语教材编写中较好地落实高效的语言交际技能训练,确实是一大难题。

《新实用汉语课本》讲究均衡和系统性,保持了《实用汉语课本》在语言结构教学方面的特点,循序渐进地介绍汉语的词汇和语法的基本规则,同时也注意到了语言交际的功能训练。强调必须把词语和句型的教学引向功能和话题的教学。"练习与运用"部分,从机械性掌握词语、句型替换开始,进而围绕一定的功能项目进行会话练习,最后则进行接近于真实语言情境的交际性练习。

为了体现"实用",《新实用汉语课本》从第一课就强调让学习者用刚学会的语言结构进行交际。新教材的"会话练习"部分,紧密结合本课的语言点,加强了学习者急需的日常生活会话练习,无疑也是希望学习者能够把学到的这些词汇和语法应用到实际的交流和交际中去。

但我们发现《新实用汉语课本》在具体落实结构和功能的结合上还略显不足。例如,在课堂练习方面,《新实用汉语课本》1-6课第三部分设有专门的语音练习,练习项如下:

    1.拼音;2.四声;3.辨音;4.辨调;5.半三声
    6.声调组合;7.双音节连读;8.朗读下列课堂用语

除7、8项为输出性的发音练习外,基本上都为单向的接受性辨音练习。第四部分(以第1课为例)虽然是一个会话练习,列出了核心句(以拼音拼写),要求认指人物(看图会话)和询问国籍(完成下列会话、看图会话),但具体练习实际上是要求学习者用汉语拼音写出对话(学习者容易理解成单向完成),而且,需要填写的就是所列出的核心句。情景对话(Situational dialogue)练习的问题如下：

You run into a Chinese friend whom you haven't seen for a long time. What will you say to him/her?

显然,这也是要求学习者写出或说出对话的上句,本质上还是属于单向的展示性训练,交际性不足。第7课以后,课堂练习虽然有些变化,如第三部分不再有专门的听辨音练习(以第7课《你认识不认识他》为例),设置了熟读下列词组、句型替换、看图造句、会话练习、交际性练习等5项练习,第四部分也增加了阅读和复述。但会话练习依然是填空式的单向练习,交际练习的单向性也很明显,并未落实交际的双向性。例如：

(1) You come across a student whom you don't know. How do you carry out a conversation with him/her in order to know more about him/her?

(2) Two of your friends do not know each other. How do you introduce them to each other?

(3) How do you introduce yourself in a meeting?

(4) How do you ask about your new friend's major?

上述不足在综合练习册中也无明显改观,无论是拼音、声调的组合(前6课)还是词语的熟读(后44课),都只是识别练习。听说练习也只有一个角色扮演题型,而且是要求先听,然后模仿所听到的对话。读写部分虽设有完成对话练习,但也是填空式的。这种先听再模仿的训练模式在一定意义上也限制了学习者的交际活动训练,学习者并没有参与到交际活动之中。① 由此可以看出,《新实用汉语课本》的练习虽然综合了多种语言结构,但在处理交际练习融入时,部分练习还是把学习者处理成了单向模仿跟读记忆的练习者。

《中文听说读写》结构和功能安排上也比较注重结构训练。如在句段表达层面上为了训练学生表达的流利程度而加强汉字识别和组字成词的坚实基础,每一课增加了汉字和构词的练习。练习整体结构上也分为听力部分、说的部分、阅读理解部分、书写和语法部分四个板块,可以看成是吸收和借鉴了传统语言练习的设置和编写模式。但其编写指导思想和《新实用汉语课本》其实有很大不同。

《中文听说读写》基本上是按照美国AP中文项目(Advanced Placement Chinese Language and Culture and Examination Course,汉语大学预修课程及考试/中文课程与考试)来编写的,其主导思想是美国《21世纪外语学习标准》(Standards for Foreign

---

① 角色扮演是通过游戏的形式反映现实生活片段的一种语言课的教学活动,能够适用于不同水平的学生,为学生在真实情景中运用中文进行交际奠定基础。关键是学习者要参与活动,而不是游离于外,变成观者的身份。

Language Learning in the 21st Century)。《标准》对于语言交际的认识有了进一步的发展,从交际发生的语境及其意图的角度,区分三种不同交际模式:

A. 语言沟通交际模式(Interpersonal Communication):学习者能够用汉语交谈,运用中文沟通,能够提供并获得信息、交换意见,并用汉语表达自己的情感,属于接收与输出双向交际。

B. 理解诠释交际模式(Interpretive Communication):学习者能够理解并解释有关各种话题内容的口头或书面材料(包括汉语拼音文本),属于接收型交际。

C. 表达演示交际模式(Presentational Communication):学习者能够以口头或书面的形式将有关不同话题的信息、理念、想法表达、呈现给读者或听者,属于输出型交际。

《中文听说读写》以上述三种交际模式为架构设计练习,将交际背景与四项技能融合在一起,虽然在交际模式的基本结构中仍然保留了听、说、读、写这四项技能(四大板块),但在实践中实际上已经不再把"听、说、读、写"视为四项独立的技能,而是将它们融入交际环境中,视为达到三种交际模式的途径。① 《中文听说读写》为每项练习都标明了交际类型。

如第 1 课《开学了》听力理解部分,第三项 C. Workbook Narratives 中 4 个小题:

1. Listen to the recording for the Workbook and answer the questions in English. (Interpretive)

2. Listen to the recording for the Workbook and answer the questions in English. (Interpretive)

3. After listening to the recording for the Workbook, fill out Little Zhang's daily schedule in Chinese, and answer the questions that follow in English. (Interpretive and Presentational)

4. Write the name in Chinese characters after you listen to the recording. (Interpretive and Presentational)

第四部分 Writing and Grammar Exercises 中,F 项 Answer the questions and then explain why based on your own situation or the Lesson 1 text. 标记的是语言沟

---

① 参见《中文听说读写》第 3 版练习册前言。The Third Edition places more emphasis on communicative skills and includes enhanced, relevant cultural coverage. It was developed with attention to the AP®'s three modes of communication (interpretive, interpersonal, and presentational); every exercise in the Workbook indicates which mode is addressed. The Third Edition materials also align with ACTFL's "Five Cs" standards for language learning (communication, connections, culture, comparisons, and communities).

通交际模式(Interpersonal)。

再如第2册第11课《中国的节日》配套练习中的第三部分 Reading Comprehension 里的 D 项. Look at the ad below and list in English the things that you like and don't like about the place. Before calling the landlord, jot down in Chinese some of the questions you may want to ask. 就既有理解诠释交际模式(Interpretive)同时也有表达演示交际模式(Presentational)。

除了以上从交际模式认识上重新理解和安排语言四技训练之外,相较于《新实用汉语课本》采用语言结构本身直接进行语言练习,《中文听说读写》另一个最为明显和突出的进步是在语言结构到语言交际技能形成的过程中,大量采用任务导向安排技能,也就是通过类似交际活动的任务完成来构建语言交际技能,而非单纯的语言结构练习。

例如第2册第11课《中国的节日》课堂练习(Language Practice)一共安排了11项练习,每一项都针对特定的情景要求完成任务,而非简单的造句,替换词语或是词语和词义连线等等类型。这11项练习除了 D 项 Follow the Boss's Orders(Imagine you're a sous chef. You have a habit of confirming your work orders with your boss before you do anything.)、F 项 Don't Get the Wrong Food 中的第一小题 a. Connect with a line each of the holidays on the left with the name of the food that holiday is most associated with, and then connect the name of that food with the appropriate image on the right. 以及 H 项 Well-Wishing 没有明确说明或是要求合作完成之外,其余的均要求以两人或小组或全班合作方式完成。

这一点在《中文听说读写》综合练习的设计里也非常明显,如第11课《中国的节日》配套练习中的第四部分书写和语法板块设计了如下一些练习项目:

A.汉字部件组合,然后写出一个词、一个短语或一个短句包含这个汉字。

B.根据插图说明这些人正在做什么[忙着……]。

C.说出特定职业人群的专长[V 得出(来)]。

D.用量词重叠形式回答问题[天天都有中文课]。

E.根据提示用中文写出课文中人物的习惯性安排。

F.将一则英文广告翻译成中文。

G.将下列对话翻译成中文。

H.将下列短文翻译成中文。

I.中国新年时针对不同关系的对象打电话、发短消息、发电子邮件、写贺卡祝贺新年。填写表格列出对象、拟出联系的方式、祝愿的话语;对那些打电话的人,先和同伴排练或者录下一则留言。对于写信或者电子邮件的人,在下面写下你的讯息。

J. 从网上或者找朋友或从家里找两到三张中国节日照片,用中文写一则新闻稿或向一个朋友描述这些照片。包括的项目有天气、人们做什么和吃什么、地方装修得怎么样等。运用本课所学的至少2个句型和5个新词和短语。

K. 今年你要为家里人主持一场中国新年庆祝仪式。给他们写一封信描述他们要如何装饰和制作食物,他们要做些什么、他们要穿什么、他们要带些什么来等等。运用本课所学的至少3个句型、新词和短语。

后三项都是非常典型的语言交际活动任务,"通过多种针对性强的练习形式,把课文所提供的语言材料(消极语言)转化为学生自己的、能用于理解、表达和交际的语言材料(积极语言)。这种转化不同于纯粹的课文操练,而是指材料的理解、重组和运用,强调学生的创造性运用。"(周建,2004)毫无疑问,学生通过汉语交际活动获得汉语交际能力是学习汉语的最佳途径,能极大地促进学习者的学习进程。

### 3.3 练习编排的学习者中心导向

语言是练出来的,学习过程中练习的重要性不言而喻。好的练习不仅在指导原则和编写思路上有利于语言学习者对于语言结构、语言技能和语言交际技能的理解掌握和运用,而且在练习的编排配置上也会尽量照顾到学习者的需要。在保证学生练习量度的同时,在语言练习的效度上也有更好地体现。目前,在练习的数量上,绝大多数汉语教材都提供大量的语言练习,如《新实用汉语课本》和《中文听说读写》都安排有充足的课堂练习和课后练习。但在如何保证实现语言练习的质量和效度方面还有很多问题值得进一步探讨。

不同类型的语言学习者对于语言技能的要求不同,因此练习要根据学习者的不同类型和不同需求来加以考虑,这也是近年来国际汉语教学特别讲究国别化的一个重要原因。据陈绂(2010)介绍,美国的高中教育与大学教育衔接非常紧密,在保证基本学科的前提下,大多数课程以选修的形式出现,汉语课就是众多选修课之一。一般情况下,学生能够接触到汉语的时间,每周不超过5个小时。这无论是对课堂练习还是课后练习都提出了更高要求。

学习者有些需求对于练习本身不会产生影响,如欧美地区历来有汉字繁简的区别问题,现阶段考虑到学习者的现实需求,教材及其练习汉字部分一般也都会考虑繁简两种方式,《中文听说读写》、《基础中文》和《学汉语》都给出了繁简对照,《新实用汉语课本》练习册也有繁体字版本。另外一些因素则在不同程度上会影响到练习的效度,如练习的编排方式、练习中目的语与第一语的使用、练习的指示语是否充分明确、练习材料的真实性等等。

(1)练习编排方式。练习设计应符合认知心理,尽量体现坡度,按先易后难安排。语言四技四大练习板块的编排基本上按照感知——模仿——应用三个环节进行安排。如《新实用汉语课本》课堂练习先由熟悉结构(熟读下列词组、句型替换)到造句练习(看图造句、会话练习)然后再是交际练习。而且各个板块内部的练习安排也是如此,如《中文听说读写》听力分为两个部分,首先是建立在每一课内容基础上的听力问答,目的是让学生理解课文(Interpretive);另一个部分是两段或两段以上的简短对话(Interpretive)或者陈述 Workbook Narratives(Interpretive)帮助学习者学习课文中介绍到的词汇和语法。而练习中答辩者(Workbook Listening Rejoinder)(Interpersonal)所说的内容也是首先针对课文对话或陈述的问题(Interpersonal)练习提问和回答,然后才是针对学生自己生活的问题(Presentational)进行话题谈论。

《中文听说读写》编写者还注意到循环,每五课设立一个阶段性的复习单元。(The Workbook now includes a brief "Let's Review" section after every 5 lessons for cumulative practice and reinforcement.)既可以帮助学习者回顾,也可以帮助检查自己的阶段性进步,包含了从发音练习到词汇回顾以及连贯表述的写作等各方面。这些措施都很好地遵循了学习者的学习认知心理规律。

(2)学习者第一语言的应用。目前绝大多数练习题目和题目指导说明语句都会采用第二语言学习者的第一语言。如《新实用汉语课本》练习内容使用中文,而题目使用英语,2009 年《新实用汉语课本》(英语版)练习的题目改成汉英对照方式。《中文听说读写》等教材则更进一步,不仅照顾到学生在练习指令上使用第一语言的要求,而且还注意区分了第一语言在训练语言技能内容上的不同应用。例如在接受型技能方面(聆听和阅读),练习的内容和问题都采用第一语言表示,而产出型技能方面(说和写作)则要求学习者一定要使用汉语。道理很简单,因为听力和阅读部分考查的是学习者的接受能力,因而问题可以使用英文。而说话和写作则训练的是学习者的表达技能。如前面提到的《中文听说读写》第 2 册第 11 课《中国的节日》配套练习中的第三部分阅读理解(Reading Comprehension)练习的两道小题:一是阅读两段短文并回答问题,问题用英文呈现;二是阅读一则租房广告,要求用英文列出你所喜欢或不喜欢的项目,在打电话给房东之前用中文简要整理你要问的问题(Interpretive/Presentational)。

(3)练习方法的指导。一部好的教材,练习的质量和数量是学习者成功学习的重要保证。但许多初级阶段的语言学习者对于如何有效及高效地运用练习并不了解。通过增加练习的数量或训练强度当然也可以提高效率,"熟读唐诗三百首,不会作诗也会吟",但简单的重复容易产生疲劳。如果能够给学习者指出高效练习的方法,则学习者在单位练习上的产出和收效都可以大大增加,可惜的是绝大多数教材练习都付之阙如。

而 Cornelius C. Kubler 编写的《基础中文》对练习方法就有很好的介绍和说明。下引《基础中文：听与说》综合练习册的部分练习说明（原为英文，汉语为笔者摘译）为例。

a. 关于新词汇和语法总结

列表可以帮助学习者复习所学过的内容，不是通过这个列表来学或背，学习者是通过对话和课文的情景来学习和掌握的。另外两个部分的训练，即便带有机械性，也不要低估其作用，既可以提高发音和流利度，也可以增加学习的自信心。最好课外在语音实验室或是别的地方自己练习，辅导者的指导和参与是基本的，要尽可能多地大声说，同时思考所听和所说内容的意义。如果能有母语者的辅导并且每周练习1到2个小时最好。

b. 关于替换练习

首先给出例子，在录音部分停顿后练习者首先说出替换而成的新句子，然后一个母语者说出正确的句子，其后学习者需要重复这个正确的句子。这样的练习至少要做两次才最有效。第一次打开练习册，第二次合上练习册。

c. 关于角色扮演

每单元分四个部分，里面有3到8个角色，每次出现两个或3个。内容大体建立在教材中的基本对话之上，不过有些细节会做些改变。提供英文的交代，但需要用中文来演示。角色扮演时，可以看一眼英文，但说中文的时候尽量不看。角色扮演的过程很快，也许有人会希望预先做些练习。不过，这类训练的目标并不是要一个字对一个字地英译中，而是找到和英文提示所对应的汉语自然表达方式，重点是在演示，要是发现自己仍然在犹豫和停顿也就意味着还没有充分地掌握这些材料。班上个人练习后，辅导老师也可以让全班同学一起重复几遍台词。

毫无疑问，汉语教材练习必须遵循"学习者为中心"和"交际任务导向"的编写原则。细节决定成败，在编写和安排的具体细节上还有很多需要重新思考的地方，像听说练习，很多时候为学生所提供的材料都是标准和规范的汉语普通话，学生习惯于发音清楚、语法规范、语速较慢的标准汉语，一旦到了真实语境，那种突如其来的不同节奏、语音变化以及重音、语气和语调等等，会让学生很不适应，觉得好像和学习与训练中的完全不同。那么，设计练习时是否能适当提供一些相对简单但又是真实语境下的材料以使学习者有一个过渡铺垫呢？

再比如，对于在教材和练习中尽量选取和加工真实语言材料大家已取得共识，但如何落实到具体操作层面，不同的编写者往往有不同的考量。我们注意到由海外学者所编写的基础教材练习在某些细节方面比国内一些汉语教材做得要好，值得借鉴。如《中文听说读写》为了使课堂学习材料和实际语境更好地衔接，所有课程练习中都增加了更多的真实性材料，如标语、海报、广告等等。为了跟上信息时代的步伐，保持学生的语言学习兴趣,训练学生用中文写电子邮件以取代过去的写信练习。《中文听说读写》还特别为练习增加了很多插图,这些插图不仅可以使练习更有趣味,同时,视觉图像也能增加练习的类型变化,鼓励学生更直接地回答问题而不是先通过翻译环节。为了训练学生描写所看到的以及运用语言技巧组织叙述,《中文听说读写》第 3 版每一课都增加了讲故事练习,以帮助学习者用连贯的方法组织和表达思想,训练学生使用关联词语和连贯衔接方式让自己的故事表达得更顺畅和符合逻辑。

## 四、结 语

语言教学在很大程度上要靠操练,一本好的教材就等于是把进行"操练"的最适合的具体材料和活动计划交给了老师和学生。(陈绂,2007)练习在教材中占有相当重要的地位,往往决定教与学的效果。应该把练习作为教材的主体。语言不是"教会"的,而是"练会"的。"教"的结果只是"懂","练"的结果才是"会"。要完成从"懂"到"会"的转化,关键是练习。(杨惠元,1997)

有人把练习的功能用四个服务加以总结:练习为学生服务、练习为教师服务、练习为课堂教学服务、练习为技能训练服务,可见练习与语言教学过程中的方方面面直接相关,而这其中的每一个因素又可以进一步加以分化,因此要编写出一套兼顾各方,优质高效的练习非常不易。比如,吴中伟(2001)提出,编写口语教材时可以尝试把课文和练习结合起来。口语课不要课文,教师只根据谈话的话题或功能项目,提供相应的词语和语法结构,引导学生现场生成课文。这样做可以把大量的时间还给学生,使他们有更多的机会进行口语技能训练。这一想法富有创意,但可能只适合中高级阶段的学习者,基础汉语教材中的练习恐怕还难以采用。

随着国际汉语教学在世界各地的不断拓展,学习者类型也越来越复杂,可以预见未来对于国际汉语教材的要求也会越来越高。这就更需要海内外专家学者互相学习,互相借鉴,针对学习者的不同需求编写出更多更好的练习。

**参考文献**

陈　绂(2007) 从 AP 中文课程看美国外语教学的标准,《语言文字应用》第 3 期。
———(2010) 我们如何编写美国 AP 中文教材,《世界汉语教学通讯》第 2 期
郭志良、杨惠元、高彦德(1995)《速成汉语初级教程·综合课本》的总体构想及编写原则,《世界汉语教学》第 4 期。
李培元、赵淑华、刘山等(1980) 编写《基础汉语课本》的若干问题,《语言教学与研究》第 4 期。
李　泉、黄政澄、赵燕婉、马燕华(1996)《新编汉语教程》的设计、实施及特点,《语言教学与研究》第

2期。
李　泉主编（2006）《对外汉语教材研究》，商务印书馆。
李绍林（2001）谈泛化、分化及其有关的练习样式，《汉语学习》第6期。
———（2003）对外汉语教材练习编写的思考，《云南师范大学学报》（对外汉语教学与研究版）第3期。
李　扬（1999）《对外汉语本科教育研究》，北京语言文化大学出版社。
刘颂浩（1999）注释式词语练习试析，《汉语学习》第4期。
———（2003）"把"字句练习设计中的语境问题，《汉语学习》第4期。
刘　珣（2003）为新世纪编写的《新实用汉语课本》，《暨南大学华文学院学报》第2期。
刘　珣主编（2008）《新实用汉语课本》，北京语言大学出版社。
———（2009）《新实用汉语课本》（英语版），北京语言大学出版社。
刘月华、姚道中主编（2011）*Integrated Chinese*（《中文听说读写》），Cheng &Tsu Company。
———（2011）*Integrated Chinese Workbook*（《中文听说读写》练习册），Cheng &Tsu Company。
王若江（2006）关于美国AP汉语与文化课程中三种交际模式的思考，《语言文字应用》增刊。
王晓钧（2004）美国中文教学的理论与实践，《世界汉语教学》第1期。
吴中伟（2011）浅谈基于交际任务的教学法——兼谈口语教材的编写，中国对外汉语教学学会华东地区青年学术研讨会论文（打印稿）。
杨惠元（1997）论《速成汉语初级教程》的练习设计，《语言教学与研究》第3期。
赵金铭（1998）论对外汉语教材评估，《语言教学与研究》第3期。
曾妙芬（2007）《推动专业化的AP中文教学》，北京语言大学出版社。
周　健、唐　玲（2004）对外汉语教材练习设计的考察与思考，《语言教学与研究》第4期。
Cornelius C. Kubler& Yang Wang(2011) *Basic Spoken Chinese Practice Essentials*（《基础中文：听与说》练习册），Tuttle Publishing。
Cornelius C. Kubler& J. Kubler(2011) *Basic Written Chinese Practice Essentials*（《基础中文：读与写》练习册），Tuttle Publishing。
Julian K. Wheatley（2010）*Learning Chinese：A Foundation Course in Mandarin*（《学汉语：汉语基础课程》），Yale University。

(637616　新加坡，新加坡南洋理工大学国立教育学院亚洲语言文化学部)

# 国际汉语教师培养模式考察:问题与对策

马国彦

**摘　要**:国际汉语教师的培养模式随汉语国际推广的性质、目标和任务的变化而变化。本文从国际汉语教师职业的强实践性这一基本事实出发,分析了知识型和应用型国际汉语教师培养模式中存在的问题,对如何提高师资培养效能进行了学理探讨,提出了以影像和文字案例库的建设为基础、以案例教学为主线的"实践型"国际汉语教师培养模式,确立了实用、可操作性强,兼顾学历教育和短期培训的创新性师资培养机制。

**关键词**:国际汉语教师;培养模式;问题;对策;实践型

## 一、引言

汉语国际教育事业发展的关键问题之一是师资队伍建设(赵金铭,2011)。尤其是近几年来,海内外汉语教学规模持续快速拓展引发了对国际汉语教师的巨大需求,师资培养和培训成了亟须回应和解决的问题。崔希亮(2010)指出,"三教"即教师、教材、教法仍然是汉语国际推广的基本问题,其中教师问题是核心。教师培养模式、机制、体系等方面的研究成为汉语国际教育理论研究的重要内容,亦是学界关注的热点课题。

自 20 世纪 80 年代至今,国际汉语教师培养主要有两种模式:一种是传统的"知识型"培养模式,依托语言学及应用语言学专业的对外汉语方向培养本科、硕士和博士;一种是当前的"应用型"培养模式,通过设立汉语国际教育硕士专业学位,实施"国际汉语教师/志愿者计划"培养和培训汉语师资。

国际汉语教师的培养模式只有与汉语国际教育的目标、进度保持一致,才能满足时代的需要和事业发展的要求。目前,由于这两种教师培养模式及培养体系已远远无法满足汉语国际推广的迅猛发展对师资队伍的需求,因此汉语国际教育的基本矛盾表现为汉语教学对师资的大量需求和事实上培养产能较低之间的不相适应。为了突破制约汉语国际教育事业发展的师资瓶颈,尽可能满足世界各地日益增长的汉语学习需要,保证汉语国际推广的稳定和可持续发展,就必须进一步整合海内外教学资源以提高师资培养效能,提升汉语教师的教学技能和文化素养,培养、培训更多的合格的汉语教师。这既是摆在我们面前的刻不容缓的时代使命,也是关系到学科建设和学科发展的迫切问题。

本文从国际汉语教师职业的强实践性这一基本事实出发,首先分析知识型和应用型国际汉语教师培养模式中存在的问题,然后结合国家汉办发布的《国际汉语教师标准》(以下简称《标准》)对开展汉语教学、传播中华文化应具备的知识、能力和素质的描述,对如何提高师资培养效能进行学理分析,最后提出以影像和文字案例库的建设为基础、以案例教学为主线的"实践型"国际汉语教师培养模式,进一步明确培养目标、途径和方法,确立科学、实用、可操作性强,兼顾学历教育和短期培训的创新性师资培养机制。

## 二、既有模式存在的问题与模式调整的方向

国际汉语教师的培养模式始终反映着汉语国际推广的性质、目标和任务,当后者发生变化时,培育模式就必然进行相应调节。人才培养绝非朝夕即可奏效,亦难以靠宣传动员的方式一蹴而就。因此,外部的师资需求问题只有首先放到学科内部进行分析和总结,从汉语教学的性质、教师角色定位的变化,以及相应的课程设置调整等角度切入,全面检讨既有培养模式中的问题,在此基础上,探索新形势下培养模式革新的方向、提高师资培养效能的可能性,方能使师资队伍建设走上合理、有效的轨道。无疑,这一过程同时也是对学科建设情况的审视和梳理,为解决学科内部问题提供了契机。

### 2.1 知识型培养模式及其问题

知识型培养模式确立于 20 世纪 80 年代,以在学历教育体系下培养汉语教学师资为主要目标。与国外以语言培训学校为主开展母语作为外语教学不同,长期以来汉语教学集中在高等院校进行,专业性强是汉语教学的一大特色,正是这种专业的汉语教学性质,决定了从业教师的知识型角色定位。

学界围绕知识型培养模式的培养理念、培养方式、预期目标、实施方案等进行了深入探索。关于这种模式下汉语教师的角色定位、应具备的业务素质,各家的研究虽有不同侧重,如吕必松(1989)、邓恩明(1991)、刘珣(1996)、李晓琪(2000)等,但均认为汉语国际教学对教师的知识结构和能力结构有一些专门化的"特殊的要求"[①],如应有扎实的语言学功底,系统的汉语语言学知识,了解并熟悉第二语言习得理论、教学法理论与教学法流派;除了具有一般的课堂教学和课堂管理能力之外,还应具备一定的语言本体

---

① 吕必松《对外汉语教学的紧迫任务》,《世界汉语教学》1987 年第 1 期。

研究和习得研究能力等。毋庸讳言,这种模式培养的教师对于深入开展汉语本体和汉语习得分析,深化汉语国际教育理论研究,起到了很大的推动作用。

汉语国际教育的基础是汉语教学。汉语教学是以语言能力和言语交际能力的界定、区分及其间的联系为基础而建立起来的。根据国家汉办发布的《国际汉语能力标准》,汉语教学的基本任务是在学生习得汉语语音、词汇、语法等语言要素的基础上,将语言能力转化为运用汉语进行实际交际(包括口头和书面)的能力。

随着"汉语热"持续升温,海内外汉语教学规模快速扩展,汉语国际教育已成为国家软实力建设的重要组成部分。一方面,汉语在海外通常已纳入学历教育尤其是中小学学历教育体系,学习汉语的人数剧增,对汉语师资的需求日益增大;另一方面,在开展汉语教学过程中,要大力弘扬中华优秀文化、推动中华文化走向世界、塑造良好的国家形象。在此背景下,汉语国际推广的基础和基本任务虽然不变,但汉语教学的性质需要进行相应转变——从专业汉语教学向大众化、普及型、应用型教学转变(崔希亮,2010)。就教学过程和教学法而言,这种转变主要表现在更加强调语言材料的语篇化、教学的活动化和任务化(赵金铭,2004)。这一系列转变必然要求对教师的角色定位进行调整,从专业型教师向教学过程的引导者、组织者、监控者转变(马国彦,2006),成为建构轻松、民主、平等的课堂氛围,提供语言服务者(屈哨兵,2010)。

教学性质的转变和教师角色定位的调整,从不同侧面彰显了知识型师资培养模式中存在的问题,如培养周期较长、效能较低,难以满足实际需求等。而核心问题则是重理论灌输、轻实践应用:首先,知识型师资培养模式以理论知识传授为主,课程体系缺乏实用性和针对性,不少课程与现实应用脱节,忽视了教学技能和教学策略的训练,对教学工作缺乏实际指导意义,不敷形势之需;其次,这种培养模式的教学是以"技术理性"思维范式为基础展开的,在教学过程中,以教师和教材为中心,学员的主观能动性在相当程度上受到抑制,被动地接受知识,实践性知识和实践能力难以得到真正提升。大众化、普及型、应用型的教学性质和新的教师角色定位,需要新的教师培养模式的支撑。

## 2.2 应用型培养模式及其问题

国际汉语教师培养模式改革的转折点是汉语国际教育硕士专业学位的设置。2007年3月,国务院学位委员会第23次会议审议通过了《汉语国际教育硕士专业学位设置方案》。方案明确指出,汉语国际教育硕士专业学位的培养目标是适应汉语国际推广工作,胜任汉语作为第二语言教学的高层次、应用型、复合型专门人才。专业学位设置是通过学科建设提高师资培养效能的重要举措,标志着汉语教师的培养方向已经从传统的重专业知识转移到重实际应用,开启了"应用型"培养模式。

学位设置方案强调，汉语国际教育硕士专业的教学"以培养学生的汉语教学技能为主"，专业学位的获得者应具有扎实的汉语言文化知识、熟练的汉语作为第二语言教学的技能、较高的外语水平和较强的跨文化交际能力。也就是说，这种模式的建构是以汉语教师应具备的知识、能力和素质的应用性和技能性为基础的。

迄今为止，对国际汉语教师理论上应具备的知识、能力和素质进行全面描述的纲领性文件是国家汉办发布的《国际汉语教师标准》。《标准》借鉴了 TESOL 等国际第二语言教学和教师研究新成果，吸收了国际汉语教师实践经验，旨在建立一套反映国际汉语教学特点，完善、科学、规范的教师标准体系，为国际汉语教师的培养、培训、能力评价和资格认证提供依据。《标准》采取模块建构的方法，以 5 大模块统领 10 个一级标准，一级标准中共包括 54 个二级标准。简示如下：

《国际汉语教师标准》

| 模块 | 语言基本知识与技能 | 文化与交际 | 第二语言习得与学习策略 | 教学方法 | 教师综合素质 |
| --- | --- | --- | --- | --- | --- |
| 一级标准 | 汉语知识与技能；外语知识与技能 | 中国文化；中外文化比较与跨文化交际 | 第二语言习得与学习策略 | 汉语教学法；测试与评估；课程、大纲、教材与教辅材料；现代教育技术及运用 | 教师综合素质 |

需要指出的是，《标准》仅对知识、能力和素质进行了静态刻画，其间的关系以及实际教学过程中先后顺序、轻重次序如何却付之阙如。学界通过学理分析和数据验证相结合的方法，进一步说明和解释了这些问题。徐彩华和程伟民（2007）的对比定量研究显示，新手汉语教师最急需的是组织、调动学生的技巧和教学法，其次才是语言本体和语言教学法知识。江新和郝丽霞（2011）采用刺激性回忆报告的方法，细致考察了汉语教师所需的实践性知识，对新手和熟手教师的知识运用情况进行了比较。结果发现，教师在课堂上实际考虑和运用最多、频率最高的是一般教学知识和语言教学知识，而不是语言学知识和文学文化知识。实际上，这两类知识在课堂上很少涉及和运用。因此相对来说，应更重视教学技能、教学策略、教学观念等实践性知识的培养和获得。

不言而喻，这些方面的研究同时就是对应用型培养模式的补充探讨。概括而言，以《标准》为基础的应用型国际汉语教师培养模式主要存在以下几个方面的问题：首先，随着学科建设的不断推进，这一培养模式虽然一定程度上提高了效能，缩短了培养周期，但师资培养效能仍有较大的提升空间，培养周期仍然较长，无法兼顾学历教育和短期培训。其次，课程设置有流于面面俱到而特色不够鲜明之失，一般建构的是"汉语＋外语＋教育类课程"的简单学科拼盘，无法体现出学校特色和区域特点（陈红梅，2010）。第三,尚未充分注意到应从教学实践的角度讨论教师应具备的知识、能力、素质之间的关系及其运作方式。

根据上一小节的讨论,以课堂为主的汉语教学对教师的基础定位是"学生的语言能力向言语交际能力转化的指导者",立足于此观察,汉语教师应具备的知识、能力和素质作为整体发挥作用。而《标准》及目前关于师资培养问题的研究,对此均有不同程度的分析过度、综合不足之弊,同时,在分析的过程中,并未理清知识、能力、素质之间的关系,没有区分层次,更未对其间的运作过程做出说明。《标准》所做的分析性处理给人的印象是各模块中描述的知识与能力是均等的,没有轻重分别。事实上,在汉语教学实践中,这些知识和能力既有先后次序,亦有轻重差异,并非均等平列。上述几位学者在研究中所做的价值评判或比例分割,也没有区分层次。例如,教师综合素质中的一般教育教学知识适用于任何一门学科的教学,可以说是处于较高层级的知识,也可以说是更为基础性的知识,不应将其与语言知识、语言教学知识放在一个平面进行比较。

### 2.3 培养模式调整的方向

汉语国际教育是一种实践性很强的职业。对国际汉语教师培养来说,强调实践的重要意义在于,教师应具备的知识、能力和素质的整合,难以在专业的、分析性的知识中完成,只有在动态的教学实践中,紧扣语言项目训练,还原其整体性,才能整合、统一起来。进而言之,一名合格的国际汉语教师,不仅要掌握本体的能够促进课堂教学顺利进行的各种条件性知识,更要掌握实践性知识,即课堂情境及与之相关的知识。实践性知识是情境性和个体化的,隐含于具体教学过程之中,与教师的思维、言语和行动保持着"共生"关系,只能在具体的教育实践中发展和完善。换言之,国际汉语教师为应用既定理论和技能来解决问题,必须具备可将理论、技能和实践情境特性整合起来的能力。

鉴于传统知识型和当前应用型国际汉语教师培养模式中存在的问题,为了突出实践在师资培养中的重要价值和作用,我们提出以案例库建设为基础、以案例教学为主线的"实践型"国际汉语教师培养模式。由于案例展示的是真实的教学情景,具有整体性,同一个案例可以适用于说明不同层次、不同方面的问题,因此围绕案例展开的实践型培养模式既可以救知识型培养模式之弊,又可以补应用型培养模式之不足。

这一培养模式的主导方针是"反思理性",培养目标是要求并训练学员成为"反思性跨文化实践者",据此优化课程设置,逐步形成以核心课程为主导、模块拓展为补充、实践训练为重点的培养体系。

## 三、基于案例库的"实践型"培养模式

基于案例库的"实践型"国际汉语教师培养模式倡导以实践性为起点和目标,往复递进,兼顾学历教育和短期培训的培养理念。所谓起点,指从真实案例出发,引导学员将自身代入具体情境,接触、观察并经历案例的完整过程;所谓目标,指调动和运用《标准》所列有关知识和能力,发现、分析并逐一解决案例中的问题和任务,并在这一过程中完成对自己的业务素质和能力的实践性构建;而往复递进指实践主体需要经常反思已然和即将实施的行动,因应情境因素的变化或更新做出调整,成为反思性的实践者而不是程式化的经验者。

因此,这一培养理念是围绕案例的真实性、目标的实用性、行动的反思性、教学的互动性、文化的兼容性展开的。进一步来说,实践型培养模式培养的目标是具有反思意识的跨文化实践者,即合格的国际汉语教师应是既掌握汉语本体知识、中华文化知识、第二语言教学技巧,具备汉语教学能力、中华文化传播能力和跨文化交际能力,又具有国际视野、通晓国际规则,善于自我管理、规划、塑造的实践型人才。而强调知识和能力两个方面的实践性,就必须突破学科界限,以全面、系统的案例库建设和应用为枢纽,将汉语国际教育可能涉及的教和学等各方面的项目以专题的方式展示出来,说明教师应具备的知识、能力和素质之间的关系及相应的运作方式,明确培养目标的角色定位和在此基础上的教学过程,分析地域和特色文化资源进入国际汉语教师培养体系的必要性和可行性。

### 3.1 案例库建设

案例库建设主要包括案例的搜集、参照《标准》的分析和案例库应用的解释等环节。其中关键问题是如何根据实际案例对《标准》涵括的各个模块进行重新梳理,细化和具体化,如何以案例为核心和枢纽,将教师应具备的基本素质、业务能力统摄、整合起来。

第一,全面搜集国内外不同层次、阶段、课程、环境下的汉语教学和交流的影像、文字资料,按照案例出现的情景、区域、国别分类整理,并进行初步统计分析。以《标准》厘定的五大模块为主轴,将案例库分为五个一级子库,即"语言基本知识与技能"库、"文化与交际"库、"第二语言习得与学习策略"库、"教学方法"库、"教师综合素质"库,推动创建服务于国内高校、海外孔子学院和孔子课堂的教学和研究的共享案例库网络系统,使之成为"实践型"国际汉语教师培养模式实施的重要平台。

第二,参考《标准》所拟的一级和二级标准对汉语教师应具备的知识、能力和素质的

概括性描述,深入、仔细比对和研究案例中的教师在因应实际教学和交流情境时,是否恰切地展示了实践技能。采取任课教师自评和师生共同研讨相结合的方式,将汉语教师应具备的结构知识和业务能力逐一细化,根据语言、文化、教学和技术四个维度的区分进行记录,建设二级子案例库。

案例库建设,尤其是二级子库的建设理论上应逐一厘定各类知识和能力所占的比重以及具体细目。但由于在教学实践中,《标准》各模块及下设的一级和二级标准的价值、作用并不均等,不可能亦不必要照单全收、罗列无遗,因此在有限的教学过程中,为了突出重点、提高效率,充分体现案例的典型性作用,二级子库的建设应围绕实际教学中涉及较多的项目来编排,并根据初、中、高三个教学阶段之间的差异进行必要的筛选。

第三,研制说明和解释案例库应用于国际汉语教师培养的纲要文本。纲要文本应包括培养理念、培养目标、培养细则、案例库应用指南等。其中培养细则是文本的主体,是对汉语教师在语言、教学、文化、技术等维度上应具备的实践性知识和能力的细化和解释,每一个知识和能力点的理论基础、概念范畴背景、关联语例等均应有详细说明。案例库应用指南是对案例发生的国别、情境,案例的层次、类型和范围,主要涵盖的问题,以及在教学和研究中如何查询、运用案例库的具体描述。与案例库不同的是,纲要文本应围绕实际案例和情境,系统、全面地对《标准》的条文进行细化和具体化阐述。

### 3.2 知识、能力和素质之间的关系及其运作方式

根据案例的实践性对《标准》进行重新梳理就会发现,汉语教师应具备的知识、能力和素质之间是一种层级关系,而且其间的运作方式是有序的:当教师以指导学生实现从语言能力向言语技能和言语交际能力的转化为基础任务时,其所具备的知识、能力和素质之间的关系及其运作方式可以图示如下:

这一图示可以从两个方向来观察,这两种不同的取向催生了一对相反相成的运作逻辑和运作程序:

自外而内观察:为了保证课堂教学的顺利开展,教师的知识、能力和素质是从外到内起作用的——教师综合素质要求并推动教学方法、第二语言习得与学习策略的运用,然后三者综合起来要求并推动语言基本知识与技能和文化与交际知识的运用。

自内而外观察:为了有效完成语言项目的教学任务,教师的知识、能力和素质与核心任务之间的关联度是从内到外逐级递减的——语言基本知识与技能、文化与交际和核心任务的关联度最高,教学方法、第二语言习得与学习策略次之,教师综合素质最低。

对于任何一个投身于教学实践的教师来说,知识、能力和素质一旦运用,其整体性就必然得以还原。这种情况下,主线和辅助的层次之分,是使教学过程得以顺利展开的

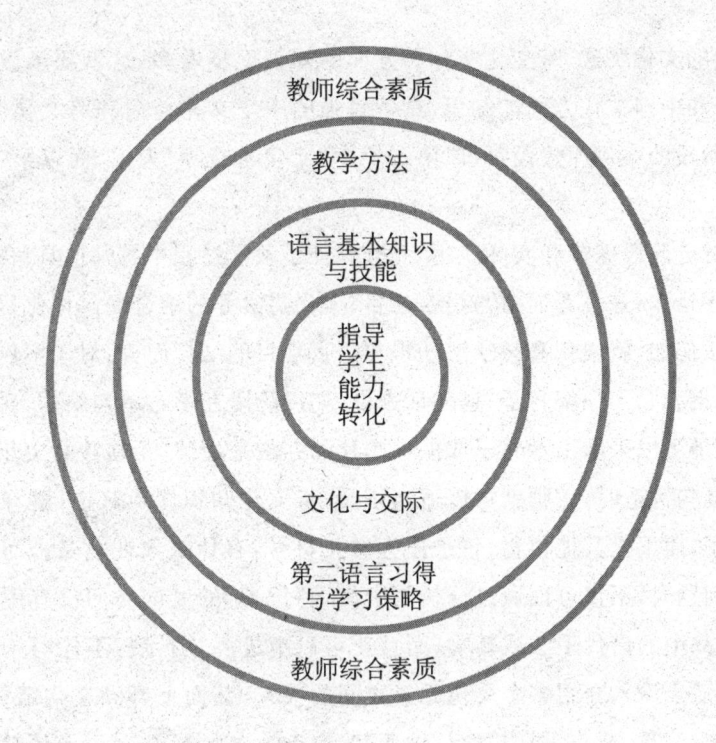

```
        教师综合素质
         教学方法
        语言基本知识
          与技能
          指导
          学生
          能力
          转化
         文化与交际
        第二语言习得
        与学习策略
        教师综合素质
```

基础。主线就是通过语言项目的训练提升学生的言语技能和言语交际能力,教师的素质、教学法、第二语言习得和学习策略、文化与交际等方面的知识和能力围绕它而整合起来,这更类似于圆心和弧面,而非中心和边缘的关系。整合的多少和效果既与教师的知识和能力结构有关,也涉及多个变量,如不同阶段的教学对象的汉语水平、习得目的、学习兴趣及个体差异等。因此,不结合语言项目训练的知识、能力和素质是抽象的,无实际价值,仅有语言项目训练而无其他知识和能力的辅助则是贫乏的,甚至会裹足不前。

按照循序渐进的教学原则,不同教学阶段对汉语教师的要求不尽相同,因而对案例的分类整理应按照教学对象从初级、中级到高级分阶段编排,并根据不同阶段的教学对象和教学实践对教师的不同要求,对知识和能力有所区分、有所侧重。

具体而言,初中级阶段的教学以句法结构为主线,语言材料规范性、实用性强,课程内容前后衔接,语言要素之间关联密切。不仅涉及语言点如何精讲多练,而且需要举一反三,即讲练某一语言点时,如何与有变换或转换关系的已习得语言点结合起来,并做出统一、简明的解释。例如,一般主谓宾句、"把"字句和"被"字句之间的变换,当句中既有宾语,又有时量补语时,重动句和话题句之间的转换等等。这就要求教师必须具备较为系统的汉语语言学知识。因此,针对初中级教学阶段的案例库建设,应以第一子库"语言基本知识与技能"为主,以第三子库"第二语言习得与学习策略"、第四子库"教学方法"为辅。而到了高级阶段,显明的句法规则已基本习得,转为以词语用法和篇章学习为主,涉及的文化要素、跨文化交际等方面的知识逐步增多,这就要求教师掌握更多的语用、修辞和中国文化方面的知识,具备较强的中华文化传播和跨文化交际能力,因此针对这一阶段的案例库建设,应以第二子库"文化与交际"为主,而以第三、第四子库为辅。

案例库的分阶段编排和实际应用,充分保证了教学过程中教师应具备的知识、能力和素质的有序运作,这三者通过与语言项目、文化要素等的结合而具体化,显示出功能、意义和价值。例如,就文化和教学法知识与语言项目的结合而言:对于案例库中留学生自述的"上星期我画了一幅竹子"这句话来说,初级阶段在学习单句结构,碰到"竹子"这个生词时,教师可以采取出示竹子或熊猫图片的办法来处理,无须涉及文化知识。中级阶段在学习复句构造时,教师就可以适当拓展,将文化知识注入其中,解释为什么此处提及的是竹子,而不是其他植物;竹子作为文化符号,有什么象征意义。而到了高级阶段讨论章法问题时,不仅可以通过分析句中修饰"竹子"的量词为何没有用"根"而用了"幅",介绍修辞中的借代手法或转喻,而且还可以更进一步扩展,不停留于单个文化元素的说明上,适当深入介绍多个文化元素之间的关系,甚而上升到文化结构的层面,从竹子引出梅花、兰花、菊花,说明"梅兰竹菊"四君子的文化含义,从而与语篇构造以及其他文化知识联系贯通起来。

### 3.3 培养目标的角色定位

任何一种师资培养模式都必须回答这样一个问题:如何对预期培养目标的角色定位进行恰切、准确的描述?本文倡导的基于案例库的"实践型"国际汉语教师培养模式,重视反思意识的培育,坚持以反思为前提和基础的实践,除了语言教学和中华文化传播之外,强调跨文化交际领域的实践行为,由此,我们将国际汉语教师的角色定位概括为——"反思性跨文化实践者"。这一定位要求,在案例库建设中,应着重突出"教师综合素质"库和"文化与交际"库中相应二级库的建设。

教师成长仅有经验是不够的。Posner(1989)指出,没有反思的经验是狭隘的经验。如果教师仅仅满足于获得经验而不对经验进行深入思考,那么其发展将在很大程度上受到限制。需要说明的是,本文所说的反思是指向行动和实践的反思,而非缄默式的反思,因此反思性首先指教师对教学中的成败得失进行评估,既包括对行动的反思,即教学前的设计和教学后的总结,也包括行动中的反思,指教学过程中如遇突发事件或超出预期的情境,能有效实施课堂管理,迅速做出调整,以保证教学效果(舍恩,2007)。

着眼于此,在师资培养和培训中,应围绕案例中的典型情境、任务和问题,例如趋向补语教学的难点如何突破、文化教学如何渗透于语言教学之中等等,启发学员进行多维度、深层次分析和阐释,然后通过积极的行动研究设计教学方案,以提升批判性思维能力,形成良好的实践性知识。另一方面,撰写案例的过程就是反思教学、提高实践能力的过程,由此,更有针对性的做法是在案例库建设中,重视教师所做的反思记录,收集教师通过课程观摩、集体讨论等方式对自己的教学经验进行的反思,撰写反思日志或建立自身成长档案,在"教师综合素质"库中构建理论融于实践的、具有示范意义的"反思经验库"。

反思性还包括对课堂内外遇到的涉外交流问题进行反思,这就涉及到了跨文化交际问题。汉语教师无论在国内还是赴海外从事汉语教学,自身都是跨文化交际者。在国内教学时,学生来自不同国家,因而教师必须了解多国文化知识、具备多元文化观以及对异域文化的理解和包容,具有鉴别和处理不同文化背景问题的能力。仅就课堂教学而言,汉语教师应当理解和适应学生文化的多样性,在教学内容与教学策略上有针对性地加以调整。江新和郝丽霞(2011)的研究显示,新手与熟手教师比较明显的差异表现在跨文化交际方面,熟手教师在课堂管理和教学中能够自如调动和运用更多的跨文化知识。当然,在国外教学还要具备与异域文化家长沟通的能力。

因此,有必要对"国际汉语教师"中"国际"一词的含义做进一步说明:国际汉语教师是公共外交的一员,是国家外交不可或缺的组成部分,承担着展示中国形象的任务。这一说明对提升汉语教师的责任感和使命感,突显汉语国际推广和中华文化传播的塑造中国形象的作用具有重要意义。基于此,在"文化与交际"案例库建设中,应将"跨文化交际"作为重点二级子库来构建,通过搜集课堂内外的跨文化交际典型案例,系统分析其中的重要知识点,采取讲解与互动交流相结合的方式开展实践能力训练。

### 3.4 教学过程描述

前文围绕案例应用的层次性厘清了汉语教师应具备的知识、能力和素质之间的关系与运作方式,以及培养目标的角色定位,这为观察和描述实践型汉语师资培养的教学过程奠定了基础。

实践型培养模式强调教学的情境性,知识和技能、过程和方法、情感和态度并重,教师、学生、教学内容、教学环境四因素整合在一起,教学实质上被塑造为四个因素之间持续互动的过程。根据对案例库建设的说明并参考《标准》,这一视角下的教学过程有四个展开维度,分别是语言、教学、文化和技术维度,学科结构知识、素质与综合能力分化在这四个维度的训练和提升实践中。

由于教学所依托的案例均为海内外汉语教学实际出现的典型例子,其中的任务和问题对课程内容起着统摄和整合作用,课程内容由此并非离散的知识碎片。因而,可根据是学历教育还是短期培训,有针对性地开展教学:当着重于知识的系统学习时,有条理、分层次地将知识从案例中分解出来;当着重于能力的提高时,结合案例分析精讲。

在教学过程中,以启发学生借鉴案例中的他人经验建构自己的实践性知识和能力为原则,重视师生之间、生生之间的互动,鼓励互助学习,取长补短,不断反思。从社会心理学角度看,以实践能力培养作为终极目标,尽量为学员提供真实的学习环境,在交际过程中完成学习任务,体现了以学员为中心的交际型教学理论。就此而言,基于真实案例的教学过程与微格教学(Micro-teaching)的操作一致,也是建筑在交际型教学理论、视听理论和现代化技术手段的基础上,主张教学是一个有控制的实践系统,以系统培训教学技能为目的。案例教学强调讲解、互动并重,实质上是一种拟化训练。其中案例的讲解可以采取"以点带面"的方法来处理。"点"指的是重点、难点,以及案例中的教师应关注而事实上忽略了的教学问题,如能够衔接、串联多个语言项目的语言点,能够将多种语言和文化要素整合起来的材料;"面"指由这些点拓展开去,横向关联的语言和文化教学项目。例如,前文讨论的"上星期我画了一幅竹子"这句话,就可以从句法、修辞、文化等不同角度进行解析,能够起到以点带面、举一反三的作用。

就教学方式而言,案例教学既可以采取先集体观摩、讨论,再总结、模拟的方式,也可以先由教师向学生布置案例中的教学任务,学生经过研讨提出自己的教学方案,再向学生展示案例,最后通过案例和方案之间的比较,做出评价并提出相应的改进意见。例如,可以将案例库中所有的"把"字句教学课程集中在一起,开展专题研讨,针对导入、讲解、操练各环节的处理方式,是否区分"把"字句的必用和可用等问题进行详细比较、评讲和总结。在这样的拟化训练中,学员的身临其境的体验会转化为实践性知识和能力的提升:首先对教学有了感性认识,然后在分析、评价中发现自己的不足,认识到他人的长处,促使思维和操作技能上产生质的飞跃。

从教育心理学角度看,本培养模式的设计符合"五阶段学习过程"理论,即学员从完全依赖、逐渐摆脱依赖、功能性独立、选择性独立到完全独立(央青,2011)。根据五个阶段的认知心理,案例教学可以顺势利导,帮助学员进行自我管理、自我规划、自我完善——学员接触、观摩案例可视为完全依赖,经过对案例的研读、分析,逐渐领会理论和概念,就是在慢慢摆脱依赖,撰写课件或教案并模拟试讲意味着走向功能性和选择性独立,当完成课件或教案,并最终登台授课时,已进入完全独立的阶段。

事实表明,以案例库建设为基础、以案例教学为主线的培养模式不仅可以使学员在真实、直观、生动、具有启发性的情境活动中迅速获得实践性知识,掌握应对各类教学情境的具体方法,而且能系统掌握方法背后的理论和原理,因此是一种有效的实践能力培养方式。

### 3.5 文化资源处理

国际汉语教师应是具有中华文化传播能力的跨文化实践者,作为文化信息输出方,除了掌握较丰富的中国文化知识、具备一定的人文艺术素养、了解和包容异域文化之外,更应该有自觉、明确、主动的中华文化传播意识、使命感和责任感,并能够将这种意识、使命和责任转化为实际行动。

当前的汉语国际教育中,中华文化传播方面存在的突出问题是文化元素过于单一、平面化,文化传播的广度和深度不足。教材中通常涉及的是"太极拳、京剧、长城"等少量标志性和通用性符号,一般情况下,这些元素的语词形式是为了满足语法结构和日常交流功能的需要而进入句子或语篇中的,课堂教学的既定任务和目标限制了这些文化元素的活动空间,过滤了其历史纵深,使之实质上失去了文化传播的活力。

实践型培养模式可以通过案例库建设和开展基于案例的文化传播专项训练解决这两个方面的问题,可采取的具体措施包括:加强地域特色文化资源的引入,进一步开拓和挖掘通用性文化资源。

文化在时间长河中积累和沉淀,在地域空间中展开和丰富。地域文化资源作为中华文化的重要组成部分,应在国际汉语教师培养模式中占有明确的位置,尤其是在海外本土教师的培养和培训上,增加典型的优秀地域文化资源尤为重要。因此,为了进一步推介中华文化,加强世界不同文化之间的对话和交流,充实国际汉语教师培养体系,丰富教材和课堂教学中的文化元素,充分发挥地域文化资源的作用,案例库建设应突出区域特色。在"文化与交际"库的建设中,不同地区的学校除了设立通用、核心、基本的"中国文化"二级库之外,还应该根据所处的地理位置、当地社会经济发展的情况、国际汉语教师培养和培训的需求,因地制宜、有针对性地开设拓展性的"中国地域文化"三级库,如"上海文化库""河南文化库""陕西文化库"等,以提升未来汉语教师的文化素养,便于更好地从事语言教学和中华文化传播工作。

基于案例开展通用性文化资源传播的专项训练,可以从横向和纵向两个维度来实施:横向开拓主要指中华文化的海外传播,学员通过模拟在国外的学校、社区举办各种各样的文化活动传播中华文化,进一步训练和提高文化组织能力。例如,围绕案例库中的专题案例"一次成功的中国文化日活动",了解活动的策划、宣传、设计、组织等环节的具体工作,研习如何根据所在国的文化特点、受众的认知特点安排活动内容,怎样制订应对突发事件的预案,如何分工协作、与各方沟通和交涉等。纵向挖掘兼顾海内外,指从某一文化元素出发,或者做追本溯源式的发掘,还原其历史纵深,或者与其他类型的文化进行多维度、深层次的比较和对比,以训练并增强学员的文化分析能力。例如,共同研讨专题案例"从一双筷子认知中国文化",观察筷子除了实用功能之外,自身凝聚了哪些能够显示中国文化特色的思维方式、伦理观念,为了使外国学生容易理解和接受,教师对这些文化内涵采取了怎样的处理方式;比较太极拳和瑜伽在美国传播的现状;分析书法、国画和中国文化的关系等。

### 3.6 推广应用展望

基于案例库的"实践型"国际汉语教师培养模式预期可作为国际汉语教师培养体系的组成部分,应用于学历生的培养和进修师资的培训。其中学历生的培养主要涉及硕士研究生层次的汉语国际教育硕士专业学位课程(包括中外学生)、语言学及应用语言学专业对外汉语方向课程,以及本科生层次的对外汉语专业课程。在培养模式的尝试应用阶段,首先在试点高校的汉语国际教育硕士专业学位研究生培养中实施。在此过程中,听取专家、学者、一线师生反馈的意见和建议,对培养模式进行必要的修正和调整,如扩大案例库、细化纲要文本。在培养模式的推广阶段,一方面在国内院校进行推广,另一方面依托国内高校在海外合作建设的孔子学院和孔子课堂,以及公派汉语教师进行推介,并不断因应教学环境及其他因素的变化做出相应调节。

在案例库建设过程中,由于根据案例的实践性对《标准》所描述的教师应具备的知识、能力和素质做了重新梳理,以案例教学为主线的培养模式简化了培养程序,缩短了培养周期,一定程度上降低了培养难度,这就使得国别化汉语师资培养更易于实施,更切实可行,因此便于与通过培训发展海外本土教师尤其是面向中小学汉语教师的培训、基于互联网的汉语教师培训相衔接。以此为基础,进一步探讨培训的整体规划、培训团队的建设及培训方式的多样性等亟待解决的问题,可以为汉语国际教育事业的可持续发展提供坚实的保障。

## 四、结语

国际汉语教师的培养模式只有与汉语国际教育的目标、任务、进度保持一致,才能满足时代的需要和事业发展的要求。随着中国经济的发展和国际影响力的提升,"汉语热"不断升温,海内外学习汉语的人数持续增加,教学规模日益扩大,对汉语教师的需求也因之而倍增,目前汉语国际教育的基本矛盾是汉语教学对师资的大量需求和事实上培养产能较低之间的不相适应。如何提高国际汉语教师的培养效能,既是摆在我们面前的时代使命,也是关系到汉语国际教育这门学科建设和发展的关键问题。

本文从国际汉语教师职业的强实践性这一基本事实出发,首先分析了知识型和应用型培养模式中存在的问题,然后结合国家汉办发布的《国际汉语教师标准》对开展汉语教学、传播中华文化应具备的知识、能力和素质的描述,对如何提高师资培养效能进行了学理分析,最后提出了以影像和文字案例库的建设为基础、以案例教学为主线,强调知识和能力两个方面实践性的"实践型"国际汉语教师培养模式,分析了新模式下培养目标的角色定位和教学过程,探讨了文化资源的拓展处理等问题。

本文讨论的兼顾学历教育和短期培训的实践型师资培养模式仅是提高国际汉语教师培养效能的可能性之一。我们希望借此讨论引起学界及相关职能部门的关注,将教师问题的研究逐步引向深入,探索出更多、更有效的解决办法。

**参考文献**

崔希亮(2010)对外汉语教学与汉语国际教育的发展与展望,《语言文字应用》第 2 期。
陈红梅(2010)面向东盟的汉语国际教育专业硕士培养模式微探,《东南亚纵横》第 9 期。
邓恩明(1991)谈教师培训的课程设置,《第三届国际汉语教学讨论会论文选》,北京语言学院出版社。
国家汉办(2008)《国际汉语能力标准》,外语教学与研究出版社。
——— (2007)《国际汉语教师标准》,外语教学与研究出版社。
江 新、郝丽霞(2011)新手和熟手对外汉语教师实践性知识的研究,《语言教学与研究》第 2 期。
李晓琪(2000)研究生培养与对外汉语教学学科建设,《北大海外教育》第 3 辑,华语教学出版社。
刘 珣(1996)关于汉语教师培训的几个问题,《世界汉语教学》第 2 期。
吕必松(1989)关于对外汉语教师业务素质的几个问题,《世界汉语教学》第 1 期。
马国彦(2006)从哲学视角试析汉语作为第二语言的教学——以语言游戏说为例,《河南大学学报》(社会科学版)第 2 期。
屈哨兵(2010)语言服务角度下汉语国际推广的几点思考,《广州大学学报》(社会科学版)第 7 期。
唐纳德·A·舍恩(2007)《反映的实践者——专业工作者如何在行动中思考》,夏林清译,教育科学出版社。
徐彩华、程伟民(2007)对外汉语教师自我教学效能感研究初探,《汉语学习》第 2 期。
央 青(2011)浅议 5P 国际汉语师资培养模式的创新性,《民族教育研究》第 2 期。
赵金铭(2004)《对外汉语教学概论》,商务印书馆。
——— (2011)国际汉语教育研究的现状与拓展,《语言教学与研究》第 4 期。
Posner, G. J. (1989) *Field Experience: Methods of Reflective Teaching*. New York: Longman.

(200062 上海,华东师范大学国际汉语教师研修基地)

# 第二语言教学的听说微技能训练及方法

高 红

**摘 要**：交际能力是语言能力的核心。听、说、读、写是语言能力的四个分项技能，也叫大技能。大技能则由微技能组成。由于语言的学习过程始于模仿，这一现象就使得"听"这一大技能走在最前面，而"说"紧随其后，于是，语言的听说教学至关重要，而选择合适的教学方式及辅助工具是决定教学成败的关键。本文主要探讨第二语言听说教学中，如何通过选择合适的教学法及教材提高听说微技能训练的课堂效率。

**关键词**：交际能力；大技能；微技能；听说法；视听法

## 一、引 言

语言的习得是按照一定的顺序进行的。人们首先必须进行语言要素的学习，其次需要进行语言技能的操练。人们习得语言的目的是进行交际，交际能力是语言能力的核心。听、说、读、写是语言能力的四个分项技能，也叫大技能（macro-skills）。英国语言学家 John Munby 提出了微技能（micro-skills）的概念，即把听、说、读、写每一分项的语言技能再分为更小的语言技能（Munby, 1981）。因此，交际能力分为大技能和微技能，而大技能则由微技能组成。由于语言的学习过程始于模仿，这一现象就使得"听"这一大技能走在最前面，而"说"紧随其后，于是，语言的听说教学至关重要，而选择合适的教学方式及辅助工具是决定教学成败的关键。这里，我们主要探讨第二语言听说教学中，如何通过选择合适的教学法及教材提高听说微技能训练的课堂效率。

## 二、第二语言和第二语言教学

第二语言是指人们在获得第一语言以后再学习和使用的另一种语言，它经常作为辅助性语言以及通用语。第二语言教学的目的主要是让学习者获得使用这种语言的交际能力。对学习者语言交流能力的培养，应该包括语言知识和语言技能两个方面。也就是说，综合语言运用能力的培养非常重要，而语言知识与语言技能是其基础。

语言知识是指语音、文字、词汇、语法等。对于第二语言学习者而言，语言知识是必须要学习的，特别是语法这种体现抽象规律的知识，不通过专门的教授或者专门的学习是很难习得的，这要比语音和词汇的习得难。听说教学法的代表性人物查尔斯·弗莱斯(Charles Fries)认为，学生学习语言的起点就在于学习结构或文法。从二语教学的实际效果可以看出，语言知识对二语学习者的作用，要大大超过母语学习者。语言知识的信息对语言技能的信息会有影响，因为在技能中包含了知识的因素。教学经验和教学实验都证明，学生语言技能掌握得好坏和快慢，跟他所拥有的语言知识有很大关系。这就说明，技能训练对语言知识有很大的依赖性，听说技能的训练也要将语言知识的学习作为先决条件。

在二语听说教学中，我们应该接受传统教学法，如听说教学法和视听教学法中许多合理的因素；但是，我们更应该给今天的听说教学贯以新的理论解释：特别要看到二语的结构特点和表达方式的特殊性，根据教学的具体情况对听说教学做出新的解释和新的理解。

## 三、语言的大技能和微技能

在第二语言教学的基础阶段，教师的任务主要是培养学生实际运用语言的能力，这种能力就是语言交际能力。"语言交际能力"(communicative competence)是美国社会语言学家海姆斯(Hymes)于20世纪70年代针对乔姆斯基的"语言能力"(linguistic competence)这一概念的缺陷首次提出的概念。根据乔姆斯基的理论，语言能力是指一个理想的操本族语者所内在化了的语法规则。海姆斯认为这一概念抽出了语言的社会文化特点，舍弃了语言的交际功能。因此，他采用了"交际能力"这一术语，把如何在社会环境中有效地、恰当地使用语言的能力包括了进去。"语言交际能力"的内涵是什么？巴切蒙在 *Fundamental Considerations in Language Testing* 一书中对其理论模型做过较完整的阐释，语言交际能力模型主要分为两个方面，即组织能力和语用能力，前者包括语法能力和语篇能力，后者包括言语能力和社会语言学能力(Bachman,1990)。

语言的习得是按照一定的顺序进行的，即学习者首先必须进行语言要素的学习，其次需要进行语言技能的操练。人们习得语言的目的是进行交际，交际能力是语言能力的核心。交际能力分为大技能和微技能，大技能由微技能组成。听、说、读、写是语言能力的四个分项技能，也叫大技能(macro-skills)。英国语言学家 John Munby 在 *Communicative Syllabus Design* 一书中，提出了微技能(micro-skills)的概念，即把听、说、读、写每一分项的语言技能再分为更小的语言技能。

在微技能理论的指导下,二语教学可以按照微技能组织教学,进而帮助学生合成分项技能,最终形成交际能力。教师在二语教学过程中,不仅要让学生掌握二语的运用准则和规律,更应该培养学生在实际生活中自如流利地使用语言,这样才能达到具有交际能力的最终目的。在进行听说教学前,我们应该先了解听说的微技能分类,它们主要如下:

1. 听力微技能:

(1) 在语流中辨别语音的能力;

(2) 理解重音、语调、语气的能力;

(3) 推导暗示意义和信息的能力;

(4) 根据语境推测词义的能力;

(5) 理解结构较为复杂语句的能力;

(6) 理解句与句之间关系的能力;

(7) 概括基本内容及要点的能力;

(8) 概括中心思想的能力;

(9) 分辨观点和事实的能力;

(10) 分辨陈述和举例的能力;

(11) 捕捉重要细节的能力;

(12) 理解语句交际功能的能力;

(13) 理解说话人意图、态度的能力。

2. 口语微技能——以口语表达技能为主的分类:

(1) 用正确、自然的语音、语调、语气、口气进行表述的能力;

(2) 正确使用词语、句子的能力;

(3) 使用较为复杂的句式进行表述的能力;

(4) 以适当的语速进行表达的能力;

(5) 连贯表达的能力;

(6) 清楚、得体表达的能力;

(7) 对事物进行恰当地成段描述的能力;

(8) 对事件进行恰当地成段叙述的能力。

需要指出的是,各项大技能的微技能有交叉之处,这是不可避免的,因为听说读写本身就是综合语言能力几方面的不同表现。世界著名的英语教学权威路易斯·亚历山大(L.G. Alexander)以"听、说、读、写四种技巧哪一种也不是孤立存在的,它们经常相互影响"为根基，推出《新概念英语》这套世界闻名的英语教程，向读者提供了一个完整的、经过实践检验的英语学习体系，使学生有可能在英语的四项大技能，即听力理解、口语、阅读和写作方面最大限度地发挥自己的潜能。如:《新概念英语》从第1册起就开始注重语言学习规律，先听后说，先读后写。它使学生从语言学习初期就注重语言技能的培养，将语言知识的应用和语言技能培养有机结合，相互平衡和补充。因此，听、说、读、写的微技能分类、微技能训练和微技能考查有相通之处。

从上面"听"和"说"的微技能罗列可以看出，"听"和"说"之间存在着相辅相依的关系，甚至于是先"听"后"说"、学习者不听则无法说的必然关系。英国教育学家 Adrian Doff 曾说过："我们不提高听力则无法提高口语技能。"(We cannot develop speaking skills unless we also develop listening.)(Doff, 1999)"听"是接收语音信息，进行"解码"，达到理解。它需要调用头脑中已有的语言知识、语言技能、文化背景知识，在已有知识和接收到的信息之间建立一种联系，才能达到理解的目的。"说"则是以语音为载体传递信息，它将接收到的信息经过头脑中已有的语言知识、语言技能、文化背景知识的判断，进而编辑合理的信息并将其演绎出来。因此，"听"和"说"是互动的，语言的口头交流就是通过听和说来完成的。从语言学习的短暂记忆(short term memory, STM)和长远记忆(long term memory, LTM)来看，形成这两种记忆都必须要经过一个完整的"输入→输出"过程，只有这样，输入的东西才会在人脑的记忆库里得以真正的保留。就语言学习的听说而言，听(输入)和说(输出)必须紧密结合，相辅相成，两者缺一不可。

听力和口语相结合的教学模式是提高学生语言运用整体素质的重要途径之一。这一点，我们从恢复高考后的外语课程设置中的口语课和听力课变为当今两课合并后的听说课就可以证明，"听"和"说"的教学是不可分割的，而且事实证明，这种改革是明智且合理的。因此，在听说教学中，教师既要注意单项技能的培养，又要注意彼此之间的交互关系，这样才能让学生更好地具备语言交际能力，不至于在交际场合"哑火"。

## 四、与视听教学法相结合的听说教学法

听说教学法(audio-lingual method)是一种外语或第二语言的教学法，它强调通过反复的句型结构操练培养口语听说能力。听说法的优点在于：以口语为中心，以培养听说能力为主；强调句型的训练，创造了一套通过句型操练进行听说读写的基本训练方法；限制使用母语但不排斥母语的作用；通过母语和外语对比确立教学重点和难点。其缺点在于：强调听说，忽视读写；听说是枯燥的机械性操作，句型操练脱离语境，不利于

培养创造性地运用语言的交际能力。

视听教学法(audio-visual method),也叫"圣克卢法",来源于直接法和听说法,它是在听说法的基础上,利用视听结合手段而形成的一种教学法,强调在一定情境中听觉感知(录音)与视觉(图片影视)感知相结合。视听法的优点在于:调动了多种感官的功能,有利于培养语感;直接建立外语和客观事物的直接联系,有利于培养学生用外语思维的能力。其缺点在于:过分强调整体结构,忽视语言分析、讲解和训练,有碍于理解和运用外语;忽视书面语的作用,人为地割断了口语和书面语之间的联系。

通过听说法和视听法的概括性比较,我们可以看出,两者的优缺点可以互补,即,把它们的优点结合起来,会使学生既有扎实的语言功底——掌握基本句型和结构,又能具有自然的语感和外语思维能力。他们的部分缺点可以通过各自的优点弥补掉,即听说法训练之枯燥可以由视听法的视觉感知予以缓解,而视听法之忽视语言分析、讲解和训练则完全可以通过听说法以口语为中心的基本训练得到改善。因此,我们不妨在听说课上结合这两种教学法,最大限度地提高听说课的质量及教学效果。

## 五、听说教学的正确选材及其教学意义

教师在选择了合适的教学方法后,更要关注教学硬件和软件的匹配。现今的听说课都是在语言实验室进行的。随着科技的迅速发展,扩充升级版的语言实验室设备为学生提供了良好的学习条件,但是,如果没有合适的教学软件和教学步骤,再好的设备也可能只是一种教学摆设。因此,选择合适的教材是听说课的关键。在英语基础听说课上,我们曾选用《朗文视听说英语教程》中高级系列中的 *True Colours*(Maurer, 2003)。应该说,这套教材的听说练习非常注重听说微技能的训练,每一章节从一开始的"Warm up"到"Listening with a Purpose","Listening Between the Lines"到最后的"Interaction"及"In Your Own Words",完全体现了"听说不分家"的教学理念,它使学生先正确地输入语言知识和信息,经过一定量的训练后再较完整地输出语言知识和信息。"听"和"说"这两种技能交织在一起,相互影响、相互作用,而且,练习步骤是先"听"后"说","听"成为目的明确、积极主动的活动,"听"为"说"在语音、语调、词语、句型结构、文化背景及交际的得体性方面做了充分的准备,在此基础上,学生的"说"就显得有根有据、沉稳妥帖,这就使学生的听说微技能得以有效的发展。如:第一单元在让学生听过有关电影的介绍(包括电影的片名、类别、主演、内容和星级评价)后,让学生做一个"Interaction",要求向同桌介绍自己喜欢的电影。学生会把刚听到的有关电影的语言知识和类似信息运用到自己的言语中,模仿能力较强的学生还会用刚听到的语言风格

演绎自己的所思所想。但是,这套教材的最大缺点是,它的听说辅助材料共分两部分:一是书上静止的图片,二是和课文内容脱节且语速远远快于课文语速的视频材料。这种设计使得教师无法在课堂上启用合适的视听教材,无法同时更有效、快捷地刺激学生的视觉和听觉,他们"听"的灵敏度便无法比视觉冲击下的来得快和准,因为影像的存在起到一定的提示作用,语言和画面的自然结合能帮助学生更快地领会所听的内容,这就使得学生的"输入"更方便、更准确。

近来,我们选用了《21世纪大学新英语视听说教程》(白永权,2009)。以第2册为例,它的每单元共分5个部分:交际技能;听力策略;与主题相关的视听说活动;课外视听;轻松一刻。书中所有材料都选自近来英美国家主要媒体的新闻报道、人物访谈、热点话题讨论和励志故事等,融知识性、趣味性和真实性于一体,语言贴近现实生活。练习的内容与听说内容紧密相联,"听"和"说"融为一体,且与"写"有小部分的结合,更加有效地操练语言的输入输出技能,培养学生的英语综合应用能力。中国学生学习英语的一大困惑就是,感觉自己说的英语不能让英语为母语的人理解,或一旦置身于英语为母语的国家时,与人交流的语言障碍多得出乎自己的预料,原因并不完全是自己没有学好,而是和我们的教材有关。学生从学习的初级阶段开始接触的英语并不是典型的生活用语,大多是书本英语,或是用来备考的应试型语言知识。于是,《21世纪大学新英语视听说教程》的语言之贴近生活便显得弥足珍贵,它的真实语境让学生愿意相信,自己是在学真正的口语。合适的听说材料使语言的"输入"变得更为主动、真切,"输出"则更加快速、自然。该书的"轻松一刻"在让学生尽享英语学习给他们带来乐趣的同时,也提高了他们的鉴赏能力,如剑桥大学副校长的演讲,电影"卖花女"片段,电影"魂断蓝桥"主题曲"友谊地久天长"的视频等,都让学生对说一口纯正的英语充满了无限的向往。从学生的课堂反映来看,学生"听"有"视"做引导,"说"有"视听"做样板,加上教师在运用这些材料时将听说法和视听法有机地结合起来,整堂课便基本上能有效地完成听说教学任务。

从以上的例子可以看出,二语教学的听说课选材尤为重要,而在运用教材时,我们不能忽视通过视觉的辅助进行听力的训练,让学生接受充分、正确、自然的信息刺激,从而提高学生二语口头表达的准确性、得体性和自然性。

在实际生活的交际活动中,文化交际规则不但体现在文字表达上,也体现在肢体语言的表达上,而带有视频的教材无疑是展示后者的最佳教材,因为它最直观最形象,它可以让学生立刻明白一句话可能引出的各种表情,从而理解这句话的准确用法和交际含义。交际文化在二语教学,尤其是听说教学部分的传授是必不可少的,因为正如胡文仲教授所说,"文化错误比语言错误更加严重,因为前者容易造成外国人与中国人之间感情上的不愉快"。(胡文仲,1994)所以,选择合适的听说教材,是决定听说教学成功与否的先决条件。

## 六、听说教学中"听"与"说"的关联及教学步骤

我们应该认识到,听力理解过程是一个认知过程,而不仅仅是一个被动、机械的操练过程。二语听力能力的提高不可能一蹴而就,更不可能只靠具有指导性的听说课上的听力练习来迅速提高,它是一个细水长流的过程,要靠学生不断地自我摸索和总结。1986年法国学者斯波伯(Sperber)和英国学者威尔逊(Wilson)提出了关联理论,它虽然在解释语言现象上以及自身理论上具有局限性,但它把语用和认知结构结合起来,将语用学研究的重点从话语的产生转移到了话语的理解上来,赋予听力教学新的启示。因此,在听力教学中,我们不妨运用关联理论,引导学生思维,激发学生寻求最佳关联以提高听力教学效果。然后,我们才能够以"听"促"说",提高学生的二语口语交际能力。不过,这是一个漫长的过程,而且,它需要教师合理调配教学顺序及其内容。由我们从小学习母语的经历可以得出这样的结论:先有"听"再有"说"。虽然在教学上我们主张"听说"不分家,但在实际教学过程中,我们还是要先教"听"后教"说"的。

在教学的第一阶段,我们应把重点放在训练学生的听力上,这是因为"听"是"说"的准备。以"听"的微技能中"理解重音、语调、语气的能力"和"说"的微机能中"用正确、自然的语音、语调、语气、口气进行表述的能力"为例,学生只有听明白各种句子重音、语调和语气的各种演绎方式所表达的不同意思,才能掌握正确的话语方式。如,"她很漂亮"这句话,重音落在"她"上是把"她"与某人做比较,落在"很"上是强调其漂亮程度,落在"漂亮"上便是突出对这个人的评价——"她怎么样?""漂亮!"对语调和语气的掌握更是学会话语方式的关键。同样,仍然是"她很漂亮"这四个字,用最简单的升调和降调来演绎,其意思则完全不同,"升调"是表示疑惑,而"降调"才表示肯定。所以,学生只有在获得正确的"输入"才有可能准确地"输出"。也就是说,学生"听"的准备比较充分,"说"的学习才会比较顺利。在"听"的初级阶段,即使学生不开口说,也要为"说"积极地酝酿准备。当学生的耳朵受到足够多的刺激时,他们的发音器官就会越来越活跃,直到产生主动开口说的动机和愿望。因此,在"听"的开始阶段,教师不宜强迫学生开口,而是应该多鼓励并启发学生先听懂,为他们之后的"说"增强信心。

在教学的第二阶段,教师应该把重点放在"说"上。在获得正确的二语输入后,学生开口说话的第一步骤便是模仿。模仿是指个体自觉或不自觉地重复他人的行为的过程,可分为无意识模仿和有意识模仿、外部模仿和内部模仿等多种类型。从学习语言的

角度来说，"模仿"则是有意识地主动重复他人的言语行为，是学习的基础。在这个过程中，文字结构的运用和文字的演绎方式都是学生的模仿对象，因为所有这些都不是初学者可以自行发明，而是必须循规蹈矩，一板一眼习得的。在这个阶段，我们应该鼓励学生重复听到的内容，这样做，既可以检测学生的模仿是否到位，并做适当的指导，又能使学生在无意中避免了因为紧张而不知从何说起的尴尬，从而不会惧怕开口说话，为今后用二语交流迈开了第一步。

随后，按照从易到难的顺序，"说"的教学重点应放在训练朗读和表述上。朗读是把文字转化为有声语言的一种创造性活动。所谓朗读的技巧，是指朗读者为了准确地表达作品的思想内容和感情而对有声语言所进行的设计和处理。这些设计和处理是从作品内容出发，正确处理语言的断和连（停顿）、轻和重（重读）、抑和扬（语调），不仅使语言生动、形象，还使语言具有表现力和音乐性。就朗读的技能来看，它具有相当的难度，但从其概念来看，它却是我们要求学生进行自然的二语交流的前奏。学生在模仿达到难辨真伪的程度时，如何把模仿来的一切自然地运用到实际的交流中，朗读正是这种要求的适当过渡。我们不必要求学生使语言具有音乐性，但至少要有自然的表现力，达到这个要求的学生，就是已把模仿来的东西变成了自己的语言处理技巧，一旦良好地完成这种把文字转化为有声语言的创造性活动——朗读，自然的二语交流就不再是难事了。

表述分为两个方面。一是单独话语，即一个人对着众多人说话，它包括发言、讲故事、演讲等。一是会话，即两人以上的言语交流，它包括：(1) 承接性话语。这是说话人依据对方的话题做出原则性反应的话语，意在初步表态，把对方的话题接过来，然后述说自己的想法。(2) 功能性话语。这是说话人传递自己话语行为的期望和意图的话语。同样一句话，不同的期望和意图，表达的方式就不一样。(3) 叙述性话语。这是说话人述说事件、见闻、体会等内容的话语。它可以是列举，介绍，解释，说明，溯原因，谈效果，下结论等。这是说话和交谈的重要部分。我们要注意的是，在训练表述时，教师应该允许学生犯错，且不要为纠错而轻易打断学生的话语，因为这样做，会使学生在表达观点时出现过多的迟疑，影响语流的顺畅性。

当然，适当的词汇量、句法知识和背景知识，是迅速提高听说能力必不可少的条件。而词汇量、句法知识和背景知识的提高则主要依赖于阅读等信息积累和个人阅历。在这个大前提下，"听"和"说"的迅速提高才有可能。所以，教师有必要向学生推荐有效的知识积累方式，如词汇的积累应该呈"放射状"，即以一个词为中心，搜索与之相关的所有词汇信息，包括同义词，反义词等；句法知识应该由教师先为学生梳理句法结构，再由学生通过深切领会外加不断地操练予以巩固；背景知识则要靠教师课内有意识地灌输，并指导学生课后通过多渠道积累等。只有这样，听说教学才可能有效地进行。

## 七、结　语

　　听说课程曾经一度被视为副课,但随着交际语言的不断发展以及社会对人们的语言交际能力的要求逐渐提高,二语"听说"能力已成为日常交际活动中最直接的技能,因而听说教学便成为二语教学不可或缺的部分,并越来越受到关注。"听"和"说"分属语言能力的两个大技能,要让学生在这两方面有所提高,我们的着眼点必须是它们的微技能。在训练这些微技能时,我们首先要认清"听"和"说"两大要素在听说课上的关联;其次要选择合适的教材和教学方法,如将传统的听说法和视听法有机地结合起来;同时,切忌将"听说"大技能和"读写"大技能分割开来,而是通过"读写"来促成"听说"技能的提高。

　　总之,对第二语言教学而言,语言是"体",教学是"用"。对于教师来说,要摆正"体"和"用"的关系,因为"体"是基础,是根本,抓住了"体",教学才能有所依靠,得以发展。要提高学生的二语听说能力,就应该选择合适的教学理念和方法,并在实践中不断地调整和改进,只有这样,第二语言听说教学才有可能科学有效地进行。

**参考文献**

白永权等(2009)《21世纪大学新英语视听说教程》,复旦大学出版社。
胡文仲(1994)《文化与交际》,外语教学与研究出版社。
王振昆、谢文庆(1998)《语言学教程》,外语教学与研究出版社。
Bachman, Lyle F. (1990) *Fundamental Considerations in Language Testing*, Oxford University Press.
Brown, James Dean & Kondo-Brown, Kimi (editors) (2006) *Perspectives on Teaching Connected Speech to Second Language Speakers*, University of Hawai'i Press.
Carter, Ronald & Nunan, David (editors) (2001) *The Cambridge Guide to Teaching English to Speakers of Other Languages*, Cambridge University Press.
Doff, Adrian (1999) *Teach English*, Cambridge University Press.
Maurer, Jay & Schoenberg, Irene E. (2003) *True Colors*, 中国电力出版社。
Munby, John (1981) *Communicative Syllabus Design*, Cambridge University Press.
Rost, Michael (2005) *Handbook of Research in Second Language Teaching and Learning*, New Jersey: Lawrence Erlbaum Associates.

(200234　上海,上海师范大学外国语学院)

# 汉语国际教育硕士教师话语微技能对比核查[*]
## ——以教师话语中的标记语赘言及其纠正为个案

姜有顺

**摘　要**：针对汉语国际教育硕士培养特点，提出教师话语的一种训练方法："微技能对比核查"。转写和分析汉语国际教育硕士生的微格课堂录像，并与熟手教师的课堂录像进行比较。通过对比，核查微技能项点的达成情况，有效提升新手教师的教师话语微技能。作为"教师话语微技能对比核查"的一项个案，文章描写了汉语国际教育硕士生的教师话语中的标记语赘言现象，探讨了该现象的成因并提出纠正方法。

**关键词**：汉语国际教育硕士；教师话语；标记语；赘言

## 一、释题：教师话语、标记语和赘言

教师话语（teacher talk）指教师在教学过程中采用的一类风格语体。狭义的教师话语仅指教师的课堂指令语。广义的教师话语还包括教学内容语言和对教学内容的解释语言（彭利贞，1999）。语言教师需要让学生理解他（她）的话语，否则无法进行课堂教学。并且，语言教师话语本身就是目的语的示范，是对学生的目的语输入的重要途径。因此，语言教师格外需要接受话语技能培训。

话语分析视域下的教师话语研究，侧重描写师生话语互动模式、教师话语的协调和顺应特征（Hatch，1992；康艳、程晓堂，2011），亦从语言习得的角度描写教师话语的特点，如规范化的、适度夸张的语音、简化的词汇语法、简短和连贯的语篇等。概言之，良好的教师话语应规范合理、简短易懂、连贯、具有可预测性（Chaudron，1983；McCarthy，1991；McCarthy & Carter，1994）。

---

[*] 本文初稿曾提交"第十一届国际汉语教学研讨会"（2012年8月，西安）交流讨论。承蒙与会专家学者的批评指正，谨表谢忱。

下面简介有关标记语的研究。

句子的意义可为命题意义(即真值条件义)和非命题意义两部分。句子的非命题意义部分体现为各类语用标记语。按照标记功能分类,标记语可以归纳为两类(Fung & Carter,2007,有改动):(1)语篇功能标记语,主要包括话题标记、注释标记和衔接标记。其功能是标记因果关系、比较关系、合取关系、析取关系、离题;标记话题的开始和结束,话题的顺序、承接、转换以及总结性观点。(2)人际功能标记语,主要包括协商标记、权威标记和情感标记。其功能是标记共有知识、态度、回应、思考过程;重述或自我纠正、进一步阐明、犹豫、对听者的理解程度的评价。

标记语是话者的语用意识的外在表现手段,标示着语篇的连贯和衔接,也标示了话者的情感态度、话者对自己话语的连贯性的觉知、以及话者对言谈双方的关系和地位的认识。恰当使用标记语,为听者的顺畅理解提供了线索。然而,标记语的过度使用会阻碍表义和传信。每次标记都是对言语信息流的一次人为干预。赘余的标记语附着句子主干,既使句子变得更长,又隔开了句子的核心成分,造成话语表达的碎片化,给听者吞吞吐吐、断断续续的消极印象,增加了听者的理解困难。长而费解的教师话语违背了精讲多练的语言教学原则,是无效的教师行为,本文称这种现象为标记语赘言,也就是俗称的"口头禅"。马国彦(2010)指出口头禅是修辞意图驱动话语标记语法化的结果。

对外汉语教学界关于教师话语的专门论著尚不多见,且多为规范性而非描写性(如姜丽萍,2006;国家汉语国际推广领导小组办公室,2007),只是在谈及教学法和课堂教学时,顺带介绍教师话语的基本原则。(参见杨惠元,2007;黄晓颖,2008;周小兵,2009;卢华岩,2011)国内关于标记语赘言的研究也不多见。目前,针对汉语国际教育硕士生(下文简称"汉硕生")的教师话语的研究还很薄弱。

## 二、调查:汉语国际教育硕士生教师话语的标记语赘言

本调查采用质性的自然调查法。对象是西南地区一所重点综合性大学的 2011 届汉硕生,调查时均无出国实习经历。我们选取综合课课型,等级涵盖初、中、高各级别。在汉硕生不知情的情况下,使用录音笔对其微格课堂进行现场录音。从 21 名学生的 21 个音档随机抽样选出 100 分钟时长的录音。另一方面,从 12 名熟手教师的 12 个课堂教学录像中[①],随机抽选出 100 分钟时长的录像。根据转写记录归纳如下表。

---

[①] 资深教师课堂教学录像来自:毕念平 2010 年主讲的《初级汉语课堂教学演示》,北京外语音像出版社/外语教学与研究出版社/外研社电子音像网络出版分社(银盘公司);梁沪东等在世界汉语教学学会网站"教学资源"栏目所提供的课堂录像;刘希明(2006)《汉语课堂教学示范》,北京语言大学电子音像出版社。

汉硕生与熟手教师的教师话语

| 宏观功能 | 微观功能 | 语用标记 | | | |
|---|---|---|---|---|---|
| | | 语篇功能 | | 人际功能 | |
| | | 汉硕生 | 熟手教师 | 汉硕生 | 熟手教师 |
| 语言输入 | 教师示范 | 那[句首]3 | 好39 | 大家看6<br>同学们看4<br>我们看3 | 哦6<br>嗯8 |
| 实施教学 | 讲解知识 直接讲解 | 那个2 | 哦4 | | |
| | 发起导入 | 好15<br>好的4<br>然后2 | 好58<br>好的13 | 嗯3<br>那个[句首]1<br>那么[句首]4 | |
| | 提示补充 | | | 就是2 | |
| | 提问变换 | 好15<br>好了<br>好的27 | 好20<br>好了2<br>好的35 | 就是(说) | 也就是说3 |
| | 师生互动 评价正误 | | | 嗯2<br>对4<br>好8<br>很好4<br>非常好10 | 嗯93<br>对16<br>好15<br>很好135<br>非常好33 |
| | 显性纠错或<br>隐性纠错 | 那个3 | | 啊?<br>是吗?2 | 嗯?3 |
| | 拓展学生回答 | | | 是不是(+V)? | 很好19 |
| | 澄清学生回答 | 嗯5 | | 就是(说)7 | 哦4<br>嗯6 |
| | 组织活动 元指令 | 那么2<br>那个 | 好4 | 我想 | |
| | 指令 | 好7<br>然后7 | 然后 | 嗯6<br>那[句首]3<br>就是(说)3<br>好吗?12 | 好吗?19 |
| | 提名 | 那个7 | | 好<br>嗯 | 嗯4<br>好3 |
| | 召唤激励 | 同学们 | 嗯?2 | 然后呢? | |
| | 总结总评 | OK4<br>好14<br>好的11<br>然后 | 好4<br>好的5<br>非常好2 | | |

续表

| 课堂管理 | 理解核实 |  |  | 嗯<br>是吧？4<br>对吗(吧)？2<br>对不对？3<br>可以吗？ | 对吗(吧)？2<br>明白吗？3 |
|---|---|---|---|---|---|
|  | 维持纪律 | OK3 |  | 好2<br>好了3 |  |
| 总计(次) |  | 127 | 189 | 108 | 372 |

(表格设计借鉴了康艳、程晓堂，2011：13，表1)

上表显示：

第一，从标记语的使用频率来看，熟手教师较少使用标记语，汉硕生较多使用标记语。

熟手教师在示范环节、发起导入环节和指令环节的用语更直接明确，使用的标记语更规约化。熟手教师在单位时间内的提问次数远多于汉硕生。前者的问答话轮个数一般达到后者的2倍。

第二，从标记语的分布和出现次数排序来看，熟手教师的教师话语中，出现最多的标记语类是人际功能标记语，以"很好""嗯"为代表，多数用于对学生回答做出正误评价。此外，在教师发起导入练习项目、变换提问内容和在练习后做总结评点的环节，语篇功能标记语"好""好的"出现得较多。在汉硕生的教师话语中，出现最多的是语篇功能标记语，以"好""好的""然后"为代表，多在教师变换提问内容和练习后的总结评点环节出现。人际功能标记语以"就是(说)""嗯"为代表，多在教师示范、练习指令和核实学生的理解程度的环节出现。详细介绍如下：

语篇功能标记语的使用。熟手教师明显倾向使用"好""好的"这样的标记语。"好""好的"兼具两种功能：既充当了另开新话题的言谈标记，又是对学生的上一个回答的肯定评价。一语两用，相当经济。相比之下，不少汉硕生用"然后"来另开新话题。这一用语具有误导性。用"然后"作为标记语，易令听者误认为新话题跟前述话题存在语篇上的顺承关系。等到听者发觉新话题跟前述话题原来没有关系，他们就会质疑课堂步骤的有序性。

人际功能标记语的使用。熟手教师对学生回答马上做出评价，紧接着继续询问另一个学生，或者转向下一个问题。这样就保持了较快的问答节奏。相比之下，汉硕生经常给示范、导入和指令添加提示和补充，所以显得啰嗦。例如："好，请同学们再举几个例子,'是否','多少','成败'都是,是吧?""我们用大概五到七分钟的时间来把课文熟悉一遍。也就是说,在没有老师指导的情况下,先来读一遍泛读。"

第三,在导入、指令和提名环节,教师话语的语气本应简洁明确。但是,汉硕生在导入、指令和提名环节却频繁使用协商性的人际功能标记语,语气含糊啰唆,导致听者有时不能正确地充分地理解教师意图,难以即刻清晰作答。教师常常被迫再次澄清意图和引导作答,这导致问答节奏比较慢。例如:"那我们既然都学习了'是……的'句型的肯定句式,那我们是不是想知道否定句式是怎么样的?""好,请 XX 同学再给老师举一个例子好吗?"

第四,熟手教师很少在一个句群中重复使用功能相同的标记语。但这种赘余在汉硕生的教师话语中时有出现,例如:"好的,现在我看见大家都抬头了,是不是已经读好了?好。好的。你们读得都很快。""OK,OK。Stop,stop。我再讲述一下,基本上这个……stop,stop。OK,stop。停,停。"

## 三、讨论:教师话语标记语赘言的成因及纠正

教师在言谈中意欲突显的积极语篇特征,往往反映出他(她)的语篇组织能力和交际能力的某些缺憾,以及完善这些缺憾的动机。过度使用某些语用标记,是教师意在弥补自身能力缺憾的一种无意识行为。调查显示,汉硕生的标记语赘语的功能突显的是教师话语的有序性和课堂环境下教师权势的合理运用。这两点反映了汉硕生的教学技能的短板和自感焦虑之处。

首先,汉硕生深知良好的教师话语应当高度有序,为了增强话语的有序性,不少汉硕生错误选择了"做加法",即添加赘余的标记语。汉硕生对教师话语有很强的标记意识,渴望对课堂的开始、过程、结束等步骤和环节处处添加清晰的标记线索,认为大量的标记语会使得教师话语变得更加结构化。强烈的标记意识和不当的标记策略,造成了标记语赘余。相比之下,熟手教师一般通过"做减法"来删减冗句。

其次,汉硕生对学生是否认可自己的教师身份抱有过多焦虑。为使学生产生亲近感,初登讲台的汉硕生常常使用协商性的话语标记来柔化语力,使得话语更加礼貌、含混和婉转。批判性话语分析认为这是教师主动弱化或出让自身的话语权势的行为。例如,某生自认为亲和力不足,于是在教学中频繁协商,"我们来做练习好不好?大家做好准备回答我的问题了吗?"以图缓和语气,弥补气质缺憾。此举反倒增加了听者的理解困难,使其对教师的专业素养产生不信任。

无论是富有经验的熟手教师,还是经验不足的新教师,都有不同程度的口头禅。不

过,熟手教师能够有意识地自我监控标记语的使用,实时调整标记语的使用频率,把口头禅控制在听者感觉舒适的程度。相较之下,汉硕生欠缺自我监控话语标记的意识和能力。

总之,不当的话语标记策略、过分的焦虑和自我监控的欠缺,是汉硕生的教师话语中标记语赘余的内因。纠正口头禅,可以通过改变话语标记策略、系统脱敏降低焦虑和加强自我监控来实现。认真备课以谙熟教学步骤,上课以前想象上课情景,反复模拟练习,都可以减少焦虑。对镜练习、小组互评、微格课堂训练,有助于培养汉硕生对教师话语的自我监控和自发调整。

**参考文献**

国家汉语国际推广领导小组办公室(2007)《国际汉语教师标准》,外语教学与研究出版社。
黄晓颖(2008)《对外汉语课堂教学艺术——来自教学实践的微技能探讨》,北京语言大学出版社。
姜丽萍(2006)《教师汉语课堂用语教程》,北京语言大学出版社。
康 艳、程晓堂(2011)外语教师课堂话语功能新框架,《外语教学理论与实践》第 3 期。
卢华岩(2011)《对外汉语课堂教学行为的理论与实践》,北京大学出版社。
马国彦(2010)话语标记与口头禅——以"然后"和"但是"为例,《语言教学与研究》第 4 期。
彭利贞(1999)试论对外汉语教学语言,《北京大学学报》(哲学社会科学版)第 6 期。
杨惠元(2007)《课堂教学理论与实践》,北京语言大学出版社。
周小兵(2009)《对外汉语教学入门》(第 2 版),中山大学出版社。
Chaudron, C. (1983) *Second Language Classroom:Research on Teaching and Learning*. Cambridge:Cambridge University Press,pp.95—120.
Fung, Loretta & Ronald Carter (2007) Discourse markers and spoken English:Native and learner use in pedagogic settings. *Applied Linguistics*,28(3)pp.410—439.
Hatch, Evelyn (1992) *Discourse and Language Education*. Cambridge:Cambridge University Press.
McCarthy, Michael (1991) *Discourse Analysis for Language Teachers*. Cambridge University Press.
McCarthy, Michael. & Ronald A. Carter (1994) *Language as Discourse:Perspectives for Language Teaching*. New York:Longman Publishing New York.

(400715 重庆,西南大学国际学院)

# 海峡两岸利用同语素类推构词情况研究*

许 蕾

**摘 要**：大陆的普通话与台湾的"国语"同出一源，都是以北方官话为基础发展而来的汉民族共同语。现在的大陆普通话与台湾"国语"之间存在着相当明显的差异，在词汇方面的体现尤为显著。本文以笔者收集整理的有限语料，对普通话和国语的利用同语素类推构词的规律和特点进行探讨，比较分析海峡两岸部分词语的差异原因及其使用情况。

**关键词**：普通话词语；国语词语；同语素类推构词；差异比较

海峡两岸，同宗同源，文脉相承，血脉相连。但由于历史地理等的原因和长时期的阻隔，两岸在政治经济、文化教育、社会生活、思想观念、区域文化、风俗人情、外来影响等多方面形成了一定的差异。在这半个多世纪里，海峡两岸的交流起起伏伏，有时受到严格的限制，有时又会有所缓解深入，这鲜明地体现在语言交际中。

大陆的普通话与台湾的"国语"本来同出一源，二者都是以北方官话为基础发展而来的汉民族共同语。现在的大陆普通话与台湾"国语"之间存在着相当明显的差异，在词汇方面的体现尤为显著。词汇最为敏锐地反映着社会和语言发展的状况，标志着人们对客观世界认识的广度和深度。社会高速的发展变化，要求产生大量的新词语。李宇明先生谈到："新词语的产生有两种情况：零星的；批量的。大多数新产生的词语，都有一个现成的框架背景，这一框架就像是造词模子（简称"词语模"）一样，能批量生产新词语，并使其所生产的新词语形成词语簇。"①现实语言生活中的构词语素是有限的，创造新词最为便捷、有效的手段就是利用既有模式。而且，同一词语模式下生成的词，在音节数、组成成分的形类、语义类及成分的词法结构关系（即主谓、述宾、述补、偏正等结

---

\* 本文是2010年度教育部人文社会科学研究青年项目"海峡两岸词语比较研究"（10YJC740115）的阶段性成果之一。

① 李宇明《词语模》，载邢福义《汉语法特点面面观》，北京语言文化出版社，1999年。

构类型)、语义框架结构关系上,均有规律可循。①

文本的论述参考了"词语模"的研究,但未使用这一概念。因为目前学界大多认为,词语模的模标,即词语模中不变的词语应是词缀,或正向词缀过渡的类(准)词缀;并且,词语模应是相当能产的。从笔者目前搜集到的语料来看,海峡两岸利用同语素类推构词的能力都很强,但有些语素的构词数量和规模并不是很大,所以还称不上"词语模"。下表将本文搜集到的利用同语素类推构词的词语汇总如下:

海峡两岸利用同语素类推构词情况比较表②

| 序号 | 构词语素 | 台湾"国语" | 大陆普通话 |
| --- | --- | --- | --- |
| 1 | 陆× | 陆客、陆生、陆校、陆商、陆企、陆资 | |
| 2 | ×客 | 陆客、台客、日客、美客、背包客 | |
| 3 | ×胞 | 盲胞、聋胞、残胞、山胞、难胞、灾胞 | |
| 4 | 眷× | 眷保、眷村、眷户、眷舍 | |
| 5 | 台× | | 台商、台资 |
| 6 | ×能 | 人工智慧 | 人工智能<br>体能、德能 |
| 7 | ×主任 | 班导师 | 班主任<br>系主任 |
| 8 | 博× | 部落格、部落客 | 博客、博主<br>博文 |
| 9 | ×班 | 放牛班、资优班、后段班、前段班、补习班、辅导班 | 慢班、快班、补习班、辅导班 |
| 10 | 跷×/翘×<br>逃× | 跷家、翘课、跷班 | 逃家、逃课/逃学、逃班 |
| 11 | ×讯<br>×频 | 音讯、视讯 | 音频、视频 |
| 12 | ×季<br>×节 | 音乐季、艺术季、樱花季、购物季 | 音乐节、艺术节、樱花节、购物节 |
| 13 | ×碟<br>×盘 | 硬盘、光盘<br>随身碟/行动碟、霹雳碟、魔法碟 | 硬盘、光盘<br>优盘/U盘 |
| 14 | ×体<br>×件 | 固体、液体、气体<br>软体、硬体 | 固体、液体、气体<br>软件、硬件 |

---

① 朱彦《创造性类推构词中词语模式的范畴扩展》,《中国语文》2010年第2期。
② 表中黑体字的词,是两岸采用相同模式构词时,对方少用或不用的词。

续表

| | | | |
|---|---|---|---|
| 15 | ×资<br>×费 | 车资、邮资<br>**赌资、薪资、游资** | 车费、邮费 |
| 16 | ×工 | 铁工、校工、铸工、社工、佣工、竹工、针工<br>**志工、义工、捆工、乐工** | 铁工、校工、铸工、社工、佣工、竹工、针工 |
| 17 | ×商 | 片商、美商、台商、侨商、盐商<br>**建商、包商、海商、绅商、私商** | 片商、美商、台商、侨商、盐商 |
| 18 | ×员 | 警员、教员、演员、播音员<br>**兵员、品管员、访员、股员** | 警员、教员、演员、播音员<br>炊事员 |
| 19 | ×警 | 法警、特警、交警、刑警、巡警<br>**员警、保警、路警、岗警、义警** | 法警、特警、交警、刑警、巡警 |
| 20 | ×障 | 残障、智障<br>**身障、视障、听障、肢障** | 残障、智障 |
| 21 | 启× | 启明、启蒙、启智<br>**启聪** | 启明、启蒙、启智 |
| 22 | 导× | 导游、导播、导演、导读、导航、导盲<br>**导览、导护** | 导游、导播、导演、导读、导航、导盲<br>导购 |
| 23 | 看× | 看好、看涨、看轻、看重、看破<br>看俏、看淡、看开<br>**看坏、看冷暖** | 看好、看涨、看轻、看重、看破<br>看俏、看淡、看开<br>看跌 |
| 24 | ×列 | 编列、增列<br>**漏列、宽列** | 编列、增列 |
| 25 | 脱× | 脱俗、脱销、脱脂、脱稿<br>**脱序、脱辐、脱臭** | 脱俗、脱销、脱脂、脱稿<br>脱盲、脱相 |
| 26 | 研× | 研发、研析、研修、研习<br>**研办、研采、研定、研商、研订** | 研发、研析、研修、研习<br>研制 |
| 27 | ×化 | 矮化、绿化、美化、现代化 | 矮化、绿化、美化、现代化<br>亮化 |
| 28 | 违× | 违法、违例、违规、违纪、违约<br>**违建、违警、违宪** | 违法、违例、违规、违纪、违约 |
| 29 | 失× | 失智、失本、失风、失道、失路<br>失图、失鹿、失格、失候、失机<br>失惊、失期、失气、失权、失晓<br>失心、矢志、失着、失瞻、失水<br>失饪、失容、失贼、失依、失仪<br>失义、失能 | 失宠、失聪、失单、失盗、失范<br>失衡、失婚、失节、失忆、失信<br>失约、失智、失策、失学、失序 |

上表所列 29 组海峡两岸利用同语素类推构造的词中，前三组"陆×""×客""×胞"

"眷×"模式,台湾使用,大陆一般不使用;"台×"为大陆特有词语;序号 6—8 "×能""×主任""博×"这三种模式,大陆采用了类推的方法构词,台湾也有相对应的词,但一般没形成或不能完全形成类推模式;"×班"的类推模式,大陆和台湾构词方法一样;序号10—15 这六组词,大陆与台湾形成了系列化的对应;其余的 14 组词,两岸有相同的构词模式,采用同样的类推方法,只是某些词语彼此不用或少用。

1. 台湾采用了同语素类推的方式构造出新词,大陆往往不用或少用这些词。

(1)据台湾今日新闻网报道,台湾"陆生联招会"公布确定今年赴台就读大学的**陆生**人数,受到多重因素影响,今年就读本科的人数为 677 人,比去年少了 65 人。(国语例句:2012 年 7 月 13 日中国台湾网)

(2)去年 8 月,台湾宣布首次承认大陆 41 所高校学历,台湾高三学生申报**陆校**放开。(国语例句:2011 年 5 月 24 日南方都市报网络版)

(3)厦门暂住居民赴金门一日游开通已满一年,金门县长李沃士 15 日接受记者采访时盛赞**陆客**赴金门旅游创造相当大的效益,金门各界"非常欢迎"。(国语例句:2012 年 7 月 15 日中国新闻网)

(4)旨在为来台陆资企业提供专业咨询服务的台湾**陆商**服务交流协会 16 日在台北成立。(国语例句:2012 年 7 月 17 日新华网)

(5)资助岛内贫困学童　**陆企**在台义卖。(国语例句:2011 年 8 月 30 日人民网人民日报海外版)

"陆生、陆校、陆客、陆商、陆企"分别是"大陆学生、大陆学校、大陆游客、大陆商人、大陆企业"的简缩用法。台湾使用这些词以区别对台湾本地和其他地区的学生、学校、游客、商人、企业等的称呼。近些年,两岸在旅游、经商、文教等多个领域开放沟通,并进行深入合作,大陆的学生可以申请去台湾学校就读,台湾的学生也可以申请到大陆学校求学,两岸的旅游开发、商业往来等越来越频繁密切。伴随海峡两岸这种新的交流动向,上述词语被创造出来,并逐渐成为使用频率较高的日常词语。

(6)这么多年过去了,**眷村**对台湾社会的影响正日益引起关注。学者认为,一方面,早期眷村被称为"竹篱笆",多少意味着它是一个与外界鲜少沟通的世界。眷村人以一种难民的心态到了台湾,当时本省人和外省人的比例接近于 8.5:1.5。(国语例句:2004 年 4 月 29 日华夏经纬网)

(7)据统计,当时全台湾共有**眷村** 763 个,**眷户** 96082 家。(国语例句:2004 年 4 月 29 日华夏经纬网)

(8)媒体报导前陆军总司令黄幸强年初卖出配售的"和平新邨"**眷舍**,转手获利近亿元。(国语例句:2011 年 10 月 13 日自由时报电子报)

(9)你的家人中,谁可以用眷属的名义参加眷保?(国语例句:1995年3月31日美丽之岛医学小百科 http://bbs.nsysu.edu.tw/txtVersion/treasure/medicine/M.959834720.A/M.959834753.A.html)

台湾"眷×"这一系列的词带有浓厚的历史色彩。1949年,100多万国民党军队及其家属仓皇渡台,台湾当局在特定的历史条件下给这些军人家属安排了居住地,类似于今天的社区。"眷村""眷户""眷舍"等一系列相关词语,分别指官兵眷属所居住的村落、家庭或家属宿舍等。"眷保"是对公务人员及私立学校教职员的家属疾病保险的简称。在大陆普通话中,"眷"即为"亲属",相应构成的词为"家属区""家庭保险"等,不具备系统性。台湾采用此种方式构词也保留了较为简洁的文言古语表达色彩。

2.大陆普通话采用了同语素类推的方法构词,台湾也有与之相对应的词,但一般没有形成类推模式。

(10)机器人实际上是把计算机行业、通讯行业、人工智能行业、控制行业、机械电子行业连接起来。(普通话例句:2008年10月13日深圳人民广播电台"新闻调查",来自中国传媒大学传媒语言文本语料库)

(11)为鼓励国内研究生从事人工智慧学相关研究,促进国内人工智慧相关领域之研究风气与奖励优秀论文……特举办硕博士论文奖甄选,以拔擢优秀研究人才、发挥研究创新与落实应用价值。(国语例句:http://www.taai.org.tw/TAAI/)

大陆的"人工智能"在台湾叫"人工智慧"。"智慧"与"智能"均指辨析判断、发明创造的能力。普通话中以"能"为主干,造出"智能""体能""德能"等一系列相关词语;而"智慧"往往形不成系列类推的模式。

(12)军训室在下学年开始前,将召集全市五年级以上班导师,以分区集训方式,加强老师们的反毒知识。(国语例句:台湾中研院信息所、语言所词库小组编写的"中研院现代汉语平衡语料库""班导师"条)

(13)据他的班主任讲,以前在给家长打电话的时候,其父母也表示周荣很难管。(普通话例句:2009年4月8日深圳电视台"第一现场",来自中国传媒大学传媒语言文本语料库)

台湾的"班导师"类似于大陆的"班主任"。"导师"强调其是学生的引路人和在政治、思想、学术或某种知识上的指导者这层意思,较为符合学校的具体环境,也是对师长的尊称,较能体现出尊师重道的意味。"主任"则更多侧重在班级的主要负责人的意思上,在很多领域均用此词,但在学校中,"班主任"与"系主任"等形成系列的称谓系统。现今,大陆部分学校也使用"班导师""学业导师"等词,但并不如"班主任"常用。

3.海峡两岸均使用同语素类推构词的方法构造词语,但彼此选用的语素不同,形成了同义异形的系列化对应。

(14)有的老师觉得他自己教到**放牛班**,没有办法教,他只好放任了,让学生自己发展。(国语例句:台湾中研院信息所、语言所词库小组编写的"中研院现代汉语平衡语料库""放牛班"条)

(15)咱们**后段班** 勇敢走出不一样的人生路(国语例句:国语日报社网站早安财经出版《咱们后段班》)

(16)担心落后的! 永远是**前段班**的学生!(国语例句:http://sun33566.vsp.tw/article.php? id=389)

(17)李建彬介绍,当地有一个说法,在新密市实验高级中学,如果能进"**快班**",就意味着能考上本科,但如果进了"**慢班**",最好的学生也只能去上大专了,因为两个班的成绩确实差了一大截儿。(普通话例句:2009年11月25日天津人民广播电台"打开晚报",来自中国传媒大学传媒语言文本语料库)

普通话中的"慢班",在"国语"中被称为"放牛班"或"后段班",都指在以升学为目的的趋势中,学业成绩不理想的学生,被分在不被重视的班级。"放牛"本指把牛散放掉,让其在草地上自由吃草和活动,在这里为喻指,富于形象色彩。在大陆,"慢班"是与"快班"相对构成的,而台湾的"后段班"也对应着"前段班",都利用了同语素类推的方法,只是所选语素不同。但"放牛班"没有任何同类对应。

(18)**跷家**800公里 小兄妹找到了。(国语例句:2011年12月14日苹果日报头条要闻)

(19)她因为根本就已经离开学校,也逃家了,其实她现在人根本不知去向,也不知道她人在什么地方。(普通话例句:2010年12月22日中央电视台"海峡两岸",来自中国传媒大学传媒语言文本语料库)

(20)台大昨天新生训练第一天,校长李嗣涔对大学新鲜人发表演说表示,支持大学生"有目的"的**跷课**。(2011年9月6日联合新闻网校园博览会)

(21)这位父亲很气愤的告诉记者,由于孩子经常**逃学**,当天又**逃学**一整天,多方寻找不见踪影,直到晚上才将他在网吧找到。(普通话例句:2009年3月20日天津人民广播电台"打开晚报",来自中国传媒大学传媒语言文本语料库)

(22)**跷班**赚外快 北市高官受惩。(国语例句:2012年5月21日苹果日报头条要闻)

(23)有这么一个机会,上这里来看一看,今天是最后一天,我是逃班出来的。(普通话例句:2008年3月21日北京电视台"特别关注",来自中国传媒大学传媒

语言文本语料库）

台湾的"跷×/翘×"模式与大陆的"逃×"模式类似。国语中"跷家/翘家""跷课/翘课""跷班"等词对应大陆的"逃家/离家""逃课/逃学""逃班"等。两岸的这些同义异形词有一些细微的差别。台湾的"跷家"偶写作"翘家",指瞒着家长离家外出玩耍;大陆的"逃家"则指离家出走,意义有一定差别。"翘课/跷课"与"逃课"不同的是,前者可以指学生逃课,也可以指教师逃班,并且多用"翘课"的字形。"跷"在现代汉语里读音为qiāo,"翘"的两个读音分别为qiáo、qiào,在这一系列词中,台湾将两字俗读为qiào,取两字均有的"抬起"之意。台湾地区也会用"逃家""逃课",但一般不说"跷学/翘学"和"逃班"。随着两岸交流的加深,受到媒体传播的影响,大陆的年轻人现在也用"跷×/翘×"这类词。

4.海峡两岸采用相同的语素进行类推构词,但彼此构造出的词有一些差异,某些词对方不用或少用。

(24)彰化启智学校（国语例句:http://www.chsmr.chc.edu.tw/）

(25)台南大学附属启聪学校（国语例句:http://www.tndsh.tnc.edu.tw/tn-dsh/htdocs/）

(26)台北市立启明学校（国语例句:http://www.tmsb.tp.edu.tw/）

(27)高雄市特殊教育资讯网（国语例句:http://www.spec.kh.edu.tw/）

(28)要建设一支关爱盲人群体、热爱盲人文化事业、掌握盲文特殊教育技能的盲文出版工作队伍,为盲文出版事业可持续发展提供有力人才。（普通话例句:2010年2月2日中央电视台"新闻联播",来自中国传媒大学传媒语言文本语料库）

"启智",指以智障人士为施教对象的教育。利用"启×"的模式,台湾构造出了"启聪"（以聋哑人为施教对象的教育）、"启明"（以盲人为施教对象的教育）,三者共同组成"特殊教育"的范畴,台湾也用"特殊教育"统括三者。大陆一般不做详细区分,均用"特殊教育"指代。在大陆,现也使用"启智"一词,一般以幼儿为施教对象,相当于"启蒙"的意思。"启"是开启、开发的意思,"启智教育""启聪教育""启明教育"三词较好地区分了三类人群的教育,带有浓厚的人文关怀色彩,体现了尊重、关爱的情感色彩。

(29)招募志工条件:大专生、教师、40岁以下社会青年。（国语例句:高雄市青年志工中心志工招募讯息）

(30)职前训练内容为:了解美术概况、义工服务的性质、义工服务项目、服务内容及志工基础训练等相关之课程。（国语例句:台北市立美术馆义工服务简介）

(31)杨永明充当捆工　打包家当搬离信义官舍。（国语例句:2011年10月14

日 YouTube)

(32)宴会开始了,乐工们受命表演以前演奏过的乐曲。(国语例句:台湾中研院信息所、语言所词库小组编写的"中研院现代汉语平衡语料库""乐工"条)

"志工"及其同义词"义工",大陆一般称为"志愿者",指愿意在公共或志愿团体内,不受报酬而贡献其力量的人。台湾也使用"志愿者"一词,但较"志工""义工"频率低。台湾有系列的"×工",如"铁工(制造或整修铁器的工匠)、捆工(随车负责搬运货物的工人)、校工(在学校内专门从事杂务的工友)、铸工(铸造器物的技术工人)、社工(从事社会工作的人)、乐工(演奏音乐的艺人)、佣工(受雇为人做工的人)"等。大陆采用相同的方式构造出大体相似的词,但台湾的"志工""义工""捆工""乐工"等,在大陆较少使用。

两岸的沟通是一个长期的任务,两岸的词语也会在社会的发展和语言的变化中不断出现新词语、新规律、新联系,期间的交流和影响更会时时发生。本文以收集整理的有限语料,对台湾"国语"和大陆普通话构词的一个规律和特点进行探讨,希望对海峡两岸日常生活词语的进一步沟通起到促进作用,便利于两岸普通民众的日常交际。

**参考文献**

魏岫明(1984)《国语演变之研究》,台湾大学出版委员会。
姚荣松(1998)台湾新词新语1997—1998引论,《华文世界》第88期。
李宇明(1999)词语模,载《汉语法特点面面观》,邢福义主编,北京语言文化大学出版社。
刁晏斌(2000)《差异与融合——海峡两岸语言应用对比》,江西教育出版社。
许斐绚(2000)《台湾当代国语新词探微》,台湾师范大学华语文教学研究所。
汤志祥(2001)《当代汉语词语的共时状况及其嬗变——90年代中国大陆、香港、台湾汉语词语现状研究》,复旦大学出版社。
王 立(2003)《汉语词的社会语言学研究》,商务印书馆。
苏新春(2003)台湾新词语及其研究特点,《厦门大学学报》第2期。
郭 熙(2004)《中国社会语言学》,浙江大学出版社。
邱明瀚(2005)《台湾地区"国语"中新外来词的收集、整理与研究:1981—2004》,台湾师范大学翻译研究所硕士学位论文。
符淮青(2006)《词义的分析和描写》,外语教学与研究出版社。
洪成玉(2008)《汉语词义散论》,商务印书馆。
黄宣范(2008)《语言、社会与族群意识——台湾语言社会学的研究》,文鹤出版有限公司。
苏新春(2008)《汉语词义学》,外语教学与研究出版社。
武占坤、王 勤(2009)《现代汉语词汇概要》,外语教学与研究出版社。
马洪海(2010)《汉语框架语义研究》,中国社会科学出版社。

(100024 北京,中国传媒大学文学院)

# 19世纪西方人汉外词典编纂中的汉语"根字"研究

江 莉

**摘 要**:在19世纪来华西方人学习汉语、研究汉语的过程中,为了整理出贯穿在数目庞大的汉字体系内部的语源关系,提出了进行汉语"根字"研究的问题。"根字"研究从西方词源学研究和中国传统训诂、文字研究中汲取理论思想,根据形声字声符具有示源功能、同声符的形声字往往可以系联成"音近义通"的同源词这一事实,通过对声符的分析和整理,梳理出作为汉字发展孳乳之基础的"根字",将其作为统摄各同源词族的字形上的标记,同时也帮助学习者更加系统地掌握汉字。对"根字"问题的讨论推动了对汉字形、音、义关系的深入理解,是以西方语言学研究思路审视中国传统小学研究成果的一次有益尝试。

**关键词**:根字;词源;语源;汉字;声符

## 一、汉外词典编纂中"根字"问题的提出

两种语言互相接触和学习的过程总是会带来词典编纂在数量上的增加和质量上的提高。自明末至清代约三百年间中西文化的正面接触和交往中,从16世纪末耶稣会士利玛窦(Matteo Ricci)、罗明坚(Michele Ruggieri)编写的第一部《葡汉辞典》手稿开始,来华西方人在学习汉语的同时,不断地将他们所掌握的汉语词汇整理成各种官话或方言字典,方便后来者学习,并在这一过程中积累着汉语语言知识。

鸦片战争之后,随着中国的大门被西方炮舰打开,来华从事传教、经商、外交、学术考察及游历活动的西方人数量大增。学习汉语成为那些长期留居中国的西方人必须面对的问题。19世纪初来华的英国传教士马礼逊(Robert Morrison)于1815—1823年间编纂的双语词典成为那时的汉语学习者必备的工具书。这是历史上第一部大型的汉英英汉双语词典。它以《康熙字典》为蓝本,又从第二语言学习的需求出发加以改善。在检索方式上,除采用214部首检字法外,又在创制汉语罗马字母注音体系的基础上增

添了音节检字法,在借鉴《康熙字典》的释义和例证时,通过改善和增删,力求使释义更加明晰易懂、例证更能反映词目在日常口语中的用法。马礼逊这部词典对19世纪的汉外词典编纂影响很大,另外两部在来华外国人中广泛使用的汉英词典——卫三畏(Samuel Wells Williams)《汉英韵府》和翟理斯(H. A. Giles)《汉英字典》都与马礼逊字典有明显的继承关系。(杨慧玲 2012)

马礼逊的汉英英汉词典这样一部具备了形检和音检两种检字方式、释义和例证都经过仔细推敲的工具书,应该说可以满足汉语学习者的需要了。但是,随着来华西方人对汉语认识的进一步加深,对词典编纂提出了更高的要求。一些研究者认为,词典不应仅仅是储藏汉语字词并提供拣选工具的仓库,还应该体现词与词之间的语源关系,以语源关系为依据对词目进行归纳和编排。并且,在每一组有同源关系的词中,还需要找出外部形式上的共同特征,作为统摄整个同源词族的形式上的标记,将词与词之间发生学上的相关性以及由此带来的语音和意义上的相关性与文字形体上的相关性统一起来。这样,可以体现出数量庞大的汉语字词之间所具有的内在联系,对西方人系统地学习汉字也将有所帮助。

出于这一愿望,19世纪的西方人提出了整理汉语"根字"(primitive)的主张。在19世纪下半叶发行的汉学杂志《中国评论》(The China Review)上,以葛路耐(W. P. Groeveneldt)、湛约翰(John Chalmers)等为代表的从事汉语研究的学者从对当时出版的卫三畏《汉英韵府》(A Syllabic Dictionary of the Chinese Language)和欧德理(E. J. Eitel)《广东话词典》(A Chinese Dictionary in the Cantonese Dialect)的评论出发,对"根字"研究的依据、基本方法和反映语源关系的有效程度进行了讨论。

## 二、"根字"研究的理论依据和实践

### 2.1 "根字"研究的理论依据:声符的示源功能

"根字"的概念,是从西方词源学中"根词"(root)的概念推导而来的。在西方词源学中,"根词"是派生出所有同源词的源头,是词汇发展和丰富的基础。

> 每一种语言中数量众多的词汇都是从数量相对有限的根词派生发展而来的……这些数量非常有限的根词就是我们的祖先用以交际的语言材料。每个根词所承担的意义是较为宽泛笼统的,具有多种相关的义项。后来概念细化,根词也发生一系列内部和外部的变化,形成不同的派生词,分别承担根词原来承担的多种意义。[1]

---

[1] W. P. Groeveneldt, Dr. Williams' Dictionary, *The China Review*, vol.3, p237.

在汉语中,音义结合的词,付诸书面形式时是以形音义结合的汉字来记录的。记录根词的就是形音义结合的根字。提出"根字"研究的西方学者认为,由根词派生出若干同源派生词以后,在文字上,就表现为根字作为构形成分进入为记录这些派生词而创制的文字中。因此,正如印欧语中数量有限的根词能够统摄数量庞大的词汇一样,只要能找出汉字中所有的根字,就能以此为形式特征,在词典的组织编排中,将以汉字为载体的单音节词按同源关系分别部居,整理归类。而汉字中的根字,他们认为,应当从那些在形声字中充当表音成分的构字部件,即形声字的声符中去寻求。这种依靠声符示源的主张,是以如下几个方面的认识为依据的:

第一,音同或音近关系是考察词义来源的主要依据。葛路耐针对西方汉语研究者们夸大汉字表意功能的倾向,强调了因声求义的主要原则。他认为,汉学家们受到中国文字和训诂研究传统的影响,在考求词义来源时过于依赖对汉字构形的分析,忽视了音义结合的词才是第一位的:

  汉学家们把汉字视为一种主要诉诸视觉的符号,而声音则被视为是第二位的,甚至是无关紧要的。这种观念完全是错误的。我们不该忘记,当某个汉字作为记录一个概念的书面符号被创制出来的时候,这个概念早已和某个声音相结合形成了一个词。因此,字所表示的意义主要是由音义结合的词决定的,而不是由人们创制字形时所依据的某种观念决定的。①

因此,他指出,字形分析对于词义来源并没有实质性意义,真正起作用的是语音。例如:

  "姦"(KAN)字,从字形上无法得知其词源意义,而若联系其同义词"奸"(KAN),则可推知表示"私通"义的音义结合形式 KAN 应是由表示"干犯"意义的"干"(KAN)发展而来。"②

至于汉字的构形,"进行全面透彻的研究将是非常有趣的,因为这将使我们看到创制这些文字背后的心理动机。但是,我们必须记住,一个字的字形,或者说它的部件构成,并不一定能解释它所代表的词最初的词汇意义。因此,在词源研究中,我们不能以字形作为可靠的词源学线索。"③葛路耐以"男"字为例来解释他的观点:

  "男",从田从力,其字形表达"男子于田中劳作"之义,词义为"男性"。但是我们并不能据此就推断说:音义结合的词 NAN(男)具有"在田中劳作"的意思。相反,我们在语言的使用中从未发现 NAN 具有这一意义。④

---

①②③④ W. P. Groeveneldt, Dr. Williams' Dictionary, *The China Review*, vol. 3, p235, p235, p236, p235.

可以看出,葛路耐在形音义结合的汉字中区分出了两种意义:一是汉字所记录的音义结合的单音节词所表达的词汇意义,它是与字词在语言中的使用相关的意义;二是汉字的形体构造所表现的一种形象化的意象,反映的是人们为音义结合的词创制书面符号时,词义在人们头脑中所唤起的一种形象化的图景,这一形象化的图景就是汉字的构形所表达的意义。汉字的构形所表现的形象化的图景是以词义为依据的,但它并不等同于词义。以"男"字为例来说明这两种意义,则先有语音符号 NAN 表示"男性",为这个音义结合的符号创制文字时,"男性"这一词义在人们头脑中引起的是男子承担体力劳动、在田中劳作的图景,因此创制了"田"与"力"组合的"男"。

第二,对汉字创制和发展过程的认识。提倡根字研究的西方学者认为,在中国文字研究传统中相袭沿用并且在学习和研究汉语的西方人中被广泛接受的象形、指事、会意、形声、转注、假借汉字构造"六书"说,实际上只有前四者是造字之法,后二者为用字之法,并不造成新字。而根据象形、指事、会意、形声四法造成的汉字中,象形字和指事字最早形成,会意字出现较前两种稍晚,最晚出现的是形声字。四种文字的先后出现是与人类认识能力的发展和语言的丰富过程相配合的。在远古时期,由于人们对世界的认识有限,所需的词汇也是有限的。远古的先祖使用的词汇就是我们现在所使用的词汇之所从来的根词。为了记录这些根词,远古的中国人创制了依物象形的象形字和能指示意义的指事字、会意字。这三类文字据义绘形,是真正的表意字,在数量上与汉语音节的数量基本吻合。① 在这个时期,一个音义结合的词表达的意义往往很宽泛,葛路耐举"KAN"(干)为例,认为现在用汉字写为"竿""杆""赶""奸"的几个词,最初都用"KAN(干)"表示,随着认知的细化,思维的发展,产生了在语言中对这些意义加以区别的需要。区别的方式,在语音上,是对作为根词的 KAN 在声韵调方面做出细小的变化,在文字上,则用添加不同表意符号的方法区别这些意义。也就是说,从"干"这一个根字(primitive),发展出"竿""杆""赶""奸"等几个派生字。这就是形声字产生的过程,也是汉字以数量有限的"根字"为基础大规模孳乳发展的过程。因此,原来为人们所广泛接受的形声字形符提示意义、声符表音的看法就需要重新审视。表音的声符(phonetic character)实际上体现了形声字所承载的词在声音和意义上对根词的继承。

根据以上观点,可以看出西方学者们所提出的"根词""根字""声符"是既互相区别又互相联系的三个概念。"根词"指的是语言发展早期形成的音义结合的基本词汇,在汉语中,基本为单音节词;"根字"指的是记录这些基本词汇的文字,主要是象形字、指事字、会意字这三种表意字,这些表意字是进一步创制形声字,造成汉字数量大幅增长的

---

① W. P. Groeveneldt, Dr. Williams' Dictionary, *The China Review*, vol.3, p236.

基础;而"声符"是指形声字中提示读音的构字部件,这些部件就是记录汉语早期基本词汇的"根字","根字"以"声符"的身份进入形声字中,把它所代表的根词的语音和语义特征带给新构成的形声字,并成为体现该形声字所代表的词与根词之间的词源关系的标记。

根字研究的总体思路简而言之就是:根据声符具有示源功能、同声符的形声字往往可系联成"音近义通"的同源词这一事实,通过对形声字声符的分析和整理,梳理出作为汉字发展孳乳之基础的"根字"。这些根字,从语言历史发展的角度看,代表的是有文字记录的同源词派生的一个起点;从字典编排分类来看,又可作为统摄各同源词族的字形上的标记,将词之间"音近义通"的同源关系落实到文字形体结构上的共同特征之上。

不过,西方学者也意识到,由于汉字形体演变的复杂性和形声字产生的历史层次性,不能夸大声符示源的功能,也不能忽视依据声符的示源功能系联同源词这一工作的复杂性。葛路耐就指出,在形声字的创制过程中,也有语音相同而形不同的"根字"互相混用的现象。比如说,由于语音的变化,有些原本具有不同形音义的根字,到形声字创制的时代,读音变得相同,在创制形声字的时候会互相混用。也就是说,声符字形相同的形声字,并不一定是同源的,或者反过来,声符的字形不同但音相同或相近的形声字,也有可能是同源的。所以,在确定同源关系的时候,除了以形声字的声符作为线索,还需要通过多方比较、借助古音知识和文字演变历史的知识加以判断。因此,根据声符整理汉语字词语源关系的研究"一开始将会是粗糙的、漏洞百出的,但是我们不能因此而灰心。在欧洲语言中,即使是那些研究得最深入的语言,其词源研究至今也并没有能涵盖每一个词,在汉语中也将是如此。"①

### 2.2 湛约翰的"根字"系统

在讨论将根字研究引入词典编纂的学者当中,第一个将这些理论与方法付诸实践的是湛约翰。在他发表于 1877 年 3 月《中国评论》上的《汉语词源学》(*Chinese Etymology, with a List of Primitives and Key to Shwoh-won*)一文后,附有他分析整理出的汉语根字表,目的是希望能依据这些根字对《康熙字典》所收的全部汉字进行重新归类和编排。他一共整理出汉语根字和次根字(sub-primitive)②1000 多个,又把这些根字按形体上的相关性分列在 214 部首下。整理完成后发现,这份根字表对于归整《说文解字》540 部和《康熙字典》214 部首的关系也很有用。湛约翰对《说文解字》评价很高,

---

① W. P. Groeveneldt, Dr. Williams' Dictionary, *The China Review*, vol.3, p241.
② "次根字"指那些本身由声符加义符构成,又能进一步与别的义符组合构成新字的具有构字能力的形声字。如:"干"→"旱"→"悍","旱"就可视为次字根。

认为它的"释义虽然有欠明晰,但是对字形之孳乳发展的揭示是非常有价值的,后人很难质疑其权威性"①,他将自己的根字表与《说文解字》的540部首进行比较,发现这540部首中有449个包括在了他的根字表中。他认为,从《说文》540部精简到214部,以及按笔画数进行排序上的调整,虽然使检字变得容易了,但是却在很大程度上使语源关系隐没不见了。实用性的增强,是以科学性的削弱为代价的。他说:

> 从《说文》到《康熙字典》,人们减少了部首的数目,并把部首按笔画数重新排列。《说文》如此多的部首数目,掌握起来无疑是有很大的不便,但是,把那些看似多余的部首去掉,在很多情况下却等于是把《说文》的作者特意放在显要位置的、具有特殊作用的根字去掉了,使其与成千上万的派生字混杂在一起。②

这份根字表成为他后来编纂的《康熙字典撮要》检字表的基础。《康熙字典撮要》共用884根字,分别归入214部,将所有的字目主要依据语源关系归入这些根字之下,力求最大程度地体现出汉字语词之间的词源派生关系。庄延龄(E. H. Parker)在《中国评论》1878年6月号著文评《康熙字典撮要》时对其字目编排的科学性给予了肯定,认为:

> (这种编排方式)能让学者们对于汉语字词的派生关系有一个总体的把握。如果用214部首编排的字典一个一个孤立地学习那些汉字,是很难对这种派生关系有所体会的。③

他还通过自己的亲身实践和比较证明,虽然掌握湛约翰词典中作为检字工具的全部根字需要花费一些时间,但是一旦掌握了,使用湛约翰词典的确比《康熙字典》检字更快。

与葛路耐一样,湛约翰并没有低估依据声符确定语源关系的局限性和复杂性。他同样意识到,词源关系与字形上的相关性并不总是一致的。当二者难以统一的时候,出于字典编排的实用性考虑,仍然按照字形上的相关性对汉字进行归类。他在《汉语词源学》一文中解释"根字"与"次根字"的关系时说:

> 在有些情况下,我们把某个"次根字"归入某个"根字"之下,并不是因为二者具有语源上的关系,而是因为它们现在字形上的一致性。例如,我们把"再"放在"冉"下面,但"再"并不是由"冉"派生而来。只是除此之外,没有更合适的安排方法了。"再"真正的来源现在还不清楚。④

在《康熙字典撮要》的序言中,他也指出:

---

①②④ John Chalmers, Chinese Etymology, *The China Review*, vol.5, p303, p302, p302.
③ E. H. Parker, The Concise Dictionary of Chinese, *The China Review*, vol.6, p387.

字形相似,但从词源关系上看并非由同一根字派生而来的字,按字形归入同一根字之下,以方便查找;由同一根字派生而来的字,若现在的书写形式差异较大,按字形归入不同的根字之下。①

## 三、"根字"研究的理论来源与新认识

词典编纂中提出的"根字"研究,反映了西方人在汉语作为第二语言学习的过程中,面对数目庞大的汉字,试图对其进行系统整理的努力:找出其中作为汉字发生发展之基础的成分,以此为"纲",提挈其他与之有词源上的派生关系和字形上的一致关系的字。这种从发生学的角度对汉语字词进行的系统整理,是借鉴和吸收中西语言学传统中词源研究的经验,针对词典编纂的实际情况加以调适的结果。在跨越两种不同的语言研究传统的过程中,也对汉语言文字的特征形成了一些新的认识,为汉语词汇和文字研究提出了一种新思路。

### 3.1 "音近义通"与中西词源研究传统

"根字"研究从整理形声字"声符"入手,似乎是着眼于文字的形体结构的。但实际上,它所要利用的是同声符字所标示的音同音近关系。对音义关系的高度敏感,无疑是与西方词源学研究的基本方法有关的。在19世纪西方历史比较语言学背景下发展起来的词源学,主要任务是比较亲属语言间意义相同、语音存在对应关系的词,确定同源成分,为构拟原始共同语服务。以语音为起点的研究方法,又是由印欧语文字的表音特征决定的。从只需处理音义关系而不必处理形义关系的习惯立场出发,西方学者在系联汉语同源词时必然更重视音义关系。

以"音近义通"为原则系联同源词,在中国传统语文学研究中也能寻求到支持。虽然讨论根字问题的西方学者均没有谈到对中国语文学研究成果的借鉴,但是其思路不能不让人想到宋代的"右文说"以及清代已经得到了系统性实践并上升为理论的"因声求义"方法。从一些具体的观点和思路来看,西方学者也表现出与清儒诸多一致之处。葛路耐对于汉字发展演变的总体认识,虽然他自称是受到其前代西方学人的启发,但他对传统造字"六书"的看法,与乾嘉时期戴震提出的"四体二用"说是完全一致的。湛约翰与清儒小学研究成果之间的关系更有迹可寻。庄延龄谈到湛约翰《康熙字典撮要》时指出,湛约翰把"声符"称为"声母",与清代训诂学家朱骏声《说文通训定声》中指称声符

---

① E. H. Parker, The Concise Dictionary of Chinese, *The China Review*, vol.6, p390.

的术语相同。①《说文通训定声》打破《说文解字》按部首据形归纳汉字的做法,将所收录的汉字按谐声分别系联到1145个声符下,又将1145个声符分别归入古韵十八部及十个分部,把声符相同、古韵同部的字排在一起,力求通过这种编排方式,依靠声符的示音、示源功能探求词与词之间的渊源关系。可见湛约翰的具体思路,在朱骏声那里早已形成并付诸实践。庄延龄了解朱氏著作并指出湛约翰在术语使用上与朱氏的吻合,而且,湛约翰在1881年第5期《中国评论》上发表的《〈诗经〉的韵》(*The Rhymes of the Shi-king*)一文中,论及金璋(L. C. Hopkins)翻译戴侗的《六书故》时,就是以朱骏声《说文通训定声》中的汉字构造观作为自己的认识依据的。因此,很难说他的根字系统不是从朱氏的《说文》研究中得到启发的。

### 3.2 对形音义关系的认识

在已经确立了"音近义通"这一词源研究原则的情况下,寻找音近义通的同源词在汉字构形上的规律性是"根字"研究的主要任务。强调同声符的字具有语音上的近似关系,从而推导出词源上的渊源关系,就是把"音近义通"的关系落实到"形"上的结果。这样的系源显然是零碎的、不系统的,但是,在这一过程中,西方人从自己的语言学研究传统出发,思考汉字形、音、义之间的关系,对中国训诂传统中一些未做分析论述的问题也得出了新的认识。

印欧语文字是语音的记录。文字的形与义的关系等同于词的音义关系。这个"义"就是语言符号所指称的现实现象,就是词义。而汉字是具有较强表意特征的文字。字除了与音义结合的词相关以外,其形体构成也与词所表示的意义有一定的关联。最早产生的汉字都是以意义为依据构形的,对形体的分析能够启发对意义的理解。再加上中国传统语文学以书面文献为研究对象,形与义的关系被置于突出地位。因此,在训诂传统解说意义的实践当中,往往是形音并说,既说汉字构形的含义也说词义。这种宽泛的"意义"说解,在以揭示音义结合的词所具有的词义为第一要务的西方人看来,是对词义的模糊。这推动了19世纪的西方人对汉字形、音、义关系的思考。对于这个问题,葛路耐强调了音义结合的词的首要地位,并在字与音义结合的词、字与义的关系中,分解出字所承载的"意义"的二重含义,即词义与汉字构形表现的形象化意义,如前述"男"字的构形意义与"男"的词义所示。现代研究训诂问题的学者,在分析"形训"与"声训"的功能时,对字的意义做了"造意"与"实义"之分,指出"形训"解说的是字的造形意图,而"声训"解释的是实义,是字词在使用中所表示的意义(王宁,1996)。葛路耐的认识与

---

① E. H. Parker, The Concise Dictionary of Chinese, *The China Review*, vol.6, p388.

此完全一致,而在时间上则早出了一个多世纪。

不仅如此,在分析形声字的声符与作为部首的义符承担意义的功能时,葛路耐认为,"过去我们认为仅仅承担表音作用的那些声符,实际上才是形声字中起主导作用的成分,它不仅决定着形声字的读音,也标示了从表意的根字继承而来的词源意义。另一方面,我们原来认为承担了主要表意功能的部首其实只是对意义起进一步细化和区分作用的区分标记而已。"由此,他主张称"声符"为"根字",而称部首为"类标记"(classifier)。① 这实际上是从词的派生发展的角度,对汉字所承载的单音节词词义的内部构成做了进一步分析。"声符——根字"标示着从根词继承而来的意义,而"类标记"则标示着从根词孳乳分化出来的、为派生词所有的意义,二者相加,才是派生词的词义。在现代的汉语词源学研究中,学者们借鉴西方义素分析理论,将同源词的词义构成分析为"核义素"和"类义素"的相加(王宁,1995),与葛路耐对形声字词义构成的分析是具有一致性的。

在《中国评论》上围绕词典编纂展开的"根字"讨论中,论者不止一次地议论汉语词源学研究之未获展开,认为中国人轻视语文学研究为"小学",从未对词汇和文字进行过系统的整理,造成了中国辞书无论从词目类聚来看还是从词义训释来看都如同一盘散沙,零碎而杂乱。湛约翰在评论《康熙字典》时说:

> 中国人称语文学(philology)为"小学",意为"小知识"。……五十年前,如果要说世界上什么行当最无聊,非语文学研究莫属,但现在,语文学已经成为最为重要的学科。遗憾的是,中国人却并没有改变他们五千年来对语文学研究的轻视态度。因此也就未能出现一个语文学天才来编纂一部真正有用的词典,取代这部由皇帝钦点的上百名文人耗时六七年之久共同编纂,然而却仍然粗糙混乱的字典。②

这种评价并不十分公允。中国传统训诂学留下了丰富的、可资利用的词源研究成果,这一点仅从西方人对清儒小学研究成果的借鉴足以说明。只是传统词源学研究成果多保存在各种训诂专书及其注疏著作中,往往是对字形、字音、词义等各方面的解说混杂出现,没有像西方词源学那样发展出一套系统的理论、一套有助于分析研究的定义明确的概念术语。所以,对于字与词的关系、汉字形音义的关系、词义的内部构成等问题,虽然似乎也有所体察,但在具体训释时始终笼统言之。而且,中国传统学术从整体上主要是围绕对经籍的阐发而展开,语文学也是在对经籍的注释中生长起来的,但求揭示出词语的意义,无意探求语言本身的系统性与规律性。这是传统语文学研究在19世

---

① W. P. Groeveneldt, Dr. Williams' Dictionary, *The China Review*, vol.3, p239.
② John Chalmers, Kanghi's Dictionary, *The China Review*, vol. 2, p337.

纪遭到西方人诟病的原因所在。西方人提出的从发生学的角度对汉语字词进行全面整理的问题，的确是更深入、更系统地认识汉语言文字的需要，是赋予传统训诂学以现代语言科学精神的需要，也是近代致力于传统学术现代转化的中国学者的追求。20世纪第一个十年间，中国近代学者章太炎先生在西方词源学研究方法的启发下，有感于欧洲追溯语根之学的兴盛，而中国语言文字研究中未见此思路，著成被誉为"标志着新训诂学的开始"的《文始》，从《说文解字》中刺取510个构字部件，称为"初文、准初文"，设定其为文字孳乳的起点，又从音义联系的观点来系联同源词，把由同一根词派生而来的词放在相应的初文、准初文之下，成为寻求汉语词汇和文字发展之规律性和系统性的第一部著作（杨润陆，1989）。一是西方人从自身的学术研究思路出发治汉语，一是中国学人以西学之方法补中国传统训诂研究之缺失，二者认识上的契合，充分揭示了中西语言学研究传统的相互借鉴为彼此提供新思路和新发展方向的可能性。

**参考文献**

邓文彬（2001）中国古代词源学的建立与刘熙《释名》的地位和影响，《西南民族学院学报》第9期。
郭锡良（2000）汉语的同源词和构词法，《湖北大学学报》第5期。
任继昉（1992）《汉语语源学》，重庆出版社。
孙　炜（2003）中西词源学研究比较初探，《语文研究》第3期。
王　宁（1995）汉语词源的探求与阐释，《中国社会科学》第2期。
———（1996）《训诂学原理》，中国国际广播出版社。
徐文堪（2005）略论汉语词源词典的编纂，《辞书研究》第2期。
杨慧玲（2012）《19世纪汉英词典传统》，商务印书馆。
杨启光（1996）中国传统语文学缘起、发展的学术逻辑和历史逻辑，《暨南学报》（哲学社会科学版）第3期。
杨润陆（1989）《文始》说略，《北京师范大学学报》第4期。

（100089 北京，北京外国语大学中国语言文学学院；
200234 上海，上海师范大学对外汉语学院）

# 外向型汉语学习词典的检字法及其创新[*]

段濛濛[1] 付 娜[2] 孙 菁[3]

**摘 要**：本文考察了国内已出版的 20 部外向型汉语学习词典中的检字法，将之分为传统型、改进型和创新型三类，重点介绍了断笔码这一创新型检字法，并对如何实现词典易查提出了建议。

**关键词**：外向型汉语学习词典；检字法；断笔码

随着对外汉语教学事业的迅速发展，国内出版的外向型汉语学习词典[①]日益增多，目前已有 20 余种。以往不论是词典编纂者还是研究者，多将关注的焦点放在词典的释义和配例上，对检字法鲜有关注。本文拟对已有学习词典的检字法做一较为全面的考察，探讨词典的易检索性对汉语作为第二语言的学习者（特别是初学者）的重要性。

## 一、外向型汉语学习词典常用检字法及其改进

我们考察了 1991 年至 2011 年国内（包括台湾地区）出版的 20 部[②]外向型汉语学习词典的检字法，将其分为三类：

1. 传统型。传统型检字法指语文词典通常使用的拼音、部首、笔画三种检字法[③]。使用这类检字法的词典有 14 部，占统计总数的 70%；其中以初学者为使用对象的有 4 部，占该类词典的 28.6%。

使用拼音检字法的前提是已知道目标字的读音。如果不知道或不确定读音，就只

---

[*] 本文写作过程中得到北京语言大学张博教授的悉心指导，特此致谢！文中错谬概由作者本人负责。

[①] 英语中 dictionary 既可指词典也可指字典。为论述方便，本文所说的外向型学习词典也包括字典，并不做严格意义上的区分。

[②] 本文考察词典的选取标准：主要使用对象是学汉语的外国人；附有一种及以上汉字检字表。限于篇幅，参考文献仅列出正文提到的词典。

[③] 传统型检字法也应包括四角号码检字法，但因为本文所考察的 20 部词典无一使用该检字法，所以此处略过不提。

能根据字形,用部首或笔画检字法查字。但对母语非汉语的学习者来说,用部首或笔画检字法查字很难。尤其是母语使用拼音文字的初学者,他们不清楚汉字形和义之间的关系,要想正确地选取部首、数清笔画,不经过一段时间的学习、训练很难顺利完成。

于是,本该成为汉语学习最佳工具的词典却因为难查被许多初学者弃之高阁。据调查①,在美国迈阿密大学一至四年级 300 多名学汉语的学生中,只有 2 人用汉语词典,不到 0.7%;而美国俄亥俄州立大学 20 名中文专业研究生(其中有"汉语桥"竞赛优胜者)中的大多数人在学汉语两三年后才开始用汉语词典。即使使用者已具有中高级汉语水平,检索难仍是他们使用词典时面临的一大问题②。

近年,随着越来越多非汉字文化圈的学生加入学汉语的队伍,迫切需要我们的外向型学习词典提高易检索性,更好地为学汉语者服务。

2. 改进型。改进型检字法指在传统型检字法基础上做了一些调整和改变的检字法。使用这类检字法的词典有 5 部,占统计总数的 25%;其中以初学者为使用对象的有 3 部,占该类词典的 60%。

有一些属检字表内的局部调整。如传统的拼音检字表中 zh、ch、sh 分别属于 z、c、s 部,lü、lüe、nü、nüe 分别排在 lu、luan、nu、nuan 之后。《商务馆学汉语词典》则把 zh、ch、sh 从 z、c、s 里分出来单独设部,lü、lüe、nü、nüe 分别排在 l、n 两部的最后。又如《汉韩学习词典》除拼音和部首检字表外,还增加了韩语的汉字发音检字表。

还有一些是在传统检字法基础上的改进,其中影响较大的是易洪川教授发明的易五码检字法。这种检字法类似于四角号码检字法,由外形码(前三码)和内质码(后二码)组成。外形码取字的左上角、右上角、右下角的笔形,笔形共分 10 类,用数字 0—9 做代码。内质码取汉字的平段(指横和折笔中的横段、提)数和交点数③。目前国内出版的《中日韩统一汉字简明速查字典》采用易五码检字法并根据易五码排序,《学汉语小字典》附设易五码索引。和传统检字法中按"形"查字的部首、笔画、四角号码检字法相比,易五码检字法相对易学易用,有助于非汉字圈的初学者识别、查寻汉字。但总体来看,该检字法的规则仍稍嫌烦琐,使用者在笔形区分和外形码选取上问题较为突出,学习以及使用该检字法查寻的时间都较长。周昊,Clemens Schweizer(2008)曾做过一个关于易五码学习和查寻效果的实验。他们挑选了 9 名来自维也纳各高校的大学生,3 人有汉语学习背景,归入 1 组;6 人从未学过汉语,归入 0 组。先分组讲解易五码的查

---

① 引自黄全愈,黄矿岩,陈彤(2011)"前言"。
② 详见杨金华(2006)"三、对中国版汉语词典解读程度"部分。
③ 详见杨淇州,蔡智敏(2010)"易五码查字法说明"。

字方法，1组用时30分钟，0组用时42分钟。然后用易五码检字法在《汉字通简明速查字典》中按排列顺序依次查寻"插、富、茶、行、难、鲜、温、次、店、幸"10个汉字。设定每个汉字有4次查寻机会，要求被试如实填写每次的查寻编码。如果4次都错，则放弃此汉字，进入下一个字的查寻。0组第1个完成测试的学生用时35分钟，第2名用时45分钟，其他人在60分钟内完成。1组测试结果与0组基本相同。测试总体正确率作者没有提及，仅提到0组第一次查寻的正确率在22.22%—55.56%之间，无正确查寻结果的比例在11.11%—66.67%之间。

3. 创新型。创新型检字法指检字规则与传统型完全不同的检字法。使用这类检字法的仅《商务馆学汉语字典》（以下简称《学汉语字典》）一部，占统计总数的5%。下文重点对《学汉语字典》使用的创新型检字法——断笔码进行介绍。

## 二、断笔码：一种创新型易检索检字法

断笔码检字法把汉字分解成最简单、最直观的元素——笔码。它不同于汉字中传统的笔画，只要笔画断开或方向大幅度改变，即可看作一个"笔码"。如"口""飞""丝"的总笔码分别是4、5、9。由于相同笔码的汉字较多，计算出总笔码后，一般还需要确认该字的第一码来帮助查找。第一码在汉字的左上角，由一丨丿、四种笔画组成。如果左上角没有笔码，最左边的算第一码；如果最左边也没有笔码，最上面的就是第一码[①]。如"口""飞""丝"的第一码分别是丨、一、丿。《学汉语字典》所收的2000个汉字根据总笔码和第一码排列，按1—2000的顺序编号。只要算出目标字的总笔码并确认第一码，然后据此在断笔码索引中找到该字的序号，便可在该字典中查到该字。

该检字法将检字规则做了最大程度的简化，使之符号化、数字化。使用者无须考虑部首、笔画、笔顺、汉字结构，只需能分辨一丨丿、这四种最基本的笔画即可。同时，该检字法容错性较好，万一数错了总笔码，查不到字，可以到索引中的"多"一笔码或"少"一笔码的汉字中查找。这种通过数字序号查字的方法还能避免一些字形相似的汉字对初学者造成的困扰。如"己"和"已"，虽然总笔码（均为6）和第一码（均为一）都相同，但序号不同（在该字典中分别为132和133），使用者可"直奔目标"，迅速、准确。

为了检验断笔码检字法的学习和查寻效果，我们做了一个实验[②]。

---

[①] 详见黄全愈、黄矿岩、陈彤(2011)"断笔码使用方法"。
[②] 感谢商务印书馆国际汉语编辑室袁舫主任和北京语言大学速成学院陈军副院长、王艳老师为本实验提供的帮助。

1. 实验对象:北京语言大学速成学院暑期班学生 10 人,母语为英语、法语、意大利语。其中 1 人从未学过汉语,4 人刚学 1 周汉语,都未用过汉语词典,归入 0 组;其余 5 人来华前学过 1 至 6 年不等的汉语,有 2 人用过汉语词典,会部首检字法,归入 1 组。

2. 测试工具:《学汉语字典》。

3. 测试内容:用断笔码检字法在《学汉语字典》中查寻"行、次、幸、店、茶、难、插、温、富、鲜"10 个汉字①,写出它们在字典中的编号。

4. 实验程序:

(1)被试快速浏览字典中的英文版"断笔码使用说明"。(2)主试讲解,并选取几个例字,解析总笔码和第一码的选取。(1)、(2)共耗时 20 分钟。(3)进行查字测试。无时间、次数和查字顺序限制,被试只需确定总笔码,找到该字在《学汉语字典》中的编号即可。每个字 10 分,满分 100 分。

5. 测试结果(时间单位:分钟):

0 组测试结果

| | 1 | 2 | 3 | 4 | 5 | 平均 |
|---|---|---|---|---|---|---|
| 用时 | 10 | 18 | 19 | 20 | 24 | 18.2 |
| 得分 | 100 | 100 | 100 | 100 | 80 | 96 |

1 组测试结果

| | 1 | 2 | 3 | 4 | 5 | 平均 |
|---|---|---|---|---|---|---|
| 用时 | 5 | 8 | 9 | 11 | 13 | 9.2 |
| 得分 | 100 | 100 | 90 | 100 | 90 | 96 |

从测试结果看,有汉语学习背景的 1 组比基本是零起点的 0 组用时少一半,但平均得分相同。笔画交叉多的字对被试来说较难,如将"富"下面的"田"误数成 9 个笔码(应为 6)。由于印刷体字形的干扰,笔画捺可能被误数成 2 个笔码。总体来看,不论是否有汉语学习背景,学生通过 20 分钟的学习,都能基本掌握断笔码检字法并快速查到汉字,在习得效率和检索准确性方面明显优于其他检字法,充分显示出该检字法的易学易用和对母语非汉语者的适用性。学会这种检字法,初学者就可以利用工具书直接查找汉字,大大提高学习汉语的效率。随着汉语水平的提高,学习者可再逐渐过渡到常规汉语工具书的使用。

---

① 为便于比较,本实验所用汉字与周昊、Clemens Schweizer(2008)易五码实验中所用汉字相同,但排列顺序不同,本实验按照总笔码由少到多排序。

## 三、结语

通过以上考察我们可以看出,沿袭传统型检字法的外向型学习词典占大多数,其中以中高级水平者为使用对象的居多;对检字法做出改进或创新的词典则以初学者为使用对象的居多。这说明词典编纂者已意识到词典的易检索性对于使用者,尤其是汉语初学者的重要性,但目前来看,重视程度还远远不够。

辞书是否易查是实现辞书价值、实现市场化的关键(鲁健骥、吕文华,2006),辞书易查实现的关键则在检字法。我们应真正站在使用者的角度,设计出适合不同汉语水平和母语背景学习者的检字法,尽可能简化查找规则和步骤,提高检字法的容错性和适用性。同时,应尽量多增加一些检索方式,为使用者提供多种查寻渠道。如双语学习词典可附设一个外汉索引,使用者可根据词义用母语检索汉字(词)。只有实现了易查这一目标,才能真正使我们的外向型汉语学习词典成为进入汉语世界的一条便捷通道。

**参考文献**

蔡智敏(2008)《学汉语小字典》,外文出版社。
黄全愈、黄矿岩、陈 彤(2011)《商务馆学汉语字典》,商务印书馆。
雷 华、史有为(2004)工具的工具:词典的易懂与易得——关于对外汉语学习单语词典,《语言教学与研究》第6期。
鲁健骥、吕文华(2006)编写对外汉语单语学习词典的尝试与思考——《商务馆学汉语词典》编后,《世界汉语教学》第1期。
鲁健骥、吕文华(2006)《商务馆学汉语词典》,商务印书馆。
石小蕾(2008)《对外汉字教学查字法研究》,湖北大学硕士学位论文。
杨金华(2006)外国学生未能广泛使用对外汉语词典原因探究,《对外汉语论丛》(第五辑)王德春主编,学林出版社。
杨淇州、蔡智敏(2010)《中日韩统一汉字简明速查字典》,四川辞书出版社。
周 昊、Clemens Schweizer(2008)"易五码"查字法在国外汉语教学中的应用,《广州大学学报》(社会科学版)第12期。
〔韩〕金贤珠(2004)《汉韩学习词典》,外语教学与研究出版社。

(1.100710 北京,商务印书馆汉语出版中心;
2.100101 北京,中华女子学院对外汉语系;
3.361021 福建厦门,华侨大学厦门校区华文教育研究院)

# 及物动作动词构成的句干句式

范 晓

**摘 要**:句干句式(即"句干的句式")是指句干的语法结构格式,它是由一定的语法形式显示的包含句法结构、语义结构以及句式义(句式自身独立的、整体的语用表达功能意义)的抽象结构格式,是句型、句模和句式义的综合体。句干句式都由动核结构通过一定的句法布局生成,所以动词是构成句干句式的关键,可以以动词为纲来构建一种语言的句式系统。全面系统地构建现代汉语的句式系统是一个很艰巨的任务。本文重点勾画并扼要描述现代汉语及物动作动词构成的单句主述句的一些主要的基干句式,旨在为构建现代汉语句式系统提供样板,以期起"举一反三"之效。

**关键词**:及物动作动词;句干;句式;句式义

## 前 言

句干是句子的主干①,是一个句子除去表达交际用途的语气(通常用语气词、句调、句末标点符号等表达)的那个主体部分,也就是句子里去掉语气以后的词类序列组合体。具体句子的句干主要用来表达思维内容。句干所表达的抽象的语法结构格式,称为句干句式,它是由一定的语法形式(包括词类序列、特定词、固定格式等)显示的包含句法结构、语义结构以及句式义(句式自身整体的、独立的语用表达功能意义)的抽象结构格式,是句型、句模和句式义的综合体。句干句式可分为基干句式和扩展句式。基干句式是指句干里最基本的成分所构成的句式;扩展句式是指基本句式增添附加性成分而扩展了信息量的句式。② 基干句式可以分为常规句式(原型句式和衍生句式)、超常

---

① "句干"这个术语是笔者在《略说句系学》(《汉语学习》1999年第6期)一文里提出的,在2012又做了专门论述(《略论句干及其句式》,《山西大学学报》2012年第3期)。这里所说的"句子的主干"(句干)跟中心词分析法所说的句子的"主干"是不同的:本文指句子去掉句末语气之外的部分,而后者则是在句干里再分出"主干"(指句干里的主要成分,如主语、谓语、宾语)和"枝叶"(指句干里的附加成分,如定语、状语、宾语、补语)。后者可参看黄伯荣、廖序东主编《现代汉语》下册,第369页,甘肃人民出版社,1981年版。

② 关于"句干、句式、句干句式、基干句干句式、扩展句干句式"等,可参看范晓《略论句干及其句式》《山西大学学报》2012年第3期)、《关于句式问题》(《语文研究》2010第4期)《试论句式意义》《汉语学报》2010年第3期)。

句式,衍生句式和超常句式都是在原型句式的基础上根据表达需要演化、生发出来的。① 句式系统具有层级性,即使同样是基干句式,也还有上位句式和下位句式之别,即上位句式里还可以分出下位的句式。② 基干句式都由基干动核结构通过一定的句法布局形成一定的句模生成的,扩展句式是在基干句式基础上增添某些附加信息生成的。③

现代汉语的句子绝大多数是"主题－述题"构成的"主述句"(也称"主题句")。在"主题－述题"句里,主题(Topic,也称"话题")是句子所述说的对象,是述说的着眼点、起点;述题(Comment)是句子所述说的部分,即对主题加以述说。④ "主题－述题"结构存在于句干里,所以句干句式与"主题－述题"结构关系非常密切。动词"是句子的中心、核心、重心,别的成分都跟它挂钩,被它吸住",⑤ "主述句"的句干句式由动核结构通过一定的句法布局所生成,可见动词是构成句干句式的关键,因此可以以广义动词(即"谓词")为纲来构建一种语言的句式系统。如果能把汉语里各种句式描述清楚,不仅有利于语言教学,也有利于语言间的相互翻译以及机器对自然语言的处理。⑥

本文根据"三维语法"(三个平面)的理论,选择一些现代汉语不同"价"类(配价类型)的及物动作动词构成的叙述句(事件句)的"主题－述题"句里的一些主要的、实用的基干句式,从静态角度勾画并扼要地描述它们的句型、句模和句式义,揭示这些句干句式的"使用价值"⑦,试图为构建现代汉语句式系统提供一个样板,以期起"举一反三"之效。本文对汉语及物动作动词构成的句干句式的概括比较粗略,某些句式的描述也

---

① 参看范晓《论语序对句式的影响》,《汉语学报》2013年第1期。
② 关于句式系统具有层级性的观点,参看范晓《句式研究中要重视的几个问题》,《语言研究集刊》第七辑,上海辞书出版社,2010年10月。
③ 关于"动核结构、句模",可参看范晓《动词的"价"分类》(《语法研究和探索》(五),商务印书馆,1991年)、《论动核结构》(《语言研究集刊》,上海辞书出版社,2011年)、《句型、句模和句类》(《语法研究和探索》(七),商务印书馆,1995年)以及范晓、朱晓亚《论句模研究的方法》(《徐州师范大学学报》1999年第4期)和朱晓亚《现代汉语句模研究》(北京大学出版社,2001年)。关于"句子生成",可参看范晓《动词的配价与句子的生成》(《汉语学习》1996年第1期)、《汉语句子的多角度研究》第18章《句子的生成》(商务印书馆,2009年)。"动核结构"也可称作"谓核结构"。
④ 主题与主语分属语用和句法,出现于句首的主语同时也是主题(即主语和主题重合),但主题不一定都是主语。述题的述说可分为叙述、描记、解释、评议等。参看范晓《句型、句模和句类》(《语法研究和探索》(七),商务印书馆,1995年)、《汉语句子的多角度研究》第十六章(商务印书馆,2009年)。
⑤ 吕叔湘《句型和动词学术讨论会开幕词》,《句型和动词》第1页,语文出版社,1987年。
⑥ 不同语言映射思维(或认知)的句干深层(或隐层)结构一般有共性,但其句干形式却各有特点。如果能把各种语言的句式的形式和意义描述清楚,彼此进行对比研究,这不仅是教学的需要,也将对语言间的互相翻译(包括口头翻译和机器自动翻译)有所裨益。
⑦ 句式具有"语用价值",包含句式的"使用价值"和句式的"应用价值"。"使用价值"指静态句式自身固有的某种语用表达功能意义。句式话语语境的适用性、选择性就是句式的"应用价值"(也可称为"适用价值"或"交际价值")。参看范晓《句式研究中要重视的几个问题》(《语言研究集刊》第七辑,上海辞书出版社,2010年)、《语法的句式和修辞的关系》(《当代修辞学》2011年第1期)、《句式的应用价值初探》(《汉语学习》2011年第5期)。

不尽完善,但对汉语语法教学(包括对外汉语教学)也许还是有参考价值的。①

为方便起见,本文行文中有时用符号代替某些术语:施事记作"施",系事记作"系",起事记作"起",与事记作"与",受事记作"受",止事记作"止",领事记作"领",属事记作"属",主语记作"主",宾语记作"宾",补语记作"补",状语记作"状",状语所限饰的中心语记作"心",名词记作"名"或"N",名词性短语记作"NP",谓词(包括动词、形容词)记作"W",谓词性短语记作"WP",谓词里的动词记作"动"或"V"(其中的及物动词记作"Vt",不及物动词记作"Vi"),动词性词语记作"VP",介词记作"介",主谓短语(或"小句")记作"SW"。

## 一、二价及物动作动词构成的单动核结构生成的句式

二价及物动作动词为谓语中心词构成的单动核结构(一个动核结构)通过特定句法布局形成"句型—句模"结合体生成的基干句式很多。下面略举一些:

### 1.1 "主动宾—施动受"语序构成的句式

二价及物动作动词构成的"主动宾—施动受"(前一个"动"是指动词或"动语",后一个"动"是指"动作核",下均同)语序排列的句式(一般记作"SVO")为汉语的"原型句式"。② 这种句式属于"主动宾"(动宾短语做谓语的主谓句)句型(也称"主述宾"句型)、"施动受"句模,概括的句式义是"叙述施事发出动作行为施加于某受事"。根据受事词语的差别,可下分为三式:

A. "N施主 + Vt动作核 + N受宾"句式

指由"名词施事主语 + 二价及物动作动词动作核 + 名词性词语受事宾语"构成的句式。
实例:

---

① 要全面系统地构建汉语的句式系统,必须对各种动词构成的各种句干句式做全面深入的研究并加以描述,这是一个很大的工程。本文只是勾画描述出由及物动作动词构成的单句里的叙述性主述句的主要的基干句式(描记句、解释句、评议句、非主题句、复句以及扩展句式、超常句式等暂不讨论),旨在择要做个"样板"。在参考这些句式对不同的教学对象进行句式教学时,可进一步补充、细化、修正。

② 大多数学者认为现代汉语属于 SVO 型的语言,理由是:第一,上古汉语是"SVO"语序(管燮初《殷墟甲骨刻辞的语法研究》有考证),现代汉语和古汉语一脉相承都是 SVO 语序(参看王力《汉语史稿》中册第 357 页,科学出版社,1958 年);第二,从说汉语的儿童语言的发展来看,实验表明对句子的加工策略是以 SVO 语序为其主要类型的(参看李宇明《儿童语言的发展》第 147-157 页,华中师范大学出版社,1995 年);第三,用统计学的方法检验,也证明现代汉语属于 SVO 语序类型。(参看曹聪孙《语言类型学与汉语的 SVO 和 SOV 之争》,《天津师大学报》1996 年第 2 期)还有一些其他的理由,参看汤廷池《关于汉语的语序类型》,载《汉语词法句法论集》,台湾学生书局,1988 年。

张三批评李四(了)。/你喝过茅台酒(吗)?/我看过这本书(了)。

这种句式的句式义是"叙述施事发出动作行为施加于某受事"。常用于这句式的动词主要是动作性较强的及物动词。

B. "N<sub>施主</sub>+Vt<sub>动作核</sub>+VP<sub>受宾</sub>"句式

指由"名词<sub>施事主语</sub>+二价及物动作动词<sub>动作核</sub>+谓词性词语<sub>受事宾语</sub>"构成的句式。实例:

我喜欢踢足球。/她爱热闹。/明德渴望出国留学。

这种句式的句式义是"叙述施事发出某种意欲性的动作行为涉及某动作或某事"。用于这种句式的主要是表示心理动作的及物动词(如"喜欢、爱、渴望"之类)。

C. "N<sub>施主</sub>+Vt<sub>动作核</sub>+SW<sub>受宾</sub>"句式

指由"名词<sub>施事主语</sub>+二价及物动作动词<sub>动作核</sub>+主谓短语或小句<sub>受事宾语</sub>"构成的句式。实例:

我们知道他是大学生。/我看见她在洗衣服。/她记得他说过这话。

这种句式的句式义是"叙述施事发出动作行为涉及某事件或某命题"。常用于这句式的动词主要是表示感知、言语的及物动词(如"知道、认为、觉得、说、听说、希望、期待、猜测、记得、建议、声明"之类)。

### 1.2 "主宾动—施受动"语序构成的句式

这是变更原型句式("主动宾—施动受"句式)的语序而形成的衍生句式。可下分为:

A. "N<sub>施主</sub>+N<sub>受宾(定指)</sub>+Vt<sub>动作核</sub>"句式

指由"名词<sub>施事主语</sub>+名词<sub>受事宾语(定指)</sub>+二价及物动作动词<sub>动作核</sub>"构成的句式,一般称为"宾置动前句"①,宾语在指称上是"有定"(定指)的。实例:

张三早饭吃过(了)。/我这本书看过(了)。/他这个故事听过(了)。

这种句式属于"主宾动"(宾置动前的动宾短语做谓语的主谓句)句型、"施受动"句模,句式义是"叙述施事对定指性受事发出某种动作";宾语通常表"物",表"人"受到限制②,在上下文里往往用于对比(如"我这本书看过了,那本书还没看")的表达需要。二

---

① 宾语一般在动词之后,这是普遍的看法。但在宾语能否前置的问题上,存在着不同的意见:第一种,认为宾语不能置于动词之前;第二种,认为宾语不仅可以置于动词之前,而且还可以置于主语之前(句首);第三种,认为宾语在一定条件下可以置于动词之前,但绝不能置于动词前面的主语之前(句首)。本文采用第二种意见。

② "表人宾语"置于动词之前,有时会说不通,如"张三批评了李四"可说,但"张三李四批评了"不通。

价及物动作动词大多能组成这样的句式。

B. "N施主＋N受宾(周遍性)＋Vt动作核"句式

指由"名词施事主语＋名词受事宾语(周遍性)＋二价及物动作动词动作核"构成的句式。这种句式的特点是宾语在指称上具有"周遍性"：或是"任指"(也称"遍指"，所指对象为任何事物)，或是"通指"(所指对象为整个一类事物)。这种句式属于"主宾动"(宾语前置的动宾短语做谓语的主谓句)句型、"施受动"句模，句式义是"叙述施事对周遍性(任指或通指)的受事发出或不/没发出某种动作"。这种宾语前置具有强制性，不能移到动词之后，所以一般不能变换成"主动宾－施动受"句式。根据充当周遍性宾语的情形，再可下分为三式：

(1) "N施主＋N(疑问代名词)受宾(遍指)＋都/也＋[不/没]＋Vt动作核"句式

指由"名词施事主语＋疑问代名词受事宾语(遍指)＋都/也＋不/没＋二价及物动作动词动作核"构成的句式。这种"宾置动前"句式里的遍指宾语由疑问代词(或是"疑问代词＋名词")充当，后边有副词"都/也"与之呼应。实例：

他谁都没理睬。/我哪种饮料也不喝。/他什么电影都不看。

(2) "N施主＋(一＋量＋N)受宾(遍指)＋也/都＋不/没＋Vt动作核"句式

指由"名词施事主语＋'一＋量词＋名词'受事宾语(遍指)＋都/也＋不/没＋二价及物动作动词动作核"构成的句式。这种"宾置动前"句式的遍指宾语由数量名短语(一＋量词＋名词)充当，一般用于否定句，动词前有"不/没(没有)"表示否定，副词"都"或"也"与之呼应。实例：

他一句话也没说。/我一个字都不识。/他一个人都不理睬。

(3) "N施主＋N受宾(通指)＋也＋不/没＋Vt动作核"句式

指由"名词施事主语＋名词受事宾语(通指)＋也＋[不/没]＋二价及物动作动词动作核"构成的句式。这种"宾置动前"句式里的通指宾语由表通指的名词充当，副词"也"与之呼应，常出现于某些对称格式的复句里。

她饭也不吃，觉也不睡，身体要垮的。/他大事也管，小事也管，样样事都管。

C. "N受事宾语＋N施事主语＋Vt动作核"句式

指由"名词受事宾语＋名词施事主语＋二价及物动作动词动作核"语序构成的句式。这是因为宾语主题化的需要而"宾踞句首"①。这种句式属于"宾主动"(宾踞句首的主谓句)句型、"受施动"句模。二价及物动作动词大多能组成这样的句式。根据宾语的指称

---

① 有些语法书把在句首的受事名词分析为主语，把这种句子分析为"主谓谓语句"，这是受结构主义理论的影响，如果结合语义和语用，句首的受事名词应分析为主题，受事名词置于句首乃是主题化的需要，传统语法有"宾踞句首"之说，还是有道理的。

性质,再可下分为两式:

(1)"N 受宾(有定) + N 施主 + Vt 动作核"句式

指由"名词受事宾语(定指) + 名词施事主语 + 二价及物动作动词动作核"构成的句式。这种句式的特点是句首的宾语在指称上一般是有定的。实例:

  这种酒我喝过(了)。/这本书我看过(了)。/这个问题我们研究过(了)。

这种句式的句式义是"叙述对于某种有定性的受事,施事对其发出动作";句首宾语在上下文里往往用于对比(如"这本书我看过,那本书我没看过")的表达需要。

(2)"N 受宾(周遍性) + N 施主 + Vt 动作核"句式

指由"名词受事宾语(遍指) + 名词施事主语 + 二价及物动作动词动作核"构成的句式。这种句式的特点是句首的宾语主题化,它在指称上具有周遍性(由表周遍性的名词性词语充当),副词"都/也"与之呼应。实例:

  什么话他都不说。/哪种饮料我都不喝。/什么事他都不知道。

  饭她也不吃,觉她也不睡,身体垮了。/大事他也管,小事他也管,样样事他都管。

这种句式的句式义是"叙述对于某种周遍性(遍指或通指)的受事施事对其发出或不/没发出某种动作"。

### 1.3 "N 施主 + '把 + N 受宾'(状语) + Vt 动作核(中心语)"句式

指由"名词施事主语 + '把 + 名词受事宾语'(状语) + 二价及物动作动词动作核(中心语)"语序并有介词"把"构成的句式("把"字句式的一种)。这种句式表"处置态",句中介词"把"所带的受事宾语在指称上一般是"有定"(定指)的。实例:

  张三把李四批评(了)。/他把那东西扔(了)。/你把这苹果吃(了)!

这种句式属于"主状心"("把 + 名词"做状语、动词做中心语所构成的状心短语做谓语的主谓句)句型、"施把受动"句模,句式义是"叙述施事处置定指性受事以某种动作"。

### 1.4 "N 受主 + '被 + N 施宾'(状语) + Vt 动作核(中心语)"句式

指由"名词受事主语 + '被 + 名词施事宾语'(状语) + 二价及物动作动词动作核(中心语)"语序并有介词"被"构成的句式("被"字句式的一种)。这种句式表"被动态",句中受事主语和介词"被"所带的施事宾语一般是"有定"的。实例:

  李四被张三批评(了)。/那东西被他扔(了)。/这苹果被虫蛀(了)。

这种句式属于"主状心"("被 + 名词"做状语、动词做中心语所构成的状心短语做谓语的主谓句)句型、"受被施动"句模,句式义是"叙述受事被动地受到施事施加以某种动作"。

**1.5 "NP[指/数量名]受事宾语＋Vt动作核＋NP[数量名]施事主语"句式**

指由"名词短语[指/数量名]受事主语＋二价及物动作动词动作核＋名词性短语[数量名]施事宾语"语序构成的句式,特点是:做主语和宾语的 NP 是"数量名"或"指量名"短语。实例:

这锅饭吃了 10 个人。/这匹马骑了两个人。/一件衣服穿了三代人。

这种句式属于"主动宾"(动宾短语做谓语的主谓句)句型、"受动施"句模,句式义是"叙述受事(特定数量的物)'供'(或'让')施事(一定数量的人)使用(实施某种动作)"。这种句式能变换成"NP[指/数量名]受事主语＋'供/让＋NP[数量名]施事宾语'(状语)＋Vt动作核"句式,如"这锅饭吃了 10 个人→这锅饭供 10 个人吃了"。①

## 二、二价及物动作动词和其他动词构成的多动核结构生成的句式

二价及物动作动词为谓语中心词跟另外动词构成的多动核结构(两个或两个以上的动核结构)通过特定句法布局形成"句型—句模"结合体生成的基干句式也很多,下面略举一些:

**2.1 "N施主＋Vt动作核＋W结果补语＋N受宾"句式**

指由"名词施事主语＋'二价及物动作动词动作核＋谓词结果补语'(述语)＋名词受事宾语"语序构成的句式,其中谓语动词和补语之间具有"动结"(动作—结果)关系(一般称为"动结式")。这种句式属于"主述宾"(动补短语为述语带宾语所构成的述宾短语做谓语的主谓句)句型、"施动受＋系动"句模,概括的句式义是"叙述施事发出某种动作施加于受事致使受事或施事名物产生某种结果"。这种句模由两个动核结构(如"我们打敌人＋敌人败")构成,宾语名词所表语义身份属于受事和系事"兼格"(如"我们打败了敌人"里"敌人"兼做"打"的受事和"败"的系事)。② 根据补语的语义指向不同而分析出的句式义差别,可下分为两式。

---

① 这种句子表达"NP(受事)供/让 NP(施事)V"的意思,称为"供动句"或"供让句",参看范晓《汉语句子的多角度研究》第 255－257 页,商务印书馆,2009 年。
② 关于句子里名词的"兼格"的理论,可参看范晓《论名词在语义平面的"兼格"》(《语法研究和探索》(十),商务印书馆,2002 年)、《汉语句子的多角度研究》第六章兼语句(商务印书馆,2009 年)。

A. "N施主＋Vt动作核＋W补语(指向受事)＋N受宾"句式

指由"名词施主＋'二价及物动作动词动作核＋谓词(不及物状态动词或形容词)结果补语(指向受事)'＋N受事宾语"构成的句式。实例：

  我们打败了敌人。/孩子踢破了皮球。/她撕坏了衣服。

这种句式的句式义是"叙述施事发出某种动作施加于受事致使受事名物产生某种结果"。做补语的是不及物状态动词（"败、伤、醉"之类）或形容词（"坏、破、痛"之类）。这种句式的句子可以变换成"把"字句和"被"字句，如"我们打败了敌人→我们把敌人打败了→敌人被我们打败了"。

B. "N施主＋Vt动作核＋W补语(指向施事)＋N受宾"句式

指由"名词施主＋'二价及物动作动词动作核＋谓词(不及物状态动词或形容词)结果补语(指向施事)'＋N受事宾语"构成的句式。实例：

  我们打胜了敌人。/他吃饱了饭。/我喝醉了酒。

这种句式的句式义是"叙述施事发出某种动作施加于受事引起施事自身产生某种结果"。做补语的通常是不及物状态动词（"胜、醉、伤"之类）或形容词（"坏、饱、痛"之类）。① 这种句式的句子不能变换成"把"字句和"被"字句。

2.2 "N施主＋'把＋N受宾'(状语)＋'Vt动作核＋WP结果补语'(中心语)"句式

指由"名词施事主语＋'把＋N受事宾语'(状语)＋'二价及物动作动词动作核＋谓词性词语结果补语'(中心语)"语序并有介词"把"构成的句式（"把"字句式的一种），句中动词和补语之间也具有"动结"（动作—结果）关系，句中"把"所带的受事宾语一般是"有定"的。实例：

  他把皮球踢破(了)。/汽车把护栏撞坏(了)。/战士们把敌人打败(了)。

这种句式属于"主状心"（"把＋名"做状语、"动补"短语做中心语所构成的状心短语做谓语的主谓句）句型、"施动受＋系动"（两个动核结构组成，如"他踢皮球＋皮球破"）句模，句式义是"叙述施事处置受事以动作而致使该受事产生某种结果"。做结果补语的通常是不及物状态动词（"败、伤、哑、醉"之类）或形容词（"坏、破、痛、干净"之类）。

2.3 "N受主(定指)＋'被＋N施宾'(状语)＋'Vt动作核＋WP结果补语'(中心语)"句式

指由"名词受事主语＋'被＋名词施事宾语'(状语)＋'二价及物动作动词动作核＋谓词性词语结果补语'(中心语)"语序并有介词"被"构成的句式（"被"字句式的一种），句中受事主

---

① 某些及物动词（如"会、懂"等）有时也能出现在这种句式里做补语，如"他听懂了我的话"。

语和"被"所带的施事宾语一般是"有定"的。实例:

皮球被他踢破(了)。/护栏被汽车撞坏(了)。/敌人被战士们打败(了)。

这种句式属于"主状心"("被+名"做状语、动补短语为中心语所构成的状心短语做谓语的主谓句)句型、"受施动+系动"句模(两个动核结构组成),句式义是"叙述受事被动地受到施事施加以某种动作而致使该受事产生某种结果"。做结果补语的通常是不及物状态动词("败、伤、哑、醉"之类)或形容词("坏、破、痛、干净"之类)。

2.4 "$N_{施主}$+'把+$N_{受宾}$'$_{(状语)}$+'$Vt_{动作核}$+得+$WP_{情状补语}$'$_{(中心语)}$"句式

指由"名词$_{施事主语}$+'把+$N_{受事宾语}$'$_{(状语)}$+'二价及物动作动词$_{动作核}$+得+谓词性词语$_{情状补语}$'$_{(中心语)}$"语序并有介词"把"构成的句式("把"字句式的一种),句中"得"后补语表示动作的"情状",句中"把"所带的受事宾语一般是"有定"的。实例:

她把那房间收拾得干干净净。/我们把敌人打得大败。/他把那衣服撕得稀巴烂。

这种句式属于"主状心"("把+名"做状语、'动得补'短语为中心语所构成的状心短语做谓语的主谓句)句型、"施动受+系动"(两个动核结构组成,如"他收拾房间+房间干干净净")句模,句式义是"叙述施事处置受事以动作而使得该受事产生或呈现某种情状"。做情状补语的通常是不及物状态动词("受伤、失败"之类)、状态形容词("稀巴烂、烂糟糟"之类)、形容词重叠形式("干干净净、破破烂烂"之类)以及形容词性短语("大败、很干净"之类)。

2.5 "$N_{受主(定指)}$+'被+$N_{施宾}$'$_{(状语)}$+'$Vt_{动作核}$+得+$WP_{情状补语}$'$_{(中心语)}$"句式

指由"名词$_{受事主语}$+'被+名词$_{施事宾语}$'$_{(状语)}$+'二价及物动作动词$_{动作核}$+得+谓词性词语$_{情状补语}$'$_{(中心语)}$"语序并有介词"被"构成的句式("被"字句式的一种),句中受事主语和"被"所带的施事宾语一般是"有定"的。实例:

那房间被她收拾得干干净净。/敌人被我们打得大败。/那衣服被他撕得稀巴烂。

这种句式属于"主状心"("被+名"做状语,'动得补'短语中心语所构成的状心短语做谓语的主谓句)句型、"受施动+系动"句模(两个动核结构组成),句式义是"叙述受事被动地受到施事施加以某种动作而使得该受事产生或呈现某种情状"。做情状补语的通常是不及物状态动词("受伤、失败"之类)、状态形容词("稀巴烂、烂糟糟"之类)、形容词重叠形式("干干净净、破破烂烂"之类)以及形容词性短语("大败、很干净"之类)。

## 2.6 "N施主＋'Vt动作核＋N受宾'＋'Vt动作核＋WP结果补语'"句式

指由"名词施事主语＋'二价及物动作动词动作核＋名词受事宾语'＋'二价及物动作动词动作核＋谓词性词语(结果补语)'"语序构成的句式,句中两个Vt为相同的动词,中隔宾语,重复出现,一般称为"复动句"或"重动句"。这种句式属于"主述补"(动宾短语做述语、动补短语做补语所构成的述补短语做谓语的主谓句)句型、"施动受＋系状"(由两个动核结构组成,如"他喝酒喝干了"里的"他喝酒＋酒干")句模,概括句式义是"叙述施事发出某种动作施加于受事致使受事或施事或动作产生或显现某种结果"。用于这种句式的重复动词主要是动作性较强的及物动作动词(如"吃、看、说、写、喝、砍、割、洗"之类)。做补语的谓词通常是形容词("累、胖"之类)或不及物状态动词("醉、伤"之类)。① 根据句式里结果补语的语义指向不同分析出的句式义差别,再可下分为三式。

A. "N施主＋Vt动作核＋N受宾＋Vt动作核＋WP补语指向受事"句式

指补语指向受事的句式。实例：

老汪喝酒喝干(了)。/她剪纸剪坏(了)。/他挂画挂歪(了)。

这种句式的句式义是"叙述施事发出某种动作涉及受事而引起受事产生某种结果"。这种句式可以变换称"把"字句式,如"老汪喝酒喝干(了)→老汪把酒喝干(了)"。

B. "N施主＋Vt动作核＋N受宾＋Vt动作核＋WP补语指向施事"句式

指补语指向施事的句式。实例：

老汪喝酒喝醉(了)。/他吃玉米吃胖(了)。/我挂画挂累(了)。

这种句式的句式义是"叙述施事发出某种动作涉及受事而引起施事自身产生某种结果"。

C. "N施主＋Vt动作核＋N受宾＋Vt动作核＋WP补语指向动作[的速度]"句式

指补语指向动作(速度)的句式。实例：

老汪喝酒喝快(了)。/他骑车骑慢(了)。/我挂画挂快(了)。

这种句式的句式义是"叙述施事发出某种动作涉及受事并引起动作(速度)显现某种结果"。

## 2.7 "N施主＋'Vt动作核＋N受宾'＋'Vt动作核＋得＋WP情状补语'"句式

指由"名词施事主语＋二价及物动作动词动作核＋名词受事宾语＋二价及物动作动词动

---

① 某些不及物的双音节"离合动词"也可通过拆离语素推导构成这样的句式,如"我睡觉睡晚了/小赵跳舞跳累了"之类,这是前一动语素"及物化"、后一动语素"宾语化"或"名物化"构成的句式,其后的补语表动作的结果。

作核+得+谓词性词语情状补语"语序和结构助词"得"构成的句式。它是复动句式,也是"得"字句式的一种。"得"后的补语表示动作引起的"情状"。这种句式属于"主述补"(动宾短语做述语、"动得补"短语做补语所构成的述补短语做谓语的主谓句)句型①、"施动受+系动"(由两个动核结构组成)句模,概括的句式义是"叙述施事发出某种动作涉及受事而使得受事或施事或动作(速度)显现某种情状"。用于这种句式的重复动词主要是动作性较强的及物动作动词(如"吃、喝、踢、割、骑"之类),做补语的谓词通常是"程度副词+形容词"组成的形容词性短语(如"很大、飞快"之类)"以及表示情状义的固定短语(如"酩酊大醉、龙飞凤舞、伤筋动骨、落花流水、一无是处"之类)。② 根据情状补语的语义指向不同而分析出的句式义差别,这种句式再可下分为三式。

A. "N施主+Vt动作核+N受宾+Vt动作核+得+WP补语指向受事"句式

指补语指向受事的句式,实例:

老汪喝酒喝得一点不剩。/他挂画挂得歪歪斜斜。/她剪纸剪得支离破碎。

这种句式的句式义是"叙述施事发出某种动作涉及受事而使得受事显现某种情状"。这种句式可以变换称"把"字句式,如"老汪喝酒喝得一点不剩→老汪把酒喝得一点不剩"。

B. "N施主+Vt动作核+N受宾+Vt动作核+得+WP补语指向施事"句式

指补语指向施事的句式,实例:

老汪喝酒喝得酩酊大醉。/小张踢球踢得很累很累。/他割麦割得腰酸背痛。

这种句式的句式义是"叙述施事发出某种动作涉及受事而使得施事自身显现某种情状"。

C. "N施主+Vt动作核+N受宾+Vt动作核+得 WP补语指向动作[的速度]"句式

指补语指向动作(速度)的句式。实例:

老汪喝酒喝得太猛(了)。/小张骑车骑得飞快。/他挂画挂得很慢很慢。

这种句式的句式义是"说明施事发出某种动作涉及受事使得动作(速度)显现某种情状"。

## 2.8 "N施主+'Vt动作核+V趋向补语'+N受宾"句式

指由"名词施事主语+'二价及物动作动词动作核+趋向动词趋向补语'(述语)+名词受事

---

① 这种句式的句型分析有不同看法,有的认为是"连动句",有的认为是"主状心"句,有的认为是"主谓谓语句",笔者认为应分析为"主述补"句型。参看范晓《复动V得句》(《语言教学与研究》1993年第4期)、《汉语句子的多角度研究》第六章(商务印书馆,2009年)。

② 某些不及物的双音节"离合动词"也可通过拆离语素推导构成这样的句式,如"我吃亏吃得很多/她洗澡洗得很累"之类,这是前一动语素"及物化"、后一动语素"宾语化"或"名物化"构成的句式,"得"后的补语表情状。

宾语"语序构成的句式，句中动词和补语之间具有"动趋"（动作—趋向）关系，一般称之为"动趋式"。实例：

  他领进来了一个人。/肖章娶回来一个好媳妇。/他搬出来一张桌子。

 这种句式属于"主述宾"（动补短语为述语带宾语所构成的述补短语做谓语的主谓句）句型、"施动受+施动"（两个动核结构组成，如"他领人+人进来"）句模，句式义是"叙述施事施加动作于受事致使受事名物产生某种趋向"。这种句式通常能变换成"把"字句式，如："他领进来了一个人。→他把一个人领了进来"。

### 2.9 "N施主+Vt动作核+N受宾+WP原因补语"句式

 指由"名词施事主语+及物动作动词动作核+名词受事宾语+谓词性词语原因补语"语序构成的句式。这种句式属于"主动宾补"（动宾短语做述语再带补语的主谓句）句型、"施动受+系状"或"施动受+施动"（由两个动核结构组成）句模（Vt后的名词"兼格"：既表Vt的受事，又表后面WP中V的系事或施事），概括的句式义是"叙述施事发出某种心理的或褒贬的动作行为涉及受事，原因是受事名物具有某种属性、品行或实现某种事件"。根据谓语动词的性质不同而分析出的句式义差异，可下分为两式。

 A. "N施主+Vt(心理类)动作核+N受宾+WP原因补语"句式

 指由"名词施事主语+及物动作动词(心理类)动作核+名词受事宾语+谓词性词语原因补语"语序构成的句式。实例：

  我喜欢他聪明。/她嫌人家穷。/我们讨厌他乱说话。

 这种句式的句式义是"叙述施事发出某种心理动作行为涉及受事，原因是受事名物具有某种属性或品行（即"因受事名物的某种属性或品行而使施事发出某种心理动作及于该受事名物"）。常用于这种句式的心理动词有"喜欢、爱、羡慕、钦佩、佩服、气、痛恨、害怕、讨厌、嫌、厌恶、原谅、怜悯"之类。充当原因补语的是形容词性词语或动词性词语。

 B. "N施主+Vt(褒贬类)动作核+N受宾+WP原因补语"句式

 指由"名词施事主语+及物动作动词(褒贬类)动作核+名词受事宾语+谓词性词语原因补语"语序构成的句式。实例：

  病人赞扬医生医术精湛。/我们祝贺他得了冠军。/大家责怪他玩忽职守。

 这种句式的句式义是"叙述施事发出某种褒贬性的动作行为施加于某受事，原因是受事名物具有某种品行或实现了某种事件（即"因受事名物具有某种品行或实现了某种事件而使施事发出褒贬性的动作行为及于该受事名物"）。常用于这种句式的主要是表示褒贬义的动词，如"表扬、称赞、夸、恭喜、感谢、祝、祝贺、埋怨、谴责、责怪、责备、斥责、控告"之类。这种句式里充当原因宾语的主要是动词性词语(但也有形容词性词语)。

### 2.10 "N施主＋VP1＋VP2＋……"句式

指由"名词施事主语"后面连续带上两个或两个以上的动词性词语构成的句式。这种句子一般称为"连动句"。由于"名词施事主语"后 VP 的数量以及性质不同,所以句模也有差异,也就会影响句式义的差异。"连动"句式比较复杂,这里不再细分,仅举"N施主＋VP1(Vt动作核＋N受宾)＋VP2(Vt动作核＋N受宾)＋VP3(Vt动作核＋N受宾)"语序构成的句式。实例:

老人拄着拐杖提着篮子拾垃圾。/他披上衣服抓住电话机打电话。

这种句式是"名词施事主语"后出现 3 个 VP 的连动句式,它属于"主'动宾''动宾''动宾'"(连动短语做谓语的主谓句)句型、"施动受＋施动受＋施动受"(由三个动核结构组成,如"老人拄拐杖＋老人提篮子＋老人拾垃圾")句模,句式义是"叙述施事按时间顺序连续发出互相联系的不同的动作分别施加于不同的受事"。

## 三、三价及物动作动词构成的单动核结构生成的句式

三价及物动作动词为谓语中心词构成的单动核结构(一个动核结构)通过特定句法布局形成"句型—句模"结合体生成的基干句式也不少,下面略举一些:

### 3.1 "N施主＋Vt动作核(交接类)＋N与宾＋N受宾"句式

指由"名词施事主语＋三价及物动作动词动作核(交接类)＋名词与事宾语＋名词受事宾语"语序构成的句式。概括的句式义是"叙述一个交接行为或事件:或是施事把受事交给邻体(与事);或是施事从邻体(与事)那里接得受事"。这种句式里决定 N受宾 转移方向(外向或内向)的,是动词的语义特征。[①] 根据动词的语义性质可下分为表示"交类"(外向)句式和"接类"(内向)句式。

A."N施主＋Vt(交类)动作核＋N与宾＋N受宾"句式

指由"名词施事主语＋三价及物动作动词(交类)动作核＋名词与事宾语＋名词受事宾语"语序构成的原型句式。实例:

他送给我一份礼物。/太太给了他四天的工钱。/我寄给她一个包裹。

---

① 参看范晓《交接动词及其构成的句式》,《语言教学和研究》1986 年第 3 期;《汉语句子的多角度研究》第四章交接句,商务印书馆,2009 年 12 月。

这种句式属于"主动宾宾"（动词带双宾语构成的主谓句）句型、"施动与受"句模，句式义是"叙述施事交给（给予）与事以受事"。及物的、外向的"交"类（即"给予"类）三价动词（如"给、交、送、赠、赠送、献、赐、赏、赏赐、呈给、献给、教给"之类）通常用于这种句式。① 这种句式可根据其出现介词的情形和语序变化生成为以下衍生句式：

（1）"N施主＋'把＋N受宾＋'（状语）＋'Vt（交类）动作核＋N与宾'（中心语）"句式

这是"把"字句式的一种。实例：

我把那礼物送给了老王。/太太已经把工钱发给他（了）。/我把包裹寄给她（了）。

这种句式（"把"字句式之一种）属于"主状心"（"把＋名"做状语、'动宾'为中心语所构成的状心短语做谓语的主谓句）句型、"施把受动与"句模，句式义是"叙述施事发出动作处置受事交给（给予）与事"。

（2）"N受宾＋N施主＋Vt（交类）动作核＋N与宾"句式

这是受事宾语主题化的句式。实例：

这本书我送给你。/那辆车我已卖给人家（了）。/那包裹我已寄给老王（了）。

这种句式属于"宾主动宾"（双宾语中受事宾语置于句首的动词带双宾语构成的主谓句）句型、"受施动与"句模，句式义是"叙述某个定指的受事由施事交给（给予）与事"。

B. "N施主＋Vt（接类）动作核＋N与宾＋N受宾"句式

指由"名词施事主语＋三价及物动作动词（接类）动作核＋名词与事宾语＋名词受事宾语"语序构成的原型句式。实例：

我收受他一份礼物。/小偷偷了老张一只鸡。/我收到他一封快信。

这种句式属于"主动宾宾"（动词带双宾语构成的主谓句）句型、"施动与受"句模，句式义是"叙述施事接得（获取）与事所领有的受事"。及物的、内向的"接"类（即"受取"类）三价动词（如"收、受、接、接收、接受、接得、受取、讨还、抢、骗、缴获、偷、窃取、骗取"之类）常用于这种句式。② 这种句式可以变化生成为以下衍生句式：

（1）"N施主＋'介（向/从）＋N与宾'（状语）＋'Vt（接类）动作核＋N受宾'（中心语）"句式

这是介词"从/向＋名"做状语的一种句式。实例：

小贩从顾客那里骗得很多钱。/他向我索要礼物。/我军从敌人那里缴获了大炮。

---

① "交"类动词是一种"外向动词"，表现为"外向"的"交"（给予）过程，即受事由施事向外转移到与事（受事由施事转移至与事），构成"外向"性的动词带双宾语的句式。

② "接"类动词是一种"内向动词"，表现为"内向"的"接"（受取）过程，即受事由与事向内转移到施事（受事由与事转移至施事），构成"内向"性的动词带双宾语的句式。

这种句式属于"主状心"("从/向+名"做状语、'动宾'为中心语所构成的状心短语做谓语的主谓句)句型、"施与动受"句模,句式义是"叙述施事从与事处接得(获取)与事所领有的受事"。

(2)"N施主+Vt(接类)动作核+NP(N领+的+N属)受宾"句式

这是原来的双宾语转化为"领属性"名词短语(原来的双宾语转化为"领属性"名词短语,如"我接受了他一份礼物"变换成"我接受了他的一份礼物",这"他的一份礼物"是个定心短语,内部具有领属关系)做宾语的句式。实例:

　　　海关罚没了他的走私物。/他收到了我的礼物。/小偷偷了老张的一只鸡。

这种句式属于"主动宾"(动宾短语做谓语的主谓句)句型(单宾句型)、"施动受"句模,句式义是"叙述施事接得(获取)受事(某领事的所属者)"。

C. "交接"兼向动词的歧义句式

值得注意的是:还有一类"借"类动词(如"借、租、赁、捐"之类),可称作"兼向动词",这类动词组成的孤立句①的句式是有歧义的,它表现为既可以有"交"类动词的特点,表达"外向"的"交"(给予)过程;也可以有"接"类动词的特点,表达"内向"的"接"(受取)过程。实例:

　　　他借我200元钱。/小文租我一间房子。/他们捐我们多少钱。

离开了语境孤立地分析上面的实例,既可以分析为表示"交类"(外向)的句式,也可以分析为表示"接类"(内向)的句式。即"借"类动词为"交"类外向用法时,可在动词后带上"给",可以构成"交"类动词的双宾句式;为"接"类内向用法时,可在动词后带上"到"、"得"等,可以构成"接"类动词的双宾句式。"借"动词构成的双宾句式的歧义或多义在动态的语境句里是可以消除的。

3.2 "N施主+'介(跟/与/同)+N与宾'+Vt(互向类)动作核+N受宾"句式

指由"名词施事主语+'介词(跟/与/同)+名词与事宾语'+三价及物互向动作动词动作核+名词受事宾语"语序并出现介词("与、跟、同"之类)后面带与事的句式(可以称为"'互向'双宾动词句")。实例:

　　　我跟他商量出书的事情。/周昌与汉高祖争论一件事。/他同郭沫若商榷诗词艺术。

这种句式"主状心"句型("介词+名词"做状语、动宾短语为中心语所构成的状心短语做谓语的主谓句)、"施与动受"句模,句式义是"叙述施事跟与事共同发出互向性的动

---

① 关于孤立句和语境句,可参看范晓《语境句和孤立句》,载《语言文字学研究》,中国社会科学出版社,2005年。

作涉及受事"。这种句式里的谓语动词是及物的"互向"(相互)类三价动词(如"商量、商讨、商议、商榷、讨论、争论、协商、协调"之类)。如果谓语动词前的两个名词由复数人称代词替代或构成复指短语,则可以变换成这样的句式:"NP(复数人称代词或名词短语)施主＋Vt(互向类)动作核＋NP受宾"句式。① 例如:

我跟他商量出书的事情。→我们商量出书的事情。→我们两人商量出书的事情。

他同郭沫若商榷诗词艺术。→他们商榷诗词艺术。→他们俩商榷诗词艺术。

"NP(复数人称代词或名词短语)施主＋Vt(互向类)动作核＋NP受宾"这种句式属于"主动宾"句型、"施动受"句模,句式义是"叙述施事("两个或两个以上的人")发出互向性的动作涉及某受事"。

### 3.3 "N施主＋Vt动作核＋N受宾＋VP补语"句式

指由"名词施事主语＋三价及物动作动词动作核＋名词受事宾语＋动词性词语补语"语序构成的句式。根据三价动词的类别和句中补语②的意义差别,再可下分为三式:

A. "N施主＋Vt动作核(使为类)＋N受宾＋VP目的补语"句式

指由"名词施事主语＋三价及物动作动词动作核(使为类)＋名词受事宾语＋动词性词语目的补语"语序构成的句式。这种句式里动作支配受事使之"有所干"("干某事"),补语由谓词性词语充当,表示谓语动词所表示的动作的"目的"。这种句式属于"主述补"(动宾短语为述语带补语所构成的述补短语做谓语的主谓句)句型、"施动受[施]动[受]"句模(宾语表示的语义身份既是前边谓语动词的受事,又是后边动词的施事),概括的句式义是"叙述施事发出某种动作施加于受事,使其干某事(即动作支配受事并让其实施或从事某事)。根据动词的性质,这种句式可以下分为五式。

(1)"N施主＋Vt动作核(使令类)＋N受宾＋VP目的补语"句式

这是一种"使令性"动作动词做谓语动词的句式。实例:

团长命令大家停止前进。/总部派遣小张去海外工作。/头儿驱使他干坏事。

这种句式的句式义是"叙述施事发出使令性的动作而致使受事干某事(实施或从事某事)"。常用于这种句式的"使令动词"有"致使、指使、迫使、驱使、命令、勒令、警告、派、派遣、打发、劝、催、催促、逼、逼迫、强迫"之类。

---

① 在这种句式里,施事由复数人称代名词(如"我们、他们、你们"等)或由数字2以上的"数[量]名"短语(如"两人、几个人"等)或复指短语(如"他们两人")充当,互向动词前通常还加有表状语的词语"一起、共同、互相"等。

② 这种句式里的动词是三价动词,补语是谓语动词所联系的不可缺少的动元(强制性语义成分)。参看徐峰《汉语配价分析与实践》,第174页,学林出版社,2004年。

(2)"N施主＋Vt动作核(指引类)＋N受宾＋VP目的补语"句式

这是一种"指引性"动作动词做谓语动词的句式。实例：

老师指引着我们进入知识殿堂。/他鼓舞着我们向科学进军。/母亲鼓励我用功读书。

这种句式的句式义是"叙述施事发出指引性的动作而致使受事干某事(实施或从事某事)"。常用于这种句式的"指引动词"主要有"指引、引导、启发、鼓舞、鼓励、动员、鼓动、吸引、培养、教导、指导"之类。

(3)"N施主＋Vt动作核(表态类)＋N受宾＋VP目的补语"句式

这是一种"表态性"动作动词做谓语动词的句式。实例：

老王支持儿子到贫困地区工作。/我们拥护他担任领导。/大家反对企业雇佣童工。

这种句式的句式义是"叙述施事发出表态性的动作行为支持或反对受事干某事(实施或从事某事)"。常用于这种句式的"表态动词"主要有"支持、反对、拥护、赞成、抗议"之类。

(4)"N施主＋Vt动作核(期求类)＋N受宾＋VP目的补语"句式

这是一种"期求性"动作动词做谓语动词的句式，实例：

父母要求孩子用功读书。/她请求学校让她到边疆工作。/我拜托你为我办件事。

这种句式的句式义是"叙述施事发出'期求'性动作而致使受事干某事(实施或从事某事)"，常用于这种句式的"期求动词"主要有"期望、邀请、求、要求、请求、恳求、委托、拜托、叮嘱、吩咐、提醒、动员"之类。

(5)"N施主＋Vt动作核(陪同类)＋N受宾＋VP目的补语"句式

这是一种"陪同性"动作动词做谓语动词的句式，实例：

我陪你看试验田去。/雷锋扶着老人上了车。/他率领队伍继续前进。

这种句式的句式义是"叙述施事发出陪同性的动作进而施事和受事共同干某事(实施或从事某事)"。用于这种句式的"陪同动词"主要有"陪、陪同、陪送、护送、扶、搀、搀扶、带领、率领、帮助、协助"之类。这种句式里的谓语动词和补语里的动词往往是共一施事，如"我陪你看试验田去"里"我"是动词"陪"的施事，又是动词"看"的施事，所以在谓语动词前往往出现"一同""一起""一块儿"等词语，如"我陪你一起看试验田去"。①

---

① "陪同动词"在一定的语境里也可以构成类似于表示"指引"目的的句式，如"我扶你躺一躺"之类，即施事发出动作帮助受事实施或从事某事。

B. "N施主 + Vt动作核(推选类) + N受宾 + VP(V担当类 + N止宾)职务补语"句式

指由"名词施事主语 + 及物动作动词动作核(推选类) + 名词受事宾语 + 动词性短语(V担当类 + N止宾)职务补语"语序构成的句式。这种句式里动作支配受事使之"有所担当"("担当某职"),谓语动词后的补语 VP 通常是由"担当"类动词("当、做、作、任、担任"等)加上名词构成的动宾短语充当的,表示担当某种职务或职称。实例:

大家选我当代表。/代表会议选举他做主席。/组织上提拔他担任局长。

这种句式属于"主述补"(动宾短语为述语带补语所构成的述补短语做谓语的主谓句)句型、"施动受—[施]动受"句模(宾语名词既表前面动词的受事,又表后面动词的施事),句式义是"叙述施事发出某种动作使受事担当某职"。用于这种句式的是"推选类"动词,如"选、选举、推举、提拔、挑选、选拔、选聘、评选、荐、推荐、推举"之类。这种句式一般可以变换成"N施主 + '把'受宾 + Vt动作核(担当类) + VP(V + N受宾)职务补语"这样的"把"字句式。如"大家选我当代表→大家把我选作代表"。

C. "N施主 + Vt动作核(称认类) + N受宾 + VP(关系动词 + N止宾)称谓补语"句式

指由"名词施事主语 + 及物动作动词动作核(称认类) + 名词受事宾语 + 动词性短语(V关系动词 + N止宾)称谓补语"语序构成的句式。这种句式里动作支配受事使之"有所称谓"(即"受事'是/为'某称谓"),补语 VP 通常是由"关系"类动词("是、为"等)加上名词构成的动宾短语充当,表示动作的"称谓或称呼"。实例:

人们称他为"及时雨"。/大家都说他是傻子。/老王认小李为干儿子。

这种句式属于"主述补"(动宾短语为述语带补语所构成的述补短语做谓语的主谓句)句型、"施动受—[起]动止"句模(宾语名词既表前面动词的起事,又表后面动词的止事),句式义是"叙述施事称认受事为某种称谓(名称)"。用于这种句式的谓语动词是"称认类"(称呼、认定)动词,如"称、称呼、简称、俗称、叫、说、骂、认、追认、封、授予"之类。这种句式一般可以变换成"N施主 + 把 + N受宾 + Vt动作核(称认类) + (V是类 + N止宾)称谓补语"这样的"把"字句式。如"人们称他为'及时雨'→大家把他称为'及时雨'"。这种句式有时可省略或隐含补语中的关系动词"是、为"等,构成"N施主 + Vt动作核(称认类) + N受宾 + VP(V是类 + N止宾)称谓补语"句式,如:"人们称他为'及时雨'→人们称他'及时雨'"。①

---

① 省略补语中关系动词"为/是"的句式(如"人们称他'及时雨'"之类),表面上变成为"双宾句式",从语义角度分析,实际上两个宾语之间隐含着一个关系动核。

## 四、三价动作动词构成的多动核结构生成的句式

三价及物动作动词跟二价动词构成的多动核结构（两个或两个以上的多个动核结构）通过特定句法布局形成"句型—句模"结合体生成的基干句式。此种句式也有一些，略举两种句式进行描述。

### 4.1 "N 施主＋Vt 动作核(交类)＋N 与宾＋N 受宾＋Vt(二价动作动词)补语"句式

指由"名词施事主语 + 三价及物动作动词动作核(交类) + 名词与事宾语 + 二价及物动作动词补语"语序构成的句式。实例：

他给他们茴香豆吃。/姥姥给我粥吃。/我送你个东西看看。

这种句式属于"主述补"（带双宾语的动宾短语为述语和它的补语所构成的述补短语做谓语的主谓句）句型、"施动与受 + [施]动[受]"句模（由两个动核结构组成，如"他给他们茴香豆 + [他们]吃[茴香豆]"，其中二价动核联系的施事和受事隐含），句式义是"叙述施事发出动作给予与事以受事并让与事发出某种支配该受事的动作"。

### 4.2 "$N_1$ 施主＋$Vt_1$ 动作核＋$N_2$ 受宾＋$Vt_2$ 动作核(交类)＋$N_3$ 与宾＋$Vt_3$ 补语"句式

指由"名词施事主语 + 二价及物动作动词动作核 + 名词受事 + 三价及物动作动词(交类)动作核 + 名词与事宾语 + 二价及物动作动词补语"语序构成的句式。实例：

我唱个歌儿给你听。/他买了个玩具送给孩子玩。/他倒了杯茶给我喝。

这种句式属于"主述补"（这是个述补短语做谓语的主谓句，层次较多：第一层次为主谓结构，"$N_1$"为主语，"$Vt_1 + N_2 + Vt_2 + N_3 + Vt_3$"为谓语；第二层次为述补结构，"$Vt_1 + N$"为述语，"$Vt_2 + N + Vt_3$"为补语；第三层次的"$Vt_2 + N + Vt_3$"为述补结构，"$Vt_2 + N$"为述语，"$Vt_3$"为补语；第四层次"$Vt_2 + N$"为动宾结构）句型、"施动受 + [施]动与[受] + [施]动[受]"（由三个动核结构组成，如"我唱歌 + [我]给您[歌儿] + 你听[歌儿]"）句模，句式义是"叙述施事发出动作支配受事，并把受事给予与事让其实施某种动作或事件"；受事宾语后通常有"给、让"等词，在一定的语境里可省略这类词（如"我唱个歌儿他听/你倒杯茶他喝"）。

### 参考文献

曹聪孙（1996）语言类型学与汉语的 SVO 和 SOV 之争，《天津师范大学学报》（社会科学版）第 2 期。
范　晓（1991）《动词的"价"分类》，《语法研究和探索》（五），语文出版社。

──(1995)句型、句模和句类,《语法研究和探索》(七),商务印书馆。
──(1996)动词的配价与句子的生成,《汉语学习》第1期。
──(1999)略说句系学,《汉语学习》第6期。
──(2002)论名词在语义平面的"兼格",《语法研究和探索》(十),商务印书馆。
──(2009)《汉语句子的多角度研究》,商务印书馆。
──(2010)试论句式意义,《汉语学报》第3期。
──(2010)关于句式问题,《语文研究》第4期。
──(2010)关于句式义的成因,《汉语学习》第4期。
──(2010)句式研究中要重视的几个问题,《语言研究集刊》(第七辑),上海辞书出版社。
──(2011)语法的句式和修辞的关系,《当代修辞学》第1期。
──(2011)论动核结构,《语言研究集刊》(第八辑),上海辞书出版社。
──(2011)句式的应用价值初探,《汉语学习》第5期。
──(2012)论句式义的分析策略,《汉语学报》第1期。
──(2012)略论句干及其句式,《山西大学学报》(哲学社会科学版)第3期。
──(2013)论语序对句式的影响,《汉语学报》第1期。
范 晓、张豫峰等(2003)《语法理论纲要》,上海译文出版社。
李宇明(1995)《儿童语言的发展》,华中师范大学出版社。
吕叔湘(1987)句型和动词学术讨论会开幕词,载《句型和动词》,语文出版社。
汤廷池(1988)关于汉语的语序类型,载《汉语词法句法论集》,台湾学生书局。
王 力(1958)《汉语史稿》(中册),科学出版社。
徐 峰(2004)《汉语配价分析与实践》,学林出版社。
朱晓亚(2001)《现代汉语句模研究》,北京大学出版社。

(200433 上海,复旦大学中文系)

# 词语[±积极]语义特征的句法投射及其认知解释

吴为善　高亚亨

**摘　要**:本文讨论的词语的[±积极]是一种跨实词类的语义特征,传统词汇学称为"褒贬义",属于附加意义层面,指通过概念意义表现出来的说话人的感情或态度,名词、动词、形容词等都可能具有此类特征。词语[±积极]的语义特征不仅是词汇层面的表征,而且投射到了句法层面,是句法、语义的"接口",并直接影响语用义的表达。本文借鉴认知语法理论,选择若干典型案例,探讨[±积极]的语义特征在词类转化、结构解读、构式变异三个层面的投射表现,并从认知功能的角度对此进行了合理的解释。

**关键词**:认知语法;语义特征;句法投射;心理预期

## 引　言

20世纪90年代以来,汉语研究开始采用语义特征分析方法来解释句法问题(参见陆俭明,1991)。"语义特征"这个概念是从语义学中引进的,原指某个词语在意义上所具有的特点,用以对语义类进行细分并凸显语义类之间的差异。句法学中的"语义特征"是基于句法分析,从具体的语义特征中概括出来的,目的在于对功能范畴类进行次范畴的分类,以解释句法问题。比如名词的[±述人]特征能有效解释某些句式变换的理据,而[±事件]特征能体现该次类与何种量词搭配;又如动词的[±自主]特征能有效区分某些句式的下位变体,而[±持续]特征与句子的体范畴有着某种关联;再如形容词的[±量度]特征决定该次类能否与数量短语搭配,而[±动态]特征决定该次类能否后附体标记和趋向词;等等。可见句法研究采用语义特征分析法,注重的是语义特征在结构层面的投射后果。

笔者认为,"语义特征"是有层次性的。通常分析的"语义特征"是依附于某个功能类词语的,如上文提到的名词、动词、形容词的某些语义特征。值得关注的还有另一类"语义特征",它是从一般词类的语义特征中概括出来的,是超越功能范畴类的。这一层次的"语义特征"很值得关注和探索,它们不仅是词汇层面的表征,而且投射到了句法层面,是句法、语义的"接口",并直接影响语用义的表达。本文探讨的[±积极]就属于这种跨实词类的"语义特征"(其中符号"＋"或"－"分别表示是否具有此类特征),在传统词汇学中称为"褒贬义",属于词汇附加意义层面的感情色彩,名词、动词、形容词等都可能具有此类特征。此类语义特征在 Leech 的 *Semantics* 中被称为"感情意义"(affective meaning),指通过概念意义表现出来的说话人的感情或态度(参见伍谦光,1988：141)。本文借鉴认知语法理论,选择若干典型案例,尝试探讨[±积极]的语义特征在词类转化、结构解读、构式变异三个层面的投射表现,并从认知功能的角度对此进行合理的解释。

## 一、词类转化："形容词使动"的功能漂移

1.1 在传统词类研究中,词的"兼类"是一个常见的现象。所谓兼类是指某些词处于两类或两类以上词类范畴的交集区域,处于非典型的边缘化状态。近些年来,随着认知语言学的兴起,学界借鉴认知范畴观,对兼类现象重新审视并进行了解释。张伯江(1994)在讨论汉语词类活用的功能解释时,提出了词类"功能漂移"(functional shifting)这一概念。他认为典型的词类有其基本的意义和形式表现,如名词拥有空间性,前加名量词;动词拥有时间性,后加时体成分。凡是偏离基本用法的,都可以看作功能漂移,并给出了"临时活用 → 常见活用 → 兼类 → 同形词"的演化轨迹。

本文集中考察的是双音复合形容词向动词漂移的现象,即动态形容词转指及物动词的使动用法。以《现代汉语词典》(第 6 版)的统计为准,凡词典中的义项排列先标注为形容词,另有标注为动词,并采用"使××"释义方式的,都作为考察对象。例如：

【繁荣】①[形](经济或事业)蓬勃发展;昌盛　②[动]使繁荣

【端正】②[形]正派;正确　③[动]使端正

需要说明的是,词典作为实用的工具书,词类及其转类的标注未必绝对准确,但反映某种倾向是没有问题的。统计结果表明,能转指动词(使动用法)的双音形容词有 82 个(不包括方言词、古语词、口语词等)。常见实例如下：

便利　纯洁　端正　繁荣　丰富　方便　巩固　缓和　纯洁
活跃　激动　感动　健全　滋润　密切　明确　平整　规整
强壮　完善　温暖　协调　严肃　严格　振奋　振作　壮大
严明　充实　开阔　平定　稳定　确定　安定　坚定　鼓舞

上述实例都是典型的动态形容词,动态性蕴含了时间因素,是这些形容词能转指动词的

语义基础。它们转指动词后能直接带宾语,属于使动用法。

1.2 对于此类形容词转指动词的现象,可以从认知动因来加以解释。Talmy(2000)提出了"事件框架"(event frame)这一概念,列出了五类常见的事件认知框,即路径(path)、因果链(causal chain)、循环(cycle)、参与者互动(participant interaction)及相互关系(interrelationship)。他还指出:构成事件框架的是概念上可以相互激活的一组成分和关系,这种可激活的关系取决于"关联性原则"(principle of relevance)。本文阐述的形容词转指动词(使动用法)的现象,其认知机制与一种基于常理的"以果推因"的语用推理方式有关,即在一个"事件框架"的"因果链"中,从"已然状态"(结果)转喻"导致该状态产生的过程"(原因)。沈家煊(2005)将这种语用推理称为"回溯推理"(abduction),并以能性述补结构"V不C"的形式来加以诠释。比如"学(而)不成"在近代汉语中表已然结果,"学"是行为,"不成"是行为的结果,这是两个具有因果关系的相关概念;在现代汉语中整合为能性述补结构"学不成",表"不可能",是用事实上"结果没有实现"来转喻"结果不可能实现"。

事实表明"以果推因"的认知优势在自然语言的语义建构中具有普遍性,因为从已然确定的"结果"出发推导其原因,具有心理现实性。本文讨论的动态形容词转指为及物动词,也是一个典型案例。比如"气氛很活跃"中"活跃"是一种结果状态,从这种结果来反推"使活跃"的过程(原因),就有了"活跃了气氛"的表述;又如"态度很端正"中"端正"是一种结果状态,从这种结果来反推"使端正"的过程(原因),就有了"端正了态度"的表述;而"活跃""端正"带上了宾语,凸显了及物性,也就在形式上成了及物动词。动态形容词能否转指为及物动词,取决于"状态(结果)"和"过程(原因)"之间是否具有一种"显著性"(prominence)的关联,这是转喻的认知基础(参见吴为善,2012)。

1.3 笔者感兴趣的是双音形容词能否转指动词,对[±积极]的语义特征很敏感。在我们统计的双音形容词使动用法的实例中,除了极少数中性义的词语(如"分散、卷曲、粉碎、模糊")之外,表积极义的有65个,占总数的81%(见上文所举常见实例)。表消极义的只有10个,如"涣散、困惑、麻痹、迷惑、勉强、疏远、冤枉、滞缓、冷淡、孤立",占总数的14%。这还只是词典标注条目的静态统计结果,如果引进动态的使用频率的参数,两者的比例将更加悬殊。这充分表明表积极义的动态形容词更容易产生使动用法。

其实进一步考察可以发现,这种倾向还表现在一些更深层次的句法功能上。一方面,上述表消极义的形容词转指动词,虽然词典释义也是"使××",实际上及物性很弱。其中"涣散、困惑、滞缓"等在实际使用中极少带宾语,相当于一个不及物动词。"疏远、冷淡"虽然在形式上能带宾语,但使动性不强。如"疏远了朋友"是"对朋友疏远",而不是"使朋友疏远";"冷淡了客人"是"对客人冷淡",而不是"使客人冷淡"。可见这些宾语的受动性很弱,也证明这些转指动词的及物性很弱,这与表积极义形容词的使动用法有很大差别。另一方面,上文所举表积极义的形容词有使动用法,而从反义类聚关系分析,相对的表消极义的词语根本就没有使动用法。如"市场很繁荣"可以说"繁荣了市场";而"市场很萧条"却不会说"萧条了市场"。又如"业余生活很丰富"可以说"丰富了业余生活";而"业余生活很枯燥"却不会说"枯燥了业余生活"。上述两方面现象说明表积极义的形容词及物性极强,而表消极义的形容词不具有及物性或及物性很弱。

其实形容词的使动用法在古代汉语中就很普遍,被归入"词类活用",意思是说它们还只是活用,并没有跨功能类实现"非范畴化"(参见刘正光,2006:61)。笔者发现在一些古汉语论著中列举的此类用例同样表现出这个倾向,表积极义的形容词占优势,而且往往对举。例如:

(1)高其闬闳,厚其墙垣。(《左传·襄公三十一年》)
(2)是以圣人苟可以强国,不法其故;苟可以利民,不循其礼。(同上)
(3)圣人清其天君,正其天官,……以全其天功。(《荀子·天论》)

表消极义的形容词用例不是没有,但是往往表达的语用含义却是积极的。例如:

(4)强本而节用,则天不能贫(之)。(《荀子·天论》)
(5)天之将降大任于斯人也,必先苦其心志,劳其筋骨,……。(《孟子》)
(6)诸侯恐惧,会盟而谋弱秦。(贾谊《过秦论》)

例(4)的"贫"表示消极义,但命题却被否定了;例(5)"苦""劳"表示消极义,但目的却在于经受磨练而造就圣人;例(6)"弱"表示消极义,但削弱秦国却代表了当时诸侯的积极愿望。

1.4 综上所述,此类现象可以归结为人们的规约性心理"期望值":美好的结果状态是人们所期待的,为此而采取的行为是人们愿意付诸实施的,因此表积极义的形容词更容易产生使动用法,向及物动词漂移;而相反的结果状态显然是人们所不期待的,人们不愿意为此付诸行动,因此表消极义的形容词不容易产生使动用法。这种认知动因转化为语用驱动,投射到句法层面,形成了本文所述的不对称现象,可见词义蕴含的[±积极]的语义特征不仅属于词汇层面,在句法功能上也有所反映。

## 二、结构解读:"有＋NP"的语义倾向

2.1 现代汉语中"有＋N"结构的使用频率很高,笔者曾对此进行了较为详尽的考察,发现在所收集的500多个比较固定的"有＋N"实例中,N表示积极义或者整个结构表积极义的占总数的70%,语义倾向比较显著(参见吴为善,2012)。其实对于此类

现象,学界早有关注,如邹韶华(1988)、贺阳(1994)、李宇明(1994)、沈家煊(1996)、石毓智(2001)等学者都指出了这种倾向,并进行了一定的解释,本文不再赘述。

究其原委,上述语义倾向显然与"有"的原型义有关。《说文解字·有部》对"有"的解释是:"不宜有也。春秋传曰:'日有食之。'从月,又声。"章炳麟批判了许慎的训解,认为他的解释"说《春秋》虽可尔,说字则不可通"。事实上,古典文献中对此也早有存疑,并对"有"的诠释加以纠正。如《广雅·释诂》解释:"有,取也。"清王筠《说文释例》说:"'有'字从又从肉会意。"近代研究古文字的学者依据毛公鼎、令鼎诸古字形,断定"有"字系从又持肉之象(参见陆宗达,1981:221)。也就是说,根据古汉字字形分析,"有"是个会意字,表示"手"提着"肉",表示"拥有"。值得思考的是为什么用"手提着肉"来转喻"拥有"呢?很显然,在上古时期,由于生产力低下,生活质量也不高,能吃到肉是一件不易之事。《孟子·梁惠王上》曾描绘了以王道治国的美好情景:

> 五亩之宅,树之以桑,五十者可以衣帛矣。鸡豚狗彘之畜,无失其时,七十者可以食肉矣。百亩之田,勿夺其时,八口之家可以无饥矣。

可见,当时只有辈分高的老人才能"衣帛食肉","肉"是当时人们公认的"值得拥有的好东西"。因此,"有"的原型义应该是"拥有(美好的物品)"。

直到现代汉语,"有"字的语义倾向还延续了这种原型义的特征,通常表示"好""多"的积极义。赣方言中至今仍有这样的说法,如"听说那家人家好有诶","有"指的是家境富裕,表达的是富足之意(参见章丽燕,2011)。刘丹青(2010)也指出,汉语"有"本性里潜存表多、表好的倾向,自古而然,从而形成特有的语义倾向和信息结构,与英语 have 之类较为中性的领有动词不同。在领有句中"有 + 宾语"结构本身倾向于表多、表好,因此只有倾向多和好的定语才能与整个动宾结构达到语义和谐,从而整合成一个尾焦点。笔者认为刘丹青的观察和结论是符合语言事实的。

2.2 然而笔者想指出的是"有"的语义以及对"有 + N"结构的解读。《现代汉语词典》(第6版)对"有"的释义多达10个义项,除了一些标记性专门用法之外,"有"的词汇意义集中在两个义项:一个表示"拥有",另一个表示"存在"。从语源来看,"拥有"是本义,"存在"是引申义。从两者的语义关系来说,凡拥有的东西总是存在的,但存在的东西却未必是值得拥有的;显然存在义属于客观范畴,而拥有义属于主观范畴,是否值得拥有取决于人们认知上的价值评判。从动词次范畴来分析,不论"有"表拥有还是表存在,都不表具体的行为动作,概念意义比较空灵,属于关系动词一类,主要用来表示前后两个名词的关系。上述"有"字的两种语义在句法上的投射形成了两种不同的句式,即"领有句"和"存现句"。那么判定这两种句式的依据究竟是什么?按照传统语法的分析,这取决于"有"字句主语名词的"生命度"。例如:

a. 村民们有很多漂亮的小楼。(表拥有:领有句)
　　b. 村子里有很多漂亮的小楼。(表存在:存现句)
上述 a 句中"村民们"指人,生命度极高,"有"表拥有,即"村民们"和"小楼"是主体和领有物的领属关系;b 句中"村子里"带方位词"里",处所义凸显,"有"表存在,即"村民们"和"小楼"是处所和存在物的存现关系。也就是说主语名词的语义特征对"有"的语义以及整个句式具有句法语义的强制性,a 句是以述人主体为标记的"有"字领有句,b 句是以处所话题为标记的"有"字存现句。

　　但是实际语料表明:当主语名词指处所时,能强制性赋予"有"表存在;而当主语名词指人时,"有"未必表示拥有。例如:
　　a. 老王有钱。(表拥有)
　　b. 老王有病。(表存在)
上例的主语"老王"明确指人,但是我们对"有"字语义的理解不一样。a 句的"钱"是人们所期待拥有的东西(表积极义),我们倾向于理解为"拥有",即"老王拥有钱财";b 句的"病"不是人们所期待出现的现象(表消极义),我们倾向于理解为"存在",即"老王生理上存在毛病"。可见,当"有"字句的主语名词不是处所词因而无法强制性赋予"有"表存在时,人们在理解该结构时,倾向于将表积极义的宾语名词与"拥有"匹配,将表消极义的宾语名词与"存在"匹配。

　　2.3 上述倾向在"有"字句解读时具有普遍效应。如果说例(8)之类的"有"字句具有原型效应的话,那么实际语料中还存在一些非典型的"有"字句,可以概括为如下几个特征:第一,主语名词不是处所词,无法强制性赋予"有"表存在;第二,宾语名词不是物质名词,而是抽象名词;第三,"有 + N"结构是非扩展形式,N 前没有修饰语。例如(为了阐述便利,笔者将语料都进行了简化):
　　(7) 这个女人有魅力 / 这个女人有毛病
　　　　这个学生有教养 / 这个学生有陋习
　　　　这个老板有气度 / 这个老板有私心
　　(8) 这家公司有实力 / 这家公司有隐患
　　　　这家商店有信誉 / 这家商店有猫腻
　　　　这个村庄有运气 / 这个村庄有灾难
　　(9) 这件文物有价值 / 这件文物有缺陷
　　　　这件事情有意思 / 这件事情有阴谋
　　　　这个股票有潜力 / 这个股票有风险
上述例(7)的主语都是指人的名词,生命度极高;例(8)的主语都是指单位的名词,有一定的生命度;例(9)的主语都是指事物的名词,没有生命度。这三组实例中的宾语都是抽象名词。

由于主语都不是处所词,无法强制性赋予"有"表存在,但也未必就表拥有。上述左列句子的宾语名词表积极义,我们倾向于将"有"解读为"拥有";右列句子的宾语名词表消极义,我们倾向于将"有"解读为"存在"。如果上述解读符合我们的语感,那么可以这样解释:在此类"有"字句中"有"表拥有还是表存在,认知机制上的"默认值"取决于宾语名词的语义倾向,当名词具有[＋积极]的语义特征时激活"拥有",当名词具有[－积极]的语义特征时激活"存在"。这是词义蕴含的[±积极]的语义特征对"有"字语义的制约,并进而导致我们对"有 ＋ NP"结构产生了两种不同的解读。

2.4 问题是这种纯语义驱动的"有"字结构解读,在句法上有什么意义呢？从"概念整合"(conceptual blending,参见 Fauconnier,1994)的角度来分析,上述三组实例的"有 ＋ N"结构中的宾语名词都是抽象名词,但左列形式(宾语名词表积极义)与右列形式(宾语名词表消极义)的整合度不一样,其中左列形式的整合度高于右列形式。这种整合度差异的句法表现是左列形式的"有 ＋ N"结构的整体功能已经发生变化,相当于一个形容词,明显的标记是前边可以加程度副词(以"很"为例)。例如:

很有魅力　很有教养　很有气度
很有实力　很有信誉　很有运气
很有价值　很有意思　很有潜力

再进一步考察发现,此类"有 ＋ N"结构已经成为固定搭配,熟语性很强,《现代汉语八百词》(P630)注明此类组合"不用程度副词,也能有程度深的意思"。这说明此类结构自身已蕴含了程度义,解正明(2007)认为此类结构的构式义表示"非常量",笔者非常赞同,这是概念高度整合的后果。事实上,此类"有 ＋ N"已经凝固成一个习语性"构式",产生了构式的"强制"效应(coercion),即使是中性义名词进入该构式同样表示程度高的积极义。例如:

有气氛(气氛很好)　有理由(理由充分)　有证据(证据确凿)
有价值(价值极大)　有内容(内容充实)　有特点(特点显著)
有作用(作用很大)　有学历(学历很高)　有结果(达到了预期目标)

而右列形式的"有 ＋ N"结构却尚未发生同样的变化,整体功能还是一个述宾结构,前边不能加程度副词"很"。例如:

＊很有毛病　＊很有陋习　＊很有私心
＊很有隐患　＊很有猫腻　＊很有灾难
＊很有缺陷　＊很有阴谋　＊很有风险

理由很简单,当"有"被解读为"存在"时,整个结构是不可能具有程度属性的。

那么为什么同样是"有 + N",整合度却会有差异呢？笔者认为这还是与"有"的原型义有关。"有"的本义表示"拥有(美好的物品)",表积极义的名词强化了这种本义,两者组合有一种天然的和谐度,这是高度整合的语义基础;而表消极义的抽象名词,按照普遍的认知机制,只能激活"有"表"存在",可融合度相对就较低。这说明,表积极义的"有 + N"结构更容易趋向熟语化,与表消极义的"有 + N"结构相比,无论实际用例还是使用频率都占有绝对优势。这同样可以用人们的规约性心理"期望值"来加以解释:美好的事物或属性总是人们所期待"拥有"的,而相反的事物或属性也许会"存在",却是人们认为不值得拥有的。从中可见,词义蕴含的[±积极]的语义特征会投射到结构语义,制约我们对句式的解读。

## 三、构式变异:"看你 A 的"的语用分化

3.1 当前学界流行的构式语法理论包括了很多流派,Goldberg(1995,2006)的认知构式语法(Cognitive Construction Grammar)就是其中的一个代表,也是国内引进较早、讨论较多的一种语法研究理念。与传统的汉语句式研究相比,构式语法理论较注重探究如下两个问题:其一是"构式义"(constructional meaning)的提炼,即在句法框架(Frame)的基础上,基于"完形"认知机制,准确地把握整体大于部分的构式义,这不仅是语义层面的概括,更是语用层面的概括;其二是强调说话人对情境(scene)的"识解"(construal),也就是特定构式对于特定语境的适切度,解释人们在什么样的语境条件下会说这样的话。本文以现代汉语口语中常见的习语性构式"看你 A 的"作为个案,探讨[±积极]的语义特征在语用义表达方面的分化作用。

"看你 A 的"这个表达式在北方口语中使用频率较高。例如:

   a.看你累的! 看你忙的! 看你们伤心的!
   b.瞧你乐的! 瞧你美的! 瞧你们得意的!

该构式有几个明显的特征:第一,其中的"你"指交际对方,也可以是复数人称;"看"也可以是"瞧",两者除了语体差异外没有区别;第二,"看你"的语义已经虚化,相当于一个话语标记,与"的"呼应突显语气;第三,能进入该构式的 A 以单音词为主,也有部分双音词,有的表示消极义(如 a 组),有的表示积极义(如 b 组);第四,该构式的使用通常是现场交际,一般有后续句,表明说话人的评述和态度,也可以在一定的语境中单独成句。分析语料发现,该构式的话语功能很广泛,可以实施多种言语行为,而且语气有轻有重,表达力很丰富。但仔细分析起来万变不离其宗,其构式义可以概括为:对方超预期的状

态所引发的说话人的否定取向。其中的核心要点是对方的已然状态偏离了说话人的心目中的"度",由此引发了说话人的主观态度和情绪,并呈现出两极分化。

3.2 由于形容词表示的是某种性状,积极义和消极义的语义聚合特别敏感,因此对"看你A的"构式的语用义影响很大,而且形成了一定的倾向性。下面分别加以分析。

3.2.1 如果该构式中的形容词是表消极义的,说话人表述的语用义就体现出对对方的慰藉、爱怜、关心等态度,语用义倾向于"正值"。例如:

(10)"哎呀,看你急的!"春玲安慰他,"这又不是上前方,你就放宽心吧。"(冯德英《迎春花》)

(11)瞧你吓的!也没什么,李主任今天给我号了脉,又检查了一下身体,没事的。(张欣《梧桐梧桐》)

(12)政委心疼地说:"哎,看你瘦的,多注意点身体嘛!"(雪克《战斗的青春》)

(13)她忙说:"看你累的,先坐下来,喘口气,慢慢再谈。"(周而复《上海的早晨》)

(14)刘满仓回头捏了一下郎小玉的鼻子,小声说:"看你困的,快去睡吧,有我呢。"(雪克《战斗的青春》)

(15)他轻松地笑道:"瞧你紧张的,彭科长,你放心回去探亲,好好陪陪你媳妇儿。"(电影《冬至》)

上述例中的"急、吓、瘦、累、困、紧张"都是表示消极义的形容词。具体分析其语用义,例(10)、例(11)突显了说话人对对方的慰藉,例(12)、例(13)突显了说话人对对方的爱怜,例(14)、例(15)突显了说话人对对方的关心。概括而言,"看你A的"表示说话人觉得对方的状态偏离了自己的心理标准,从而引发了否定性的态度和情绪,如例(10)"看你急的"意为对方不该这么着急,余例可类推解读。基于这样的判定,说话人由此生发出慰藉、爱怜、关心等情绪,后续句表明整个表述的语用义是正向取值的。也就是说,A表示的语义是"消极"的,而说话人所生发出的心态是"积极"的。

3.2.2 如果该构式中的形容词是表积极义的,说话人表述的语用义就体现出对对方的质疑、不满、斥责等态度,语用义倾向于"负值"。例如:

(16)小如停下手里的毛衣针,温柔地露出白牙,说:"看你能的。我才不信你能认出他来!凭什么呢?(1995年《人民日报》)

(17)村里人都说:"瞧你美的!这事可没那么顺当。"(李佩甫《羊的门》)

(18)贵他娘嘲笑他说:"嘿!看你乐的,要飞上天去呢。"(梁斌《红旗谱》)

(19)老孙头冷冷地说:"瞧你神气的,这八字还没一撇呢,可不要高兴得太早哦!"(《30年代小说精选》)

(20)老张教训道:"有几个臭钱,看你们烧的,也不怕外人听了笑话。"(徐坤《热狗》)

(21)她连忙止住了他们,低沉地说:"看你们得意的,别拍巴掌,给左邻右舍听到,又要惹祸了,听到没有!"(周而复《上海的早晨》)

上述例中的"能、美、乐、神气、烧、得意"都是表示积极义的形容词,具体分析其语用义,例(16)、例(17)突显了说话人对对方的质疑,例(18)、例(19)突显了说话人对对方的不满,例(20)、例(21)突显了说话人对对方的斥责。概括而言,"看你A的"表示说话人觉得对方的状态偏离了自己的心理标准,从而引发了否定性的态度和情绪,如例(29)"看你能的"意为对方不该这么自以为是,余例可类推解读。基于这样的判定,说话人由此生发出质疑、不满、斥责等情绪,后续句表明整个表述的语用义是负向取值的。也就是说,A表示的语义是"积极"的,而说话人所生发出的心态是"消极"的。

3.3 综上所述,"看你A的"的构式义具有同质性,即对方超预期的状态所引发的说话人的否定取向。然而基于A的语义倾向,语用义却发生了分化:如果形容词是表消极义,说话人表述的语用义倾向于"正值";如果形容词是表积极义的,说话人表述的语用义倾向于"负值"。两者形成了一种反向共变关系(S指话语,+为正值,-为负值):

| A的语义倾向 | S的语用义倾向 |
| --- | --- |
| − | + |
| + | − |

对此现象,笔者的解释是在日常生活中,对于他人表现出来的精神状态,我们通常心目中都有一个"度",作为"常态"和"非常态"的判定依据。一旦对方的状态偏离了这个"度",就是"过度",对说话人来说就属于"非常态",就会"有感而发"产生发话诱因。对于"非常态"的不同倾向,人们会产生不同的心理反应:如果是过度的消极状态,人们会油然而生悲悯之心,生发出慰藉、爱怜、关心等情绪,表现出对"受损者"的同情;如果是过度的积极状态,人们容易激发不以为然的情绪,生发出质疑、不满、斥责等情绪,对对方过度优越的自我感觉采取否定的态度。这也许是一种"人之常情",却会在会话中折射出来,由此导致上述现象的产生。

## 四、余 论

综上所述,本文借鉴认知语法理论,选择了词类转化、结构解读、构式变异三个相关案例,讨论了实词类[±积极]的语义特征在句法、语义及语用三个层面的反映,并从认知功能的角度对此进行合理的解释。其实这种基于认知的、由功能驱动而导致的词语语义倾向在句法、语义乃至语用层面的投射,是一种很普遍的现象,名词、动词、形容词等词类都有充分的表现。

比如"来"与通指类名组合有两种语序,如可以说"客人来了",也可以说"来客人了",两者的区别是"客人"在前是定指的,在后是不定指的。其实这后一种格式是有限制的,我们可以说"鬼子来了""狼来了",却不说"来鬼子了""来狼了"。笔者推测这也许与名词的语义倾向有关,"鬼子""狼"之类是我们不希望遇到的,因此此类名词不期而遇的后置无定格式就不可取。又比如作格动词句(主体成分可以后置于不及物动词)能体现"丧失义",如"沉了船""翻了车""丢了钱包""死了父亲"等等,能进入该构式的动词的语义倾向大都是表示消极义的,这无疑跟整个构式的话语功能是一种语义上的匹配。再比如形容词处在状位,可以看作是两个述谓结构的整合,其中状位成分是降格的次谓语,如"成功地发射了导弹""光荣地加入了组织""认真地准备考试""敏捷地回答问题"等等。其中能处在状位的形容词大多是表积极义的,表消极义的(如"失败、可耻、马虎、迟钝")一般不会进入这个句法位置。

诸如此类的现象,都可以从认知功能的角度得到解释。就认知动因来分析,此类现象可以归结为人们基于生活经验而形成的社会规约性,也就是人们的心理"期望值":表积极义的事物是人们所期望拥有的,表积极义的行为是人们愿意付诸行动的,表积极义的性状是人们喜欢看到的。不过更值得注意的是,[+积极]的语义特征与人们的心理预期之间并不能简单地画等号,[+积极]的语义特征通常符合人们的心理预期,但反过来人们的心理预期未必就一定与[+积极]的语义特征相关。因为心理预期的价值评判归根结底取决于说话人对"情境"的"识解",未必一定是"积极"的。但总而言之,词语[±积极]的语义特征不仅仅是词义层面的表征,还会在句法、语义乃至语用层面有所"投射",而这正是值得我们去进一步探索的机理。

**参考文献**

贺  阳(1994)程度副词 + 有 + 名词,《汉语学习》第 4 期。
李宇明(1994)能受"很"修饰的"有 X"结构,《云梦学刊》第 1 期。

刘丹青(2011)汉语"有"字领有句的语义倾向和信息结构,《中国语文》第2期。
刘正光(2006)《语言非范畴化》,上海外语教育出版社。
陆俭明(1991)语义特征分析在汉语研究中的运用,《汉语学习》第1期。
陆宗达(1981)《说文解字通论》,北京出版社。
吕叔湘主编(2009)《现代汉语八百词》(增订本),商务印书馆。
沈家煊(1999)英汉对比语法三题,《外语教学与研究》第4期。
———(2005)也谈能性述补结构"V得C"和"V不C"的不对称,《语法化与语法研究》(二),商务印书馆。
石毓智(2001)《语法的形式和理据》,江西教育出版社。
伍谦光(1988)《语义学导论》,湖南教育出版社。
吴为善(2012)复合名、动、形的功能转指及转喻的单向性优势,《语法研究和探索》(十六),商务印书馆。
———(2012)"有＋N$_{双}$"的熟语化趋势及其语义倾向探源,《语法化与语法研究》(六),商务印书馆。
解正明(2007)基于社会认知的汉语有标记构式研究,北京语言大学博士学位论文。
张伯江(1994)词类活用的功能解释,《中国语文》第5期。
章丽燕(2011)"有＋N$_{双}$"构式的整合度高低及其层级分布,上海师范大学硕士学位论文。
邹韶华(1988)中性词语义偏移的原因及其对语言结构的影响,《语法研究和探索》(四),北京大学出版社。
Adele E. Goldberg(1995) *Constructions*: *A Construction Grammar Approach to Argument Structure*. Chicago: Chicago University Press. (吴海波译,北京:北京大学出版社 2007)
Adele E. Goldberg(2006) *Constructions at Work*: *The Nature of Generalization in Language*. Oxford: Oxford University Press.
Gilles Fauconnier(1994) *Mental Spaces*. Cambridge: Cambridge University Press. (北京:世界图书出版公司 2008 引进版)
Talmy Leonard(2000) *Toward a Cognitive Semantics*. Vol. I: *Concept Structruring Systems*. Cambrige. MA: MIT Press.

(200234 上海,上海师范大学对外汉语学院)

# "整个"的语法化

胡清国

**摘　要**:"整个"在现代汉语共时分布中的差异,反映的是"整个"由"形容词→名词→副词→构式标记"的语法化历程,这一进程是句法环境、重新分析、隐喻和转喻及主观化等语法化机制共同作用的结果。

**关键词**:整个;语法化;历程;机制

"整个"是现代汉语中一个具有较高使用频率的常用词,它的句法分布也较为复杂多样,现在一些词典对"整个"的语义及词性的标注也意见不一,本文认为,通过描写"整个"的共时分布与历时演进的研究,可以对"整个"语义及词性标注差异的问题做统一的解释。

本文的语料现代汉语部分来自于北大 CCL 语料库,例句后不再一一注明出处。近代汉语语料来自于汉籍全文检索系统,为了清楚地说明其语法化的基本走向,例句后均注明出处。

## 一、"整个"的共时分布

"整个"在现代汉语中有四个句法位置。

1."整个"居于名词前,做定语,中间一般不出现定语标记"的"。例如:

(1)我昂着头,拖着箱子慢慢向前去。太阳圆圆的,亮亮的,把我包裹起来,也包裹了<u>整个</u>世界,<u>整个</u>北京城。

(2)在中国共产党的领导下,一个以学生运动为主的反内战运动一时席卷<u>整个</u>国民党统治区。

2."整个"居于名词之后,后边紧跟动词,或者位于介词"把"的后边做"把"的宾语。例如:

(3)退休了,嗯,剃头去了。(白天就你们老两口儿啊?)白天就我们老两口儿,

（您这房子是接出去的吧?）这房子整个是接出去的,原来就是这儿。

(4)刚才我哥拿发热管烧水,把整个都扔水里了,结果跳闸了。（百度搜索）

一般来说,介词"把"后边所带的词语只能是名词或代词,"整个"可以单独出现在介词"把"后边作为介词宾语,可以认为"整个"是名词,如例(4);而"整个"做主语时,前面的名词经常要出现,指示具体事物,否则"整个"的"全体、全部"意义就没有了具体的附丽对象,如例(3)。当然,如果在前后语境提示的情况下,"整个"之前的名词也可以空位。如：

(5)您知道,顶儿上就是搁乱七八糟的荆巴油毡啊,抹点儿泥,就行。原来我一乍搬家这儿来,就是荆巴的那个墙,整个都是荆巴的墙。

3."整个"居于动词前做状语,状语标记"地"可出现可不出现。例如：

(6)她居然又重复了一遍,但愿生个男孩吧,我整个被她气翻了,也想不出什么话来对付她。

(7)雷鹏挠挠脑袋,笑了:"怎么现在这个新情况我都不掌握呢? 合着你们的保密意识一个比一个强啊? 我整个就是一个局外人啊?"

4.作为"整个一(个)X"的构式标记,黏着于结构中。例如：

(8)在父母面前老实听话,在爷爷姥姥面前却整个一个"小霸王",说一不二。

(9)接着刚才的话题,继续唠叨,"哎,我下岗了,我们家那人也不行,整个一窝囊废!"

"整个一(个)X"作为一个整体,可以在句中做谓语,如例(5),更多的用法是作为一个独立的构式,与前后的小句断开,如例(9),表达说话人对事件中的人或事的评价。

## 二、"整个"的语法化轨迹

"整个"成词在北宋期间,用于名词前。例如：

(10)是夜,方四十里,整个城一时俱陷于湖,士人谓之邛河,亦邛池。（北宋《太平广记》）

此例的"整个",意思是"作为整体的、完整的",看作形容词比较合适。但吊诡的是,宋代"整个"的用例极少,我们在北大CCL语料库中只搜到一例。在明代用例也很少,且仍为形容词用法,做定语用。例如：

(11)终日只是三街两市,和着酒肉朋友串哄,非赌即嫖,整个月不回家来,便是到家,无非是取钱钞,要当头。（明《二刻拍案惊奇》）

(12)他曾经在晚上要请客人,铺设水晶帘子,点燃起沉香,用直径一尺的玛瑙

盘,盛放大的明珠四颗,明珠发出的光亮亮了整个房间,根本不用灯烛照明。(明《剪灯新话》)

直到清代,"整个"的使用频率方大大增加,但最常见的用法仍为用于名词前的形容词用法,但用法开始复杂多样,"整个"的分布更加灵活。例如:

(13)老者说道:"好好,给我煨一个整个骆驼。"跑堂的说道:"不行,半个都不行,小点的行。"(清《三侠剑》)

(14)人家拿出来的大红绸子,他也不要;还有五两的中锭,整个儿的大元宝,他也不要。(清《儿女英雄传》)

(15)不觉已将童千斤放跌在地。再也没有那样跌法,真个是四仰八叉,整个的躺在地上。(清《乾隆南巡记》)

(16)因法科零星学习,道须整个修敬。学道未成,犹之未学;未学之人,焉能抵抗妖法呢?(清《八仙得道》)

"整个"之所以能够语法化为副词,与"整个"的句法环境发生变化有很大关联。"一个词由实词转化为虚词,一般是由于它经常出现在一些适于表达某种语法关系的位置上,从而引起词义的逐渐虚化,并进而实现句法地位的固定,转化为虚词。"(解惠全,1987)"整个"原来作为形容词(或区别词),只能居于名词前,但随着使用频率的增加,"整个"可以出现在主语之后。这就为"整个"的语法化准备了基本条件,如例(15)、例(16),从意义上讲,还不能说"整个"已经虚化为副词,此时,"整个"的词性可以认为是名词,意思为"全部、整体"。

此时,"整个"直接呈现于动词前,有时可以出现两可的分析,即"整个"可以理解成主语,也可分析为状语。例如:

(17)我本是个富有模仿性的人,况在自己不毛的脑田里,把别人栽培好的作物,整个移植过来,做自己人生的收获,又是件最聪明的事。(清《孽海花》)

(18)林之洋道:"先生出的题目,他竟一字不忘,整个写出来,难道记忆还不好么?"(同上)

例(17)的"整个",虽然在动词"移植"前,但还是应该分析为主语,意思是"全部、整体"。而例(18)中的"整个"更似两可之义,说是"全部"也顺,说是"完全"也可。

到了民国时代,"整个"已经能够更加频繁地用于动词之前,有很多句子的"整个"已经很难说还是形容词、名词的用法,只能理解成副词做状语。例如:

(19)孙固又奏道:"……战胜之后,只可把它分裂出来,命他酋长自守,若是整个地把它吞并,臣不敢谓然。"(民国《宋代十八朝宫廷艳史》)

此例的"整个"显然是状语,首先它后边带上了"地"这个状语的标记,从语义上看,也可用副词"完全"来替换,而不宜用"全部、整体"替换。梅祖麟(1998)提出可以用词汇之间是否能替换来测量某个语言成分的虚化程度,其依据是:第一,实词和虚词在语法结构中不可以互换;第二,两个虚化程度相当,语法意义又相似的语词在语法结构中可以互换。

民国时期已经开始出现"整个一(个)X"构式,虽然用例很少,但应该看到,此为"整个"进一步虚化的先声。自现代以降,该构式的使用日渐频繁,表明"整个"的语法化基本完成逐渐定型。例如:

(20)每天不梳头,不洗脸,蓬头垢面,<u>整个</u>一个脏兮兮的老太婆。(民国《古今情海》)

(21)他的四部戏有三部是写学生心理的,叫《爸爸妈妈应该选举产生》,<u>整个</u>一个学生的代言人。

根据语法化理论,语法化过程是一个单向性的斜坡:实义词＞语法词＞附着词＞屈折词缀＞(零形式)。(Hopper&Traugott,1993)

通过上述演化轨迹可以看出,"整个"的语法化也基本沿着这样一个斜坡行进。首先,"整个"词汇化出现在名词前。其次,"整个"由限定性功能扩展到指称化,即"整个"成为名词,可以比较自由地出现在主语的前后,有时由于名词的省略或被其他成分隔开,"整个"可以单独出现在动词前,这为其进一步语法化准备了关键句法位置。再次,随着"整个"在动词前出现的频率大增,加上语义的隐喻作用,"整个"始向副词转化,成为句中的状语。最后,由于"整个"所具有的情态功能,承载"整个"的句子作为评价句,随着句子由于主观化增强演变成一个专有的评价构式,"整个"成为一个构式标记。

可见,"整个"经历了一个语法化及主观化的过程。从形容词到名词,从名词到语气副词,这是"整个"的语法化过程;由副词到最后的构式标记,是"整个"的主观化过程,其演变轨迹可以归纳为:

整个$_1$ ＞ 整个$_2$ ＞ 整个$_3$ ＞ 整个$_4$
形容词 ＞ 名词 ＞ 副词 ＞ 构式标记

## 三、"整个"语法化的机制与动因

### 3.1 句法环境

句法环境是诱发一个词语语法化的外部环境。Heine&Kuteva(2002)指出:"语境是语法形式结构的关键因素。"

"整个"能够虚化为副词,句法环境发挥了重要作用。"整个"起初是作为形容词位于名词前做定语的,这种句法环境是无法诱使"整个"语法化的。当"整个"由于语义因素的转喻成为名词后,"整个"就有了直接位于动词前的机会,这是直接诱发它向副词虚化的句法环境。例如:

(22)胡列刷拉就是一把土,侯俊杰把眼睛一眯,<u>整个</u>的摔倒在地,史云过来,扑的一声,打了他一刀背。(清《小五义》)

此处的"整个"为名词,语义是"全部、整体"。既然是"全部、整体",语义中就蕴含了"完全"的含义,这是转喻发挥的作用。随着"整个"反复地高频率地单独出现在动词前,在转喻这样的语用推理作用下,"整个"的语义发生了变化,由实义变成情态义、语气义,完成了它成为副词的转变。

### 3.2 重新分析

重新分析是造成词语语法化的又一个重要机制。Langacker(1977)对重新分析的定义是:没有改变表层形式的结构变化。一个分析为(A,B),C 的结构,经过重新分析后,变成了 A,(B,C)。重新分析的发生,源于认知角度的变化,也就是说,在句子表层结构不变的情况下,由于人的理解起了变化,同一种语言形式,被赋予了一种新的解释。(张谊生,2000)"整个"的语法化也经过了重新分析,可表示为:N 整个 + V ⟶ N + 整个 V。如:

(23)"今儿我专叫用螃蟹一味,<u>整个</u>煮的,大家剥蟹喝酒,定要吃得热闹。"宝钗道:"要热闹须得行令,让我先来行起。"(清《倚楼重梦》)

(24)黛玉道:"谢谢你惦记着,可不<u>整个</u>都好了。姐姐,你生了哥儿,我还没给你道喜呢。"(清《红楼真梦》)

例(23)的"整个",显然只能看作是名词,意思是"整体、全部",在小句中做主语。例(24)的"整个"作为名词理解为"全部、整体"固然不错,但理解成副词作"完全"解亦无不可。这就给了读者(听者)留下了广阔的主观认知空间,完全可以调动自身的知识或需要来重新识解。从这个意义说,重新分析是读者(听者)的心理认知活动。Hopper&Traugott(1993)就认为,重新分析完全是听者(读者)在接受语言编码后解码时所进行的一种心理认知活动。听者(读者)不是顺着语言单位之间本来的句法关系来理解,而是按照自己的主观看法做另一种理解。这样一来,原有的结构关系在听者(读者)的认知世界就变成了另一种结构关系。重新分析属于横组合层面上的现象,表层相同却改变了底层语义、句法、词汇或音位的结合方式,从原有结构中发展出了新生结构(emergent structure)。

### 3.3 转喻和隐喻

转喻是同一认知域或同一理想认知模式范围内的一个概念实体为另一个概念实体提供心理可及的认知过程。(Kövecses,2002)转喻在"整个"由形容词过渡到名词过程即"整个$_1$"到"整个$_2$"发挥了重要作用。"一般来说,转喻的重要特征为其相邻性(contiguity)。"(孙朝奋,1994)"整个"的形容词用法,其语义是"完整的、无遗漏的、不可分割的"。不可分割的一个个体自然是整体的、完整的,而完整的、不可分割的、不可遗漏的,是须在一个特定的范围内,其中所有的个体都涵盖在内,无一遗漏的结果,自然是"全部、整体"。显然,这二种语义之间具有明显的相邻性。

由"整个$_2$"过渡到"整个$_3$"发挥重要作用则是另一种认知方式——隐喻的作用。"全部、全体、整体"义的"整个"置于动词前,随着语用频率的不断提高,特别是"整个"与其后的词语经过重新分析后,表层的线性形式不发生变化,但底层的语义却必须适应改变了的句法结构。Lakoff&Turner(1989)认为,隐喻是从源域(source domain)向目标域(target domain)的跨域映射,二域之间的联系通过相似性,这种相似性可以是物理性的,也可以是心理的。"整个$_2$"语义是"全部、全体",具有全称量性。"全称量性"在线性序列中或多或少具有强调性。这与"整个$_3$"的"完全、十足"义具有很强的心理相似性。"整个$_2$"发展出"整个$_3$",从认知的角度分析,属于概念域到逻辑域的投射,其中还伴随着强烈的主观化过程。我们可将上述过程描述为:

|  | 语义 | 句法功能 | 位置 |
| --- | --- | --- | --- |
| 整个$_1$ | 概念义 | 定语 | 名词前 |
| 整个$_2$ | 概念义 | 主语/定语 | 名词前/动词前 |
| 整个$_3$ | 语气义 | 状语 | 动词前 |

### 3.4 主观化

所谓"主观化"是指主观性(subjectivity)从无到有或加深的过程。"主观性"是指说话人在表达一个命题的同时对这个命题表明自己的认识、态度或情感。主观化和语法化总是缠夹在一起,难舍难分。Traugott(1995)曾指出,主观化虽然并不局限于语法化中,但还是更多地发生于其中。主观化的加深过程,驱动了语言中语法因素的不断变化,从这个意义上说,主观化促进了语法化的发展。

"整个$_2$"到"整个$_3$",虽有隐喻的作用,促使语义发生虚化,"概念义"减弱,语气义增强,但这又何尝不是主观化增强的结果?"整个$_2$"的概念义是"全体、全部",具有全称量化的特点,其本身就具有强调意味,随着它与动词的长期配合使用,句法环境诱使"整个₂"的语义发生漂移向极性强调过渡。"整个₂"的全称量化作用使其变成了一个焦点敏感算子(focus sensitive operator)。这时"整个₂"变成了"整个₃","整个₃"只能置于动词前做副词用,此时"整个₃"常常要重读,这是焦点的形式标记之一。

从另一个角度说,"整个₂"过渡到"整个₃",也与"整个₃"的语篇环境有关系。"整个₃"主要出现在对话文体中,对话文体常与说话人对事件中的人或事物的认识、态度或情感具有更大的紧密度。"整个₃"逐渐定型固化在动词前,表达言者对事件中的人或事物的评价,而且常以负向评价为主。表达负向评价的主观性很强,它并不与客观实际必然相关。因此,典型的语义演变是从客观语义发展到主观语义,即以说话人为中心的语用意义。(Traugott,1989)此时,"整个₃"的主要功能是人际功能,这一过程反映了"整个"从低到高的语法化等级"概念功能＞语篇功能＞人际功能"。

从"整个₃"到"整个₄",是其主观化程度进一步加深拓展的结果。Heine,Claudi&Hünnemeyer(1991)讨论了语法化的认知源,指出语法化的源通常是有限的八种认知结构(congnitive structure)。这些认知结构往往是"人类经验中最基本的、可以用涉及两个个体的谓语成分来诠释"。所有语言中的判断命题都是人类最基本的认知结构:

$$X \text{ is } Y(X \text{ 是 } Y)$$

判断命题自然可以用来表达说话人对事件中的人或事物的认识、情感和态度,但这种命题往往与真值相关,即有真假之分。这种判断命题的主观性不够,不足以承载说话人的主观性需要,从跨语言的调查来看,通常会在这种命题结构中添加相关语言成分以增强主观性。汉语就是在命题结构中增添具有语气义的副词于判断词"是"前,于是"X Ad 是 Y"随着语用频率的提高成为一种新的构式,但从实际运用效果来看,新构式"X Ad 是 Y"虽然相对于其源式主观性是增强了,但它仍与真值有紧密的联系,仍不足以清晰地让听者(读者)第一时间识解该构式的评价义。于是判断标记"是"成了可调节的对象。在汉语中,"是"是最容易悬空的动词,就如"鲁迅浙江人、今天星期天"等名词谓语句一样,其源命题(source proposition)皆是"X 是 Y"结构,由于高频的使用,动词"是"悬空隐去。

"X 整个是一个 Y"演变成"X 整个一(个)Y"其实是语言交互主观性的必然结果。交互主观性,凸显的是认知主体与客体的关系中主体的视角,交际中的话语意义的成功表达和理解在很大程度上应体现为说/写者与听/读者两者心理空间的交互认知协作。(刘瑾,2009)简言之,构式的进一步语法化,是说/写者试图对听/读者施加强烈影响,让他们第一时间就能识解出该构式主观评价的意义,这就需要从原先与真值的客观命题中剥离出来,使构式成为专有的评价构式,最便捷有效的手段无疑就是使原有构式中的一些成分脱落,使构式的语言符号更趋简化。

　　Langacker(1990)指出,主观化的程度高低跟语言编码形式的多少成反比:主观化程度越高,观察对象越是脱离舞台,在语句中登台显现的语言形式也就越少。Traugott(1995)也认为,主观化是说话人越来越从自我的角度出发,用会话隐含义或语用推理来表达专用语言形式表达的意义,结果是主观化程度越高相应的表达形式越少。随着"X 整个是一个 Y"的主观化程度越来越高,主观性的程度反而有所降低,于是编码形式减少成为"X 整个一个 Y"并继续主观化为"整个一(个)Y",语言编码形式已经能够基本达到最简化(现在经常还说"整一个 Y"或"整个一 Y"),汉语中的一种强主观评价构式完成语法化过程定型化,新的构式同时赋予"整个$_3$"以新的功能,"整个$_4$"成为一个构式标记。Lehmann(1999)认为,一个构式成分(formative)语法化实为构式语法化的副产品(by-product)。构式的语法化并不意味着其内部成员的语法化,但是如果有一个成员(element)的功能是调节(mediate)构式里的成分(consitituent)之间的关系,那么这个构式的语法化也会引起该成员的语法化——而如果没有这样一个成员,构式的语法化也不受影响。"整个$_4$"的语法化正是拜其所在构式的语法化所赐,是二者相互作用的结果。

## 四、结语

　　通过上述分析,我们已经基本勾勒出"整个"语法化的路径与机制,表现为:

　　语义:整个$_1$(Aj) ⟶ 整个$_2$(N) ⟶ 整个$_3$(Ad) ⟶ 整个$_4$(contruction marker)

　　路径:　　　　转喻　　隐喻/主观化　　主观化

　　这就很好理解现在一些主要的汉语词典对"整个"词性与释义之间的分歧与差异。《现代汉语词典》认为"整个"是形容词中的区别词,只能用在名词前充当定语。《现代汉语规范词典》认为"整个"是名词和副词,主要做主语或状语。在我们看来,它们在词性标注和概念释义上的不同,反映的是他们仅是对"整个"在语法化演变链条中的某个片段场景的认识,而未将"整个"的语法化作为一个整体来观照所致,他们的认识都不错,只是不全面。可见,词典对收录词语的词性标注和释义应将其语法化的整个路径呈现出来,如此方能比较全面客观地反映该词语语法特点的全部面貌。

**参考文献**

解惠全(1987)谈实词的虚化,《语言研究论丛》第四辑,南开大学出版社。

李行健(2004)现代汉语规范词典,外语教学与研究出版社/语文出版社.
刘 瑾(2009)语言主观性概念探析,《西安外国语大学学报》第3期.
梅祖麟、郭锡良主编(1998)《古汉语语法论集》,语文出版社.
孙朝奋(1994)《虚化论》评介,《国外语言学》第4期.
张谊生(2000)论与副词相关的虚化机制,《中国语文》第1期.
中国社会科学院语言研究所词典编辑室(1995)《现代汉语词典》,商务印书馆.
Hopper, Paul J. & Traugott, E. C (1993) *Grammaticalization*. Cambridge: Cambridge University Press.
Heine, Bernd & Kuteva, Tania (2002) *World Lexicon of Grammaticalization*. Cambridge: Cambridge university Press.
Kövecses, Z. (2002) *Metaphor: A Practical Intruduction*. Oxford: Oxford University Press.
Lakoff, G. & M. Turner (1989) *More Than Cool Renson—A Field Guide to Poetic*. Chicago: Chicago University Press.
Langacker, R. W. (1977) Syntactic Reanalysis. In C. Lied. *Mechanisms of Syntactic Change*. Austin: University of Texas. 转引自沈家煊,"语法化"研究综观,《外语教学与研究》1994年第4期.
Traugott, E. (1989) On the Rise of Epistemic Meanings in English: an Example of Subjectification in Semantic Change. *Language* 57.
Traugott, E. (1995) Subjectification in Grammaticalization. In D. Stein & S. Wright(eds). *Subjectivity and Subjectivisation: Linguistic Perspectives*. Cambridge: Cambridge University Press.
Heine, B. Claudi, U. & Hünnemeyer, F. (1991) *Grammaticalization: A Conceptual Framework*. Chicago: Chicago University Press.
Langacker, R. (1990) Subjectification. *Cognitive Linguistic* (1).
Lehmann, C. (1999) New Reflection on Grammaticalization and Lexicalization. In Wischer and Diewald, eds. New Reflections on Grammaticalization: Proceedings from the International Symposium on Grammaticalization, Potsdam, Germany. Amsterdam. 转引自彭睿,构式语法化的机制和后果,《汉语学报》2007年第3期.

(200051 上海,东华大学国际文化交流学院;
10330 泰国曼谷,朱拉隆功大学中文系)

# 汉语篇章话题系统与篇章表达*

吴碧宇　王建国

**摘　要**：本文根据王建国所构建的汉语篇章话题系统指出，篇章表达大致可从两个方面做好规划。一是整体规划，即选定篇章话题。篇章话题的选取决定了篇章的主题思想、篇章构建的目的和功能，还决定了篇章构建的可能格局，如篇章话题如何延续，需要什么样的次话题、次次话题来支撑等。二是局部规划，即让文中的句子话题链和超句话题链符合汉语的语言和文化规范。

**关键词**：汉语篇章表达；整体规划；局部规划

## 一、汉语篇章话题系统

王建国(2009)的汉语篇章话题系统是建立在话题链系统上的。他把话题链定义为：由同一话题引导的系列小句。他指出，话题链的话题所呈现的形式可是名词短语、代名词、零形式、形容词短语、副词短语、谓词短语、介宾结构或小句，可以是有定或无定的，但必须是有所指；话题的辖域可以覆盖一个或多个句子，甚至整个段落或篇章。

### 1.1 基本话题链类型

王建国(2009)指出，只要话题延续的范围是一个句子，即只要共享话题的多个小句是以句号、问号或感叹号结束，即构成句子话题链。例如：

(1) 祥子$_i$低下头去，ø$_i$不敢再看马路的左右。(《骆驼祥子》)

由此，话题延续范围是一个超句①或整个篇章，则分别构成超句或篇章话题链。如

---

\* 本文为2008年度国家社科基金青年项目《论话题的延续：基于话题链的汉英篇章研究》(编号 08CYY002)的部分成果。感谢北京外国语大学陈国华教授和华东理工大学邵志洪教授的悉心指导。

① 王建国(2009)把篇章的信息处理单位即语义单位分为小句、句子、超句和篇章。其中小句为最基本的篇章信息处理单位，句子是由一个主题(theme)控制的、由一个或多个小句构成的语义单位，超句是由一个主题控制的、由多个句子构成的语义单位，篇章则是最大的语义单位。三者在一定的情况下可以重合。

例(2)各句讲的都是"那年秋天"的事,因而就是以"那年秋天"为话题的超句话题链:

(2)那年秋天$_i$,我和我的先生,从青岛调往厦门市特区工作。$\emptyset_i$因宿舍楼房正在施建,我们这批从全国各地引进来的科技人员,便被公司暂时安置在石头村的民房里过渡。(《阿咪》)

超句话题链中可以具有多个层次,如例(3)中的"从第二天起"就引导了由"每天下班"引导的一个次超句话题链:

(3)从第二天起$_i$,我便在公司的食堂饭桌上,收拾起鱼肉骨头;$\emptyset_i$同事们笑我多管闲事。$\emptyset_i$【每天下班$_j$,我的手里都拎着一大袋东西,悄悄地溜进阿咪的住处。$\emptyset_j$阿咪见了我摇摆着尾巴特别地亲热。】(《阿咪》)

篇章话题链是以篇章标题为话题引导的话题链,该话题链覆盖整个篇章,如例(4)就是以篇章标题"关于工商业政策"为话题的篇章话题链。例(4)中包括几个超句话题链,这似乎告诉我们,篇章话题链往往就是最大的超句话题链。具体分析,请参看1.2。

(4)关于工商业政策$_i$

(一九四八年二月二十七日)

这$_i$是毛泽东为中共中央起草的对党内的指示。

(a)一、$\emptyset_i$某些地方的党组织$_{ij}$违反党中央的工商业政策,……。

(b)二、$\emptyset_i$在领导方针上$_{ik}$。……。

(c)三、$\emptyset_i$在领导方法上$_{im}$。……。            (《毛泽东选集》第四卷)

### 1.2 话题链中的辅助成分

王建国(2009)指出,话题链的辅助成分是指那些与话题链中的语句不共享话题的语句,这些一般位于话题链的前面、中间和结尾处。前面的称之为话题链的前引成分如例(5)的【 】部分、中间的称为中间插入成分如例(6)的【 】部分,结尾处的称为后补成分如例(7)的【 】部分。它们在话题链中起着辅助和补充说明话题链主题内容的作用,与话题链中共享话题的语句构成一个句子或超句。

(5)【墙上$_i$挂着一幅画$_j$】,$\emptyset_j$是张大千的,$\emptyset_j$很值钱。(曹逢甫,1990/2005)

(6)那个厨师$_i$,【我吃过他$_i$做的菜】,$\emptyset_i$真有本事,$\emptyset_i$把普通的东西做得非常好吃。(Chu,1998)

(7)(a)二强子$_i$四十多了,(b)$\emptyset_i$不打算再去拉车。(c)于是$\emptyset_i$买了副筐子,(d)$\emptyset_i$弄了个杂货挑子$_j$,【(e)$\emptyset_j$瓜果李桃,(f)$\emptyset_j$花生烟卷,(g)$\emptyset_j$货很齐全】。(《骆驼祥子》)

由于篇章包括句子、超句,且所有的辅助成分往往都被包括在各个句子或超句之

# 汉语篇章话题系统与篇章表达

中,因而,篇章上往往就不必再讨论辅助成分了。由此,篇章话题系统可由句子话题链、超句话题链和篇章话题链构成。如图1:

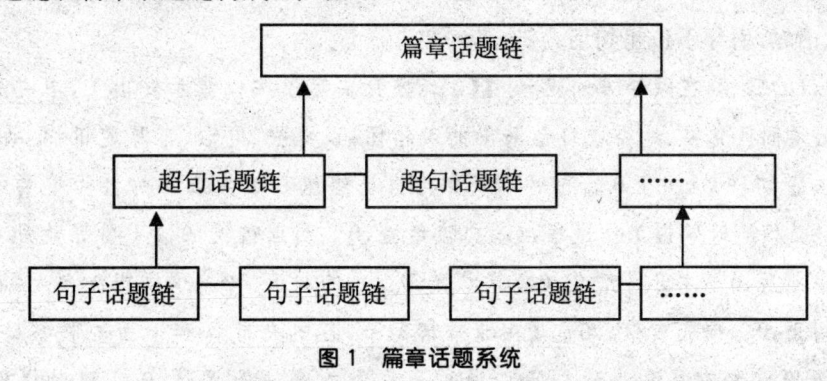

```
                    ┌──────────────┐
                    │  篇章话题链    │
                    └──────────────┘
                      ↑    ↑    ↑
        ┌──────────┐ ┌──────────┐ ┌─────┐
        │ 超句话题链 │ │ 超句话题链 │ │ …… │
        └──────────┘ └──────────┘ └─────┘
          ↑      ↑        ↑         ↑
    ┌────────┐┌────────┐┌────────┐┌─────┐
    │句子话题链││句子话题链││句子话题链││ …… │
    └────────┘└────────┘└────────┘└─────┘
```

**图 1　篇章话题系统**

因无法做出大量的文本分析,这里随机抽取一篇短文根据篇章话题系统分析如下:

(8) 关于工商业政策$_i$

(一九四八年二月二十七日)

这$_i$是毛泽东为中共中央起草的对党内的指示。

[解释:"关于工商业政策"为整个篇章的话题,"这"回指"关于工商业政策"。]

(a) 一、$\emptyset_i$某些地方的党组织$_{ij}$违反党中央的工商业政策,造成严重破坏工商业的现象。$\emptyset_{ij}$对于这种错误,必须迅速加以纠正。这些地方的党委$_{ij}$,在纠正这种错误的时候,必须从领导方针和领导方法两方面认真地进行检查。

"某些地方的党组织"与"这些地方的党委"同指,其引导的话题结构共同构成超句话题链(a)。"对于这种错误"相对于"某些地方的党组织"来说是次话题,如同"在纠正这种错误的时候"相对于"这些地方的党委"为次话题一样,没有干扰"某些地方的党组织"的语义延续。

(b) 二、$\emptyset_i$在领导方针上$_{ik}$。$\emptyset_{ik}$$\emptyset_{ikl}$应当预先防止将农村中斗争地主富农、消灭封建势力的办法错误地应用于城市,将消灭地主富农的封建剥削和保护地主富农经营的工商业严格地加以区别,将发展生产、繁荣经济、公私兼顾、劳资两利的正确方针同片面的、狭隘的、实际上破坏工商业的、损害人民革命事业的所谓拥护工人福利的救济方针严格地加以区别。$\emptyset_{ikl}$应当向工会同志和工人群众进行教育,使他们懂得,决不可只看到眼前的片面的福利而忘记了工人阶级的远大利益。$\emptyset_{ikl}$应当引导工人和资本家在当地政府领导下,共同组织生产管理委员会,尽一切努力降低成本,增加生产,便利推销,达到公私兼顾、劳资两利、支援战争的目的。$\emptyset_{ikl}$许多地方所犯的错误就是由于全部、大部或一部没有掌握上述方针而发生的。各中央局、分局$_{ikl}$应当明确提出此一问题,加以分析检查,定出正确方针,并分别发布党内指

示和政府法令。

"在领导方针上"是整个超句话题链(b)的话题,"各中央局、分局"是"在领导方针上"的次话题,引导下位超句话题链。

(c)三、$０_i$在领导方法上$_{im}$。【【$０_{iml}$方针决定了,$０_{iml}$指示发出了,中央局、分局$_{iml}$必须同区党委、地委或自己派出的工作团,以电报、电话、车骑通讯、口头谈话等方法密切联系,并且$０_{iml}$利用报纸作为自己组织和领导工作的极为重要的工具。$０_{iml}$必须随时掌握工作进程,$０_{iml}$交流经验,$０_{iml}$纠正错误,$０_{iml}$不要等数月、半年以至一年后,$０_{iml}$才开总结会,$０_{iml}$算总账,$０_{iml}$总的纠正。$０_{iml}$这样损失太大,而$０_{iml}$随时纠正,$０_{iml}$损失较少。$０_{imln}$【在通常情况下,各中央局$_{imln}$和下面的联系必须力求密切,$０_{imln}$经常注意明确划清许做和不许做的事情的界限,$０_{imln}$随时提醒下面,$０_{imln}$使之少犯错误。】】这$_{im}$都是领导方法问题。

"在领导方法上"与"这"同指,为整个超句话题链(c)的话题,"中央局、分局"是相对于"在领导方法上"话题的次话题,引导整个【【    】】部分的(c)的下位超句话题链。$０_{imln}$为一个隐性话题,指"各中央局",是由话题"中央局、分局"引出的次话题,两者具有整体与部分的关系,因而,由此隐性话题引导的话题结构即【【    】】部分的【    】部分可视为【【    】】部分超句话题链中的插入成分。另外,(b)和(c)中的"中央局、分局"同指,但分别为不同主话题的次话题,故而用不同的标记表示。

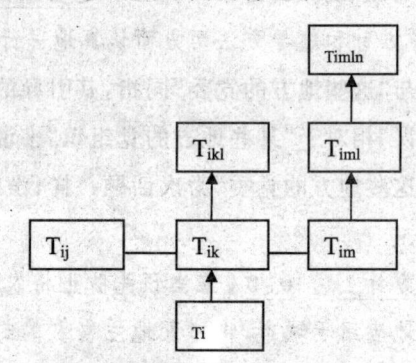

图2　例(8)的话题系统示意图

因此,篇章实际上是围绕篇章话题系统构成的,这为汉语篇章表达带来以下启示。

## 二、话题的延续与表达和理解

宏观上,文本类型、写作目的、读者对象等许多因素都影响篇章的构成,本文无法一一详述。下文,我们将主要从话题延续的角度探讨篇章表达中需要注意的几个问题。

## 2.1 篇章和语义上达至连贯

### 2.1.1 整体规划

任何篇章都会构成话题系统。篇章话题可以在横向上和纵向上得到延伸,话题的发展形式不但能体现作者的写作风格和语言使用能力,还能体现作者组织内容和深入话题的能力。但在两个方向都存在延伸限制,即篇章话题不可能在两个方向无限延伸,这是因为人的认知能力受到了约束。故而,话题的延续会形成线性与层次性均备的句子话题链、超句话题链和篇章话题链,方便受众逐次分层级地进行理解。同时,由于一些话题链中存在辅助成分,人的认知能力必然约束辅助成分的容量,从而不至于偏离主题。由此,我们认为,话题在延续中必须合理安排语句的线性排列,也必须合理安排语句的层级排列,构建好话题系统。这两个方向的排列是无法分开的。你中有我,我中有你,只是各有侧重。我们认为,篇章写作的整体规划分为两个主要步骤:

第一,选定篇章话题。选定篇章话题应该是篇章写作的第一步。篇章话题的选取决定了篇章的主题思想、篇章的目的和功能,还决定了篇章的可能布局,如篇章话题如何延续,需要什么样的次话题、次次话题来支撑等,可参看例(8)。

第二,合理分布次话题,甚至层次更低的话题。所谓的次话题是相对于管辖范围更大的话题而言管辖范围更小的话题。次话题往往有两种类型,一种是与主话题构成上义与下义、整体与部分、集体与个体、领属与所属等关系的话题,如例(3)中相对于主话题"从第二天起"的次话题"每天下班"。另一种是与主话题之间没有任何语义关系的话题,如例(6)中相对于主话题"那个厨师"的次话题"我"。由第一种类型的次要话题或者层次更低的话题引导的语句很明显可以为主话题的各个侧面进行阐述,由第二种类型的次话题或者层次更低的话题引导的语句则更多的是为主话题引导的语句作为铺垫,同样为主话题的延续和深入发展发挥作用。但层级低的话题显然不能过于延续,否则辅助成分过多,以致喧宾夺主。可参看例(8)。

当然,次话题和更低层次话题的分布取决于多种因素,如篇章话题的复杂性、文本类型的规范性、个人心理等。我们这里无法给出一个足以令人仿效的话题层次分布模型。

应该说,篇章内各种话题的层次关系构拟还无法完全完成篇章构建的功能。要形成有秩序的立体世界,还有赖于篇章内部的局部规划。

### 2.1.2 局部规划

局部规划主要指句子话题链和超句话题链的规划。例如:

(9)a. ?? 一条河在我家北边,一座山在我家西边,一个学校在我家东边,……

b. ?? 有一条河在我家北边,有一座山在我家西边,有一个学校在我家东边,……

c. 我家北边有一条河,西边有一座山,东边有一个学校。(吴中伟,2000)

就例(9)a,吴中伟(2000)指出,说话人没有认识到,在这里应该以"我家"作为话题来组织起一个话题链,即例(9)c。吴中伟认为,产生例(9)a 的原因在于:"学生对汉语句子的特点认识不足。汉语的句子是一个主题链(话题链),而不是一个主谓句法结构。问题不仅仅在于这里的句首成分是不定指的,因为,即使我们在前面加上'有',仍然是一个不合语用的句子",如例(9)b。不管吴中伟的观点是否正确,但有一点肯定是对的,即汉语句子可以是一个话题链,话题链也可能是一个汉语句子。他的例证说明了篇章的局部规划对篇章的整体接受性是很重要的。下面我们主要从话题延续的角度来论述文本类型、文化、语用、陈述方式(mode of presentation)、篇章连贯等因素对同指话题形式选择的影响。

局部规划包括要使用符合不同文本类型表达习惯的话题链。在不同的文体文本中,话题链的同指话题形式的选择具有自身的特点。因而,在表达过程中,我们需要注意文本类型对同指话题形式的选择限制。如例(10)是外贸函电,多用零形式话题;例(11)是企业简介,多用名词短语话题复现:

(10) Ø 本月16日收到有关建立业务关系的来函,Ø 不胜欣喜。Ø 谨遵要求另函奉上最新之出口商品目录和报价单。(转引自王建国等,2009)

(11) 美联物业自1973年成立以来,一直为本港居民提供住屋及物业投资顾问服务。经过多年来的积极扩展,美联物业现已成为本港最具规模的地产代理公司,分行遍及港九新界。(同上)

在对外汉语教学中还需要提醒学生,文化习惯差异会引起同指形式的不同选择。在例(12)中,我们不仅会发现这两份简历,存在汉英语言差异所导致的现象:汉语多使用零形式回指,而英语多使用代名词回指;而且还会发现在简历这种文体文本中,存在汉英文化差异所导致的现象:英语中常以第三人称回指,汉语中常以第一人称回指。(蔡基刚,2003:7)

(12) 王颖,1960年1月12日生。1982年毕业于大连外国语学院英语系语言文学专业,1986年至1988年在上海大学外国语学院英语助教班学习……

多年来,我一直从事大学英语教学工作。曾先后讲授过精读、写作和翻译等课程;为专业研究生开设过应用语言学……。

本人在各类学术刊物上先后发表高质量论文20余篇;主编、合编、正式出版的专著、译著、教材有30余本。……

Christopher N. Candlin is Senior Research Professor in the Department of Linguistics, ... In addition, he was the Foundation Executive Director.... ... He holds Honorary Professorships at the University of Lancaster ... and he is a consultant in online language learning for the UK Open University. He has had considerable consultancy, teaching and research contacts with a wide variety of institutions and countries, including research centres in China.(蔡基刚,2003)

局部规划还包括要使用符合语用目的的话题链。任何篇章话语都是为了达到一定的语用功能,因而无论是篇章的整体构建,还是局部规划都必须服从于达到预定的语用功能。下面我们以几例予以证明通过同指话题形式的选择来体现语用效果的重要性。

(13)a. *(a)我要坐两班飞机才能到我的男朋友剧组的城市。(b)坐飞机的时候,(c)我特别紧张,(d)我吃不下饭,(e)我睡不着觉,(f)我看不了书,(g)我只能跟别的旅客谈话。(陈晨,2005)

b. (a)我要坐两班飞机才能到我的男朋友剧组的城市。(b)坐飞机的时候,(c)(我)特别紧张,(d)吃不下饭,(e)睡不着觉,(f)看不了书,(g)只能跟别的旅客谈话。

例(13)是留学生的话语。陈晨(2005:77)认为,其中该省略主语的地方没有省略,造成语句衔接的不连贯或衔接生硬,应该省略括号内的"我"字,才符合汉语习惯。但我们认为,若此例并非留学生的话语,从语用角度来看,本例中使用大量的"我",正好表达了说话人紧张的心理状态。但若非出于表达紧张心理状态的语用要求,则该例可视为存在陈晨所指出的衔接和连贯问题,应该纠正为例(13)b。再如:

(14)a. *他是我朋友。他是美国人。他现在在上海工作。他很希望能学点上海话。

b.他是我朋友,美国人,现在在上海工作。他很希望能学一点上海话。

吴中伟(2000)认为,例(14)由四个语句组成,各语句话题相同;但由于这四个语句并不在同一层次上,因而上面的四句话必须缩成两句;例(14)a中的句号起到了标志作用,所以在第四语句上的"他"仍然是必要的。从我们的角度看,若例(14)a中多次使用"他"不是为了达到某种特殊的语用效果,确实可修改为例(14)b,因为前三个语句中的陈述模式是一致的,不应该重复使用"他",而最后一个语句的陈述模式发生变化,即该语句描写的是心理,而不是如前面三个语句一样陈述事实,因而需要复现话题形式"他"。

我们认为,句子话题链中多次显性出现同指话题形式往往是由于陈述模式发生变化或应表达某种特殊语用效果的要求而引起的,明确这点可以有效地避免话题链中同指话题形式选择失误的现象,让外国留学生和少数民族地区的汉语学习者学习到更标准的汉语表达。

(15)(a)他$_i$扫雪,(b)他$_i$买东西,(c)他$_i$去定煤气灯,(d)他$_i$刷车,(e)他$_i$搬桌椅,(f)他$_i$吃刘四爷的犒劳饭,(g)他$_i$睡觉,(h)他$_i$什么也不知道,(i)ø$_i$口里没话,(j)ø$_i$心里没思想,(k)ø$_i$只隐隐的觉到那块海绵似的东西!《骆驼祥子》

(16)ø$_i$走出餐厅,ø$_i$目送着一身名牌的丁四开着高级轿车渐渐远去,李二$_i$心里又是羡慕又是嫉妒;……。骂骂咧咧的李二$_i$突然灵光一闪……《事与愿违》

例(15)中,(a)—(g)语句群因为多次显性出现同指代名词话题形式"他",很明显表达了一种强烈的篇章语用效果,即表示"祥子在丢失买车的钱后,即将实现的希望,第二次又遭受破灭后的复杂心情"。在(g)语句之后的(h)—(k)语句群主要是描写祥子的内心世界,烘托了祥子几近麻木的心态。例(16)中,话题"李二"在延续时,使用了变体形式"骂骂咧咧的李二"反映了"李二"为人低劣的品质。这两个例子虽然只是整个篇章中的一段话语,但都可以以小见大。前者烘托了"祥子"不幸的人生,"仿佛是个能干活的死人",后者预示了"李二"走向犯罪的结局。

能够反映篇章连贯性影响话题延续形式的一个重要语言现象就是"被"字句的使用。李菡幽(2007:240—243)认为,在对外汉语教学中,"被"字句的选择问题是难以攻克的主要问题之一。郭圣林(2006:26)认为,汉语篇章中选择使用被动句,是为了使前后语句的主语保持一致,使语段的语义连贯,语气流畅。黄伯荣、廖序东(2002:235)也认为,在特定的上下文里,为了使前后语句的主语保持一致,使叙述的重点突出,语义连贯、流畅,也宜使用被动句。被动句的使用与陈述的对象和语境有密切关系。如在例(17)a(c)中,作者选择"被"字句就是为了与(17)a(a)、(17)a(b)语句之间的衔接更紧密,语义更连贯。如果(17)a(c)语句换成主动句,则整句的流畅性和语义的连贯性都将受损。如(17)b:

(17)a. (a)门上的漆深绿,(b)配着上面的金字,(c)都被那支白亮亮的电灯照得发光。《骆驼祥子》

b. ??(a)门上的漆深绿,(b)配着上面的金字,(c)那支白亮亮的电灯照得整个门发光。

其实,张先亮和范晓(2008:16)就认为,在连贯的话语中,"被"字句的句首主语也是语用平面的话题,因而与上下文句子的话题相同,从而在篇章中形成一个前后呼应的话题链。如果把该用"被"字句的地方换成了主动句,把受事主语改为宾语,就会出现一些问题,或句子虽然勉强能够成立,但由于话题链遭到破坏,话语叙述的视角变了,文章也就不畅了。刘顺(2005:54)也认为,"被"字句的使用,主要受话题链的制约。话题是一句话的起点,只要说话人不想转变话题或另建话题链,后面的话语就要围绕话题展开。为了达到这样的目的,说话人就要对后续句子的结构进行调整,很多"被"字句的使用,就是因为这个原因。如例(18),例(18)a 由于次话题"王红利"没有变,而例(18)b 在例(18)b(c)处变换了话题,所以例(18)a 比例(18)b 在语感上要流畅得多,也就是说,例(18)b 尽管合句法、合语义,但不合语用。

(18)a. 今天,(a)王红利$_i$倒霉透了,(b)ø$_i$刚进门就被科长骂了一顿,下班的时候,(c)他$_i$又被几个流氓狠打了一顿。

b. ?? 今天,(a)王红利$_i$倒霉透了,(b)ø$_i$刚进门科长就骂了他一顿,下班的时候,(c)ø$_i$几个流氓又狠打了他一顿。(刘顺,2005)

## 三、结语

本文基于王建国(2009)提出的篇章话题系统,对(对外)汉语写作教学中的篇章表达问题提出了做好整体规划和局部规划的两个看法,认为整体规划在于选好篇章话题,以及相应的次话题和次次话题,局部规划则主要在于写出符合语言和文化规范的句子话题链和超句话题链,做到实现局部乃至整体篇章表达的语用目的和功能。

**参考文献**

蔡基刚(2003)《英汉写作修辞对比》,复旦大学出版社。
陈　晨(2005)英语国家学生学习汉语在篇章连贯方面的常见偏误,《四川大学学报》第3期。
郭圣林(2006)被字句的语篇考察,《汉语学习》第6期。
黄伯荣、廖序东(2002)《现代汉语》,高等教育出版社。
李菡幽(2007)汉语作为第二语言学习语法偏误研究综述,《福建师范大学学报》(哲学社会科学版)第6期。
刘　顺(2005)《现代汉语语法的多维度研究》,社会科学文献出版社。
王建国(2009)汉语话题链系统,《澳门理工学报》第4期。
吴中伟(2000)对外汉语教学语法体系中的主语和主题,《汉语学习》第4期。
张先亮、范　晓(2008)《汉语句式在篇章中的适用性研究》,中国社会科学出版社。

(200237　上海,华东理工大学外国语学院)

# 反问（否定性疑问）的语义和功能
## ——以汉语与马达加斯加语的反问标记为例

陈振宇　安明明

**摘　要**：马达加斯加语与汉语一样，有比较发达的反问标记，它们的功能与所谓"修辞性疑问句"不一样，是表示否定意义的。两种语言的反问标记在产生机制上也非常相似。形成反问句最重要的机制是语义之间的转化。两种语言都有的重要的语义转化关系有：反预期向反驳的转化、肯定判断向否定的转化、否定判断向肯定的转化、存在词向不存在的转化、存在预设向不存在的转化、否定判断向否定的转化、yes—no 疑问向否定的转化、究问向否定的转化。

**关键词**：反问；标记；语义关系；否定；推测问

## 一、理论背景

本文讨论汉语和马达加斯加语（下面简称"马语"）反问标记的来源及语义维度。

世界语言中反问句的情况各不一样：西方语言学理论喜欢从更大的无疑而问的角度来思考有关现象，并没有专门的反问句；汉语则设立了"反问"这一范畴，即以疑问形式表达否定判断。反问句与西方的修辞疑问句（rhetorical questions）并不完全对应（反问的范围更大），所以本文把"反问"按汉语语法研究的理解译为"negational questions"（否定性疑问）。之所以如此，是因为汉语有发达的反问标记系统，李宇明（1990）称为有标记的反问句，而欧洲语言则缺乏这样的反问标记。以英语为例，它只有一个表原因的 why，不像汉语分化出了"怎么"[＋主观性]和"为什么"[±主观性]；英语表地点的 where 并没有泛化；英语不能在句中或句前直接加系动词或其否定形式，因此没有汉语表认识的"不是"这样的反问结构；英语更没发展出"难道"系词语；英语也缺乏表疑问的语气词和语气副词。

从世界语言角度讲，"反问"研究非常必要，因为其他一些语言也会有特定的反问标记，如不设立"反问"范畴，就不能正确看待相关语言现象。马语就是一个富有反问标记的语言,它与汉语属于不同的语言类型,但是在反问方面,却很相似。我们见到的法国/法语语言学家编写的马语语法书(见 Andriamanatsilavo Seth & Ratrema William, 1981;Rajaonarimanana Narivelo,1994;Rajemisa-Raolison Regis,1971)从欧洲的眼光看,不能理解马语疑问句中的一些"奇怪"标记,他们称之为"夸张用法"或修辞疑问句。但从汉语的角度看,反而较易理解,因为它们在认知或语义上与汉语的反问标记是相通的。这种相似性表明,普遍适用的认知或语义原则是"反问"范畴的核心。

在具体描写和阐释前,先看两个基本概念"标记"与"反问"及一些有关马语的知识。

### 1.1 本文所说的标记

语言中所谓的"标记"(markers)或"表达式"(expressions),实际上可以分为不同的层次:最强的标记只表示一种清晰的语法意义(专一性),而且表示该种语法意义一定要用它(强制性);次强的标记,意义有一点模糊,但多种功能中有一种功能是最突出的(中心性),表示该种语法意义虽非必须却常常要用到它(常用性);稍弱的标记,多种功能中并非只有一种主要功能,可能有多个主要功能(选择性),表示该种语法意义不经常用它,但用它时往往能很容易地得出该种语法意义(倾向性);最弱的标记,表示该种语法意义不是其主要功能,只是一个附带的功能(伴随性),表示该种语法意义不用它,但它的存在对该种语法意义有加强功能(辅助性)。

汉语缺乏最强势的那种语言标记,只有一些次强的标记,甚至更弱的标记。例如,汉语时间系统并无英语的-ed、-ing 那样的强势标记;时间助词"了$_1$、着、过$_2$"等,虽然其核心功能是表时间,但它们也有情态功能,只不过时间功能最为突出罢了,另外,表时间意义时它们也并非不可缺少;汉语大量存在着弱标记,如任何一个表变化的句末语气词(如"了$_2$、矣、哉"等),都使事件的边界——开始与终结——得以突显,从而较容易得到完成意义;而表确定语气的句末语气词(如"的、来着"),则容易得出事件的已然性。

在类型学有关语法范畴的标记序列中,反问属于较弱的一种。所以,在汉语和马语中,它们都只有次强和弱的标记。

### 1.2 何谓"反问"

反问是无疑而问的一种。"无疑而问"的范围相当广泛,包括各种偏离典型询问功能的用法,如乙对甲说,"小王考上复旦大学了",甲问"小王考上复旦大学了?"或"小王考上了什么大学?"表示他对这件事的惊讶甲而非疑惑。这种情况不属于反问。

"反问、反诘"的用语古已有之。不过"反问"一般指别人问你,你"反过来询问":

(1)桓公问孔西阳:"安石何如仲文?"孔思未对,反问公曰:"何如?"答曰:"安石

居然不可陵践其处,故乃胜也。"(《世说新语》)

再如佛教有一种用反过来提问的方法来作为回答的对论方式,称为"反问答论门"。中国古代真正与今天"反问"意义相近的是"诘"或"反诘"。

(2)诘,问也。(《说文》)　　诘,责也。(《广雅》)

诘可以是一般的询问,但更常见的是带有特别语用色彩的责问、质问、盘问、追问:

(3)哀公默思良久,反诘伍员曰:"陈蔡国僻,无宝不足怪;楚乃千乘之国,地富民殷,何亦无宝?"(明·余邵鱼《周朝秘史》)

在汉语语法创立之初,对"反问"这一概念尚没有明确的认识。《马氏文通》在"传疑助字"中,仅谈到"无疑而用以拟议者"。黎锦熙《新著国语文法》中提到"表反诘或反推"(其"反推"大约相当于今天说的推测问),以此说明"难道、哪、岂、莫不"等副词以及"谁……吗""不……吗""难道……吗"等句子的用法,但也未对"反诘"进行详细阐释。把"反问(反诘)"作为一个独立的语法或语言学概念加以论述的文献,我们见到的最早的是吕叔湘(1942)《中国文法要略》(书中有"反诘"一节)。吕先生讲的反诘,特指用疑问表达否定的方式,主要有特指问和是非问两种(他还谈到选择问和反复问中的反诘)。

反问中最为典型的功能是反诘或称反驳,如郭继懋(1997)认为反问句总含有"X(行为)不合乎情理"的蕴含义;但反问句也有少数表提醒、告知等非反驳功能的例子。

### 1.3 马达加斯加语及其疑问句的结构

马达加斯加人是从马来西亚、印度尼西亚和非洲迁徙过去的。今天所知的马达加斯加语属于南岛语系中的印度尼西亚语族婆罗洲语支。

马语是比较典型的 VOS 语言,如:

(4) Mianatra　teny sinoa　izy.
　　 学习　　　汉语　　　他　　　(他学习汉语)

但马语有前置焦点的句法转换,即将焦点话题前置于句首。当句中有动词时,要在前置焦点话题与动词之间加上焦点标记,在肯定句中这一标记一般是小品词 no:

(5) Izy　no　mianatra　teny sinoa.
　　 他　焦点标记　学　　汉语

(他学汉语——焦点话题为"他"。此处加框表焦点话题,下同)

这一点对疑问句十分重要,因为马语 wh 词一般必须前置为焦点话题。马语 wh 词十分丰富,有 iza(谁)、aiza(哪儿)、inona(什么)、oviana(什么时候)、firy(多少)、ahoana(怎么[方式])、nahoana(怎么[原因])等。wh 词或短语后通常要加一个表示"究问"语气(无焦点标记时兼焦点标记)的 moa;但也可不用,不用时疑问语气稍弱,如:

(6) Iza （moa） no tia ny?
　　谁　究问词　焦点标记　喜欢+他
　　(他喜欢 谁 ?——有下划线的是加缀词，下同)

(7) Boky inona （moa） ity?
　　书　什么　究问词　这
　　(这是 什么书 ?——马语领属、修饰定语后置于名词)

(8) Aiza （moa） ianao no mipetraka?
　　哪儿　究问词　你(主)焦点标记　住
　　( 你 住在 哪儿 ?)

(9) Ahoana （moa） no nahatonga van'i John teto Beijing?
　　怎么[方式]　究问词　焦点标记　来　专有名词标记　约翰　北京
　　(约翰 怎么 来的北京?)

(10) Nahoana （moa） no tonga teto Beijing ianao?
　　怎么[原因]　究问词　焦点标记　来　北京　你(主)
　　(你 怎么/为什么 来北京?)

马语 yes—no 问句有三个标记：ve、va、moa，都在疑问焦点之后。其中 ve 是最纯粹的中性询问词，只用于 yes—no 问句，功能相当于汉语的"吗"。如：

(11) Sahi nao ve no manao an'io?
　　敢+你　疑问词　焦点标记　做　这个　( 你敢 做这个吗?)

(12) Teny an -tsena ve ianao omaly?
　　在(介)　在(前缀)　超市　疑问词　你(主)昨天 (你昨天去了 超市 吗?)

(13) Misy olona ve?
　　有　人　疑问词?　　( 有人 吗?)

而 moa 和 va 用于反问句或极性肯定句。

## 二、汉语和马达加斯加语的反问标记

从语言比较与语言类型学的视角看，基于语义和功能的分类更为合理，不同的语言可能在形式及词法句法构造上有着巨大的区别，但语义则必定是相通的。我们据此把反问标记分为八类，每一类都代表了一种语义转化维度；下表中"→"左方为该标记原来的语义功能,右方为其担任反问标记时所具有的语义功能。请注意,右方功能大多是否定(包括全称否定),但有一个例外,即"不是"类标记,它自身表示否定,而否定之否定成为肯定,所以虽然也是反问标记,但却是对命题意义的肯定。汉语、马语具有很好的对应性,反问标记共八类,见下表:

汉、马语反问标记的语义维度分类表

| 类别 | 汉语 | 马达加斯加语 |
| --- | --- | --- |
| 反预期→否定 | "竟(然)……(吗/么)""还……(吗/么)" | ka mba(竟然) |
| 肯定判断→否定 | "是……(吗/么)""就……(吗/么)""就是……(吗/么)""能[认识]……(吗/么)""可……(吗/么)""可能……(吗/么)""会……(吗/么)" | angaha(可能……吗) |
| 否定判断→肯定 | "不(是)……(吗/么)""岂不是/岂非……(吗/么)""不可能……(吗/么)" | tsy hoe(不是说了) |
| 否定判断→否定 | "难道……(吗/么)""不成?""莫非……(吗/么)" | sanatria(从来没有) |
| 存在词→全称否定 | "有……(吗/么)""有……这么/这样……(吗/么)" | misy(有) |
| 存在预设→否定 | "孰""哪(儿/里)……(呢)""干吗/嘛……(呢)""怎么……(呢)""何(不/必/尝/苦/须/曾)……(呢)" | aiza(哪里)nahoana(怎么[原因]) |
| yes—no 疑问→否定 | 粤语:me[ma(吗)的变体]"岂……(呢)" | va[ve(吗)的变体] |
| 究问→否定 | "还/可/啊……" | moa |

表中有下划线的是该种语言中最为常用的标记。下面一一介绍上表的具体内容。

### 2.1 反预期→否定

如"竟(然)……(吗/么)""还……(吗/么)"等:

(14)你竟然还爱他?

(15)你看,他还是你爸吗!

马语 ka mba,本义指某人达到一个目的,而说话者认为这是不可能的,即事实与预期不符,所以它是反预期标记,在陈述句中,ka mba 可译为"竟然、居然、没想到"。如:

(16)Nianatra tsara izy ka mba tafita.
　　　过去时+学习　好　他　竟然　　发财(他好好学习竟然发财了!)

与汉语相似,在疑问词 ve(吗)后带上(ka)mba,句子基本上表示的是反问。如:

(17)Rakoto ve mba hiteny?

Rakoto 疑问词 竟然 要说话？

(Rakoto竟然要说话吗？——意为"Rakoto肯定不会说话")

(18) Ianao ve ka mba mino izay tenenin'ny olona?
你（主） 疑问词 竟然 相信 别人说的话？

(你竟然会相信别人说的话吗？——意为"实际上你从来不会相信别人的话")

### 2.2 肯定判断→否定

如"是……（吗/么）""就……（吗/么）""就是……（吗/么）""能[认识]……（吗/么）""可能……（吗/么）""会……（吗/么）"等：

(19) 他是好人吗？

(20) 你就这么傻吗！

(21) 你可能斗得过他么！

马语主要是 angaha，本义是"也许、可能"，但 angaha 自身就带有疑问语气，相当于"可能……吗"（所以句中不用疑问词 ve），句子实际上是指"不可能"。

(22) Izaho angaha no nanao izany?
我（主） 可能 焦点标记 做了 那个？

(我可能干那个吗？——意思是"肯定不是我干的")

(23) Izy angaha no iza?
他 可能 焦点标记 谁？ (他可能是谁吗？)

注意，例(23)"iza"和汉语译句中的"谁"的功能相似，是不定代词用法，指他不是某个重要的人物（而不是指他不是人），所以它不是疑问焦点，故未前置。

### 2.3 否定判断→肯定

如"不(是)……（吗/么）""岂不是/岂非……（吗/么）""不可能……（吗/么）"等：

(24) 他不没去过吗！

(25) 这岂不是自讨没趣。

马语的 tsy hoe，本义为"不是说了"，用在疑问句中指"不是说了……吗"，表示对命题的肯定。如：

(26) Tsy hoe tsy tonga va izy?
不是说 否定词 来 疑问词 他

(不是说了他 没来 吗?——意思是"他是没来")

(27) Tsy hoe tia haisoratra va ianao?
　　 不是说 喜欢 文学 疑问词 你(主)

(不是说了你 喜欢文学 吗?——意思是"你喜欢文学")

请注意,这里疑问词用表反问的 va 而不用 ve,说明 tsy hoe 的反问功能不太强,所以才需用 va 来标注,其语法化程度远不如汉语"不(是)"。3.1节我们将进一步阐释。

### 2.4 否定判断→否定

如"难道……(吗/么)""不成?""莫非……(吗/么)"等:

(28)难道他是上帝吗/不成!

(29)莫非你还相信他么!

马语最重要的反句标记是 sanatria。它的本义为"从来没有",在陈述句中,不能用在句中,只能单独作为应答语:

(30)——Efa n anambady ve ianao? ——Sanatria!
　　　 已经 过去时+结婚 疑问词 你(主)　　　 从来没有

(——你 已经结过婚 吗?——从来没有!)

在加上表询问的 ve 之后,"sanatria ve"就相当于汉语的"难道……吗/么",主要是反问用法,而且它发生了重大的句法变化:必须前置于句首。如:

(31) Sanatria ve tena sarotra toy izany ny matematika?
　　 难道 疑问词 真的 难 这么 数学

(难道数学真的这么难吗?——意思是"数学其实不难")

(32) Sanatria ve dia tsy ho fantatro?
　　 难道 疑问词 否定词 我会知道

(难道我会不知道?——意思是"我当然知道")

### 2.5 存在词→全称否定

如"有……(吗/么)""有……这么/这样……(吗/么)"等:

(33)有你这样傻的吗!

马语 misy 是动词,表示"有",加上表高程度的"这样那样",句子也常变为反问句:

(34) Misy olona tonga lafatra tahak'izany ve?
　　 有 人 完美 那样 疑问词?

（有那样完美的人吗？——意思是"没有人那么完美"）

### 2.6 存在预设→否定

如"孰""谁""什么""哪（儿/里）……（呢）""干吗/嘛……（呢）""怎么……（呢）""何（不/必/尝/苦/须/曾）……（呢）"等。疑问代词预设存在答案，如"他怎么没来？"预设"他没来"有原因有理由，所以称为"存在预设"。在反问句中否定的不是具体的原因和理由，而是原因和理由的存在。一个行为没有理由，即意味着它不合情理，不该发生。

(35) 他哪儿打过你啦！

(36) 你怎么老迟到呢？

(37) 这叫我怎么帮你！

马语在这最常见的是两类：处所词与原因词。aiza 本意是"哪里"，与汉语的"哪（里/儿）"一样，有否定性的反问用法。如：

(38) Aiza　moa　no　tsy　hahay　izy? E　ity fahazotoany　mianatra!
哪里 究问词 焦点标记 否定词 会　他　你看　他的努力　　学习
（他哪里不会呢？你看他这么努力学习！——意思是"他肯定会"）

(39) Aiza　ka　tsy　hand ha　izy?
哪里　否定词　要去　他？
（他哪里不要去？——意思是"（我们要求）他一定要去"）

(40) Aiza (moa) i　John no　namely　an'i Mary izany?
哪里 究问词 专名标记 约翰 焦点标记 过去时＋打 专名标记 玛丽 这样
（约翰哪里打了玛丽了？——意思是"约翰一定没打玛丽"）

nahoana，本义是询问原因的 wh 词，有意思的是，它是在表方式的 ahoana 上构成的，这十分类同于汉语"怎么"从方式到原因的发展过程，而且表原因的 nahoana 和"怎么"一样，常有反问用法：

(41) Fa dia nahoana　loatra　no　hadinonao　ny entana?
怎么[原因]　　　到底 焦点标记　你忘了　　东西
（你到底为什么忘了东西？）

这句实为责备"你不应该把东西忘了"，相当于汉语表责备的"你怎么把东西忘了"反问句。另外，马语用了究问副词"loatra（到底）"加强语气，以保障反问意义的发生。

### 2.7 疑问（语气词）→否定

这一现象在普通话中没有，主要出现在历史上及现代南方方言中。古代汉语的

"岂",有可能是从疑问副词发展为反问标记的。不过在很早的历史时期,它已经大量或基本上是次强的专用反问标记了:

  (42)岂不尔思?远莫致之。  岂无膏沐?谁适为容!(《诗经》)

广东话的是非问标记"……吗"(ma),由否定词"唔"(m)和语气词 $a_4$ 合音而成,表询问;但它有一个表反问的变体"…me",元音不同,在意义上则增加了"反预期"的功能,指所问的命题与说话者的设想严重不符,说话者极力要求对方予以解答。从"反预期"可知,me 多是道义否定(参见梁仲森,2005:78):

  (43)乜你今日唔使拍戏 me?

  (44)阿康未返 $a_4$。你食唔切 me?

马语则有个更灵活的 va,与疑问词 ve 也仅元音不同,而 va 用于反问句,如:

  (45)Ho sahintsika va  no  minia  ho very?
    我们会敢  疑问词 焦点标记 假装  失踪
    (我们敢假装失踪吗?——意思是"我们不会假装失踪")

  (46)Tena n andinika tsara ny zava-hitany va
    真  过去时+观察 好好地 看到的事情 · 疑问词
    re  izay  milaza fa izany no  tena marina?
    谁[不定指] 说  这 焦点标记 真  正确
    (谁说这是事实,他真的好好地观察到了他见到的东西吗?——意思是说话者怀疑事实可能不符合这个人所主张的,因为他很有可能没有仔细地看)

这令人怀疑广东话的 ma、me 变化,有可能受南岛语系影响,不过尚无确实证据。

### 2.8 究问→否定

这里先来看马语特殊疑问词 moa,汉语中没有与之对应的疑问语气词。我们认为,它的功能是强烈要求对方提供相关信息,加强疑问语气,而其实质是由"究问"语气标记发展出 yes—no 疑问标记,再进一步发展出反问标记。

首先,作为究问标记,它可以自由地与 wh 词共现,构成特指问句,如前面例(6)—例(10)所示,而且用 moa 后,询问语气会有所加强。

其次,moa 单用也能直接构成 yes—no 询问句。

  (47)Moa  ho avy  anio i rainao?
    究问词 未来时+来 今天 你爸爸?(你爸爸今天回来吗?)

第三,它们与 wh 词共现时常表示反问。

  (48)Midika inona moa  ny fanolorany anao an'io?

　　　　　　有意义　什么　究问词　他送的　你　这个？
　　　（他送你的这个东西有什么意义吗？——意为"他送你这份礼物其实没有什么意义"）

第四,在 yes—no 问句时,moa 之后可以加上"ka",只能用于句首,并专门表示感叹性反问句,成为马语中典型的反问标记之一。

(49) Moa ka　　tsy　　very　　ny ombinay?
　　　反问标记　否定词　失踪　　我们的牛
　　（我们的牛没丢吗？——意思是"我们的牛竟然丢了！"）

(50) Moa ka　lasa　Rabe?
　　　反问标记　走了 Rabe
　　（Rabe 走了吗？——意思是"Rabe 没有走！"）

因语法化很深,这里 ka 的本义已不得而知。而 moa 或 moa ka 还可再进一步和 va 共现,并加强反问语气,说明 moa 或 moa ka 已逐渐脱离疑问功能而为专用反问标记。

(51) Moa　　va　　tsy　sahalan'ny rafitra politika　ihany?
　　　反问词 疑问词 否定词　像　　　　政治政策　　也?
　　（(这)不像政治政策吗？——意思是"这其实像个政治政策"）

(52) Moa ka　　tsy　izany　va?
　　　反问标记 否定词 这样 疑问词
　　（不是这样吗？——意思是"的确是这样"）

此外,moa 还有一种极为特殊的用法:当 moa 后停顿,或 moa 与 fa(关系从句标记)等共用,表示强烈肯定语气,这一用法的机制目前尚不清楚。如:

(53) Ny boky　moa　　//　efa　　lafo
　　　书　　究问词　　　已经　卖掉　　（书呢,已经卖掉了。）

这是肯定"书已经卖掉了",我们猜想它可能和汉语的句中停顿语气词"呢"类似,用来表示焦点或话题。

(54) Fantatrao　moa　　fa　　　ho avy　　aho　rahampitso?
　　　你知道　　究问词 关系从句标记 未来时+来　我　　明天
　　（你知道呢,因为我明天会来。——这是指"你应该知道我明天会来"）

汉语史上曾存在且今天在方言中继续发挥作用的语气副词"还/可/阿"(它们有历史继承关系)是汉语语气与疑问范畴中的一个难解之谜,因为其用法十分复杂且缺乏类型学上可资比较的对象。本研究发现,这并非孤立现象,虽然"还/可/阿"是副词,而

moa是语气词,但二者在认知语义上遵循着同样的演化路线。首先,作为究问标记,都需与其他疑问形式共现,早期"还/可"句就是如此。(加"[ ]"的是与之共现的疑问形式)

(55)帝勉曰:"今任卿已,可有谏[未]?"(《新唐书》)

(56)对曰:"前后则且置,和尚还曾见[未]?"(《祖堂集》)

(57)还不曾开口,那老姆姆知趣,先来问道:"可看中了[谁]?"(《今古奇观(下)》)

现代汉语方言中既有"可VP"yes—no问句,也有究问"可"与其他疑问形式共现的用法,这种复杂分布与马语也很一致,如安徽阜阳方言(例引自王琴,2008a、2008b):

(58)怎可相信俺[芒(没)]? 可有多大? 他可喜欢不喜欢看电影? 究问

(59)介衣服可漂亮? yes—no疑问

只不过,"还/可/阿"类未进化为专门的反问标记,而仅仅是其疑问句常带有反问语气而已,如在上海方言《海上花列传》中,"阿"反问句只占23.4%(马赟,2006),因此"还/可/阿"类仅仅是前面所说的最弱的反问标记,在语法化程度上不如马语moa。

(60)耐阿敢勿去拿? ——意指不敢不去拿

(61)倪塌台末,耐沈小红阿有啥好处? ——意指没有好处

## 三、从汉、马反问标记对比中获得的启发

### 3.1 否定标记之间的差异

表认识的"不(是)"(包括用于"岂不是/岂非"中的"不是"和"非")和tsy hoe(不是说了),表示说话者对命题意义的否定性评价,是一种主观性的情态标记,它们都直接用于疑问句并发展出反问标记的用法;而一般的否定词,如汉语中依附于谓词助动词的"不、没"、马语的tsy和英语的not(某些语言的否定词依附在句子上)等,仅表示否定性命题,仅仅是客观命题意义的一部分,虽然也会用于反问句,但并未演变为单独的反问标记。显然,"是"与hoe(说)的主观性是从否定标记向反问标记转变的基础。但马语的动词hoe(说)不如汉语的"是"主观性强,两类标记的差异表现在能否进一步语法化上。

一是,汉语的"不是……(吗/么)""岂不是……(吗/么)"可以略去"是"变成"不……(吗/么)""岂不……(吗/么)"格式,其中的"不"已经专门化,成为特定的反问标记。汉语中有些词项本来不能加否定副词"不",如不能说"*他不已经来了"(因为副

词"已经"是不能否定的),但加反问标记"不"就不成问题,如可以说"他不已经来了?!"从"不是"到"不",这正是一个反问标记进一步虚化、固化和结构简化的过程。而马语 tsy hoe 词汇化程度不高,没有进一步固化、简化。

二是,汉语的"不是"类否定判断,除了转变为反问标记,同时还转变为推测问标记。不过,反问用法和推测用法是相互独立的,两种用法都从同一个源头产生,但各自选取了适合的语气词(一个用"吗/么",一个用"吧"),从而发生了分化。

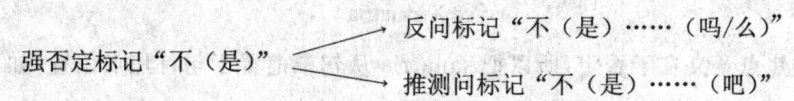

强否定标记"不(是)" ⟶ 反问标记"不(是)……(吗/么)"
　　　　　　　　　　  ⟶ 推测问标记"不(是)……(吧)"

根据陈振宇、邱明波(2010),任何强否定标记,在"反预期语境"(context of counter-expectation)中,都可以演化为一个表示可能的弱肯定判断,如:

(62)坐在台下的人越听越不对:"他们<u>不是</u>在说胡话吧?!"

由于马语 tsy hoe 词汇化程度低,所以也没有发展出这种推测问用法。

### 3.2 "难道"类反问标记的形成

关于汉语"难道"反问用法的形成,历来存在争议。古代作为短语时,"难+道"表示"难说、不好说"的意思。有两种观点:一种认为"难道"先发展为表示"否定性评议"的结构,才进一步变为反问标记(参见孙菊芬,2007)。另一种认为,"道"有"料"义,"难道"即难以预料,虚化为副词后,表示深感意外的语气和情态,再由"反预期"产生反问意义(参见袁劲,1986)。与"难道"相似的"不成"本来表示"未长成、不成功、不能"等义,杨永龙(2000)发现在"不成"虚化时有一个表示否定性评议的过程,如"不成说不知礼也(《二程集》)",然后再变为反问标记。再看马语的 sanatria,本义为"从来没有",用于答语之中,也是表示否定性评议。我们猜想,"难道、不成"和 sanatria 都是一类,是从否定性评议发展出反问用法的。

但是,具有"否定性评议"功能的符号,并不只有"难道、不成"和 sanatria,"不(是)"、tsy hoe 也是否定性评议。但是前后两类在演化过程中存在明显的差异:从"疑问=否定"的认知公式看,在疑问句中相当于又给"不(是)"、tsy hoe 加上了一个否定性意义,否定之否定即为肯定,所以它们变为反问标记后,是起肯定命题的作用。但是,"难道"类否定标记变为反问标记后,却依然表示否定,这是为什么?

一种猜测(如杨永龙(2000)对"不成"虚化过程的解读)认为,从否定评议到反问不是陡然发生的,应该经历一个过程:否定陈述先变到弱肯定的推测问句,再到强否定的反问句。这一观点不合乎语料中的倾向性:如果杨说为真,则在早期表示推测的语料应占多数,而表示反问的语料应该较少,如"莫非、莫不是"那样;但是,事实正好相反,在

"难道、不成"的早期语料中,表示反问的语料就已经非常多了,而表示推测的语料较少。

从马语 sanatria 的演变过程我们做出一种新的猜测,从否定评议到反问确实是陡然发生的。Sanatria 本来只能在答句中独用,在其语法化过程中发生了两个转化:一是问句与答句糅合在一起,成为一个句子,即说者自问自答,如下所示:

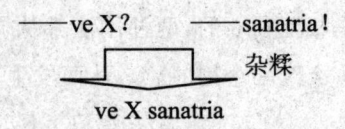

$$\underbrace{\text{——ve X?\quad ——sanatria!}}_{\text{ve X sanatria}} \text{杂糅}$$

二是由于焦点意义在于否定,所以把 sanatria 从句末前置于句首焦点位置,如下所示:

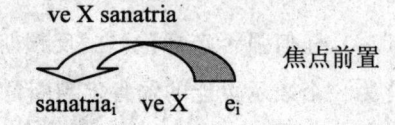

$$\text{ve X sanatria} \atop \overset{\frown}{\text{sanatria}_i\ \text{ve X}\ e_i} \text{焦点前置}$$

正由于 sanatria 已经占据句首位置,所以句中其他成分不能再前置。当且仅当占据句首位置,sanatria 才成为反问标记,它表示所问问题的命题意义不为真,从而得到强烈否定的反问句意义。也正由于 sanatria 的语法化过程如此之深,所以才成为马语中最为显著的反问标记之一。(请注意,这里讲的两个转化,不是两个时间相接的演化阶段,实际上,这两个转化是同时发生的,所以一旦转化成功,sanatria 就位于句首。)

我们认为,汉语与马语虽属不同类型的语言,但具有相同的语用机制,即都有反问句的句首话题焦点突出性质。"难道、不成"也是作为焦点突出而前置于句首,从而成为汉语最为显著的反问标记。这一观点的一个旁证是,只要句中有其他反问标记,就不违反反问句的句首焦点突出性质,"不成"就可以出现在句末,这一现象在唐代就已出现:

(63)岂有既出家后,师主不受十戒,恐其毁坏大戒<u>不成</u>?(《南海寄归内法传》卷三)

由于"不成"在后,违背了反问句的句首焦点突出性质,所以这种句子很少。后来,"不成"常与"难道"等合用,并转到了句末,才越来越像是语气词。

陈振宇、邱明波(2010)说,反问标记由于表示强烈的否定,主观性也强,所以在"反预期语境"中会发展出修辞性的推测问用法:

(64)<u>难道</u>他是你爸爸吗?不然你干嘛什么都听他的!

例(64)中,说话者推测他可能或很可能是你爸爸,只有这样才能解释对方的行为"什么都听他的";由于是由反预期语境转化而来的,所以句子多少带有惊讶的意味。

"难道"的演化过程可以记为:

否定判断"难道" ——→ 反问标记"难道……(吗/么)" ——→ 推测问标记"难道……(吗/么)"

只有语法化极深的反问标记才会发展出推测问用法,汉语主要是"难道、不成、岂"三个。马语中也只有sanatria(从来没有)和moa ka是语法化极深的反问标记,其中只有sanatria才发展出推测用法,如:

(65)Sanatria　ve　hamitaka ahy izy?
　　　难道　疑问词　会骗　我他?
　　(难道他会骗我吗?——意为推测"他"这次可能真的骗了我)

正因为"难道"的推测问用法来自反问用法,所以它继承了后者的适配语气词"吗、么",这与"不是……吧"的搭配形成了鲜明的对比。

**参考文献**

陈振宇、邱明波(2010)反预期语境中的修辞性揣测意义,《当代修辞学》第4期。
郭继懋(1997)反问句的语义语用特点,《中国语文》第2期。
李宇明(1990)反问句的构成及其理解,《殷都学刊》第3期。
黎锦熙(1924)《新著国语文法》,商务印书馆1998年再版。
梁仲森(2005)《当代香港粤语语助词的研究》,香港城市大学语言资讯科学研究中心。
刘娅琼(2010)《汉语口语中的否定反问句和特指反问句研究》,复旦大学博士学位论文。
吕叔湘(1942)《中国文法要略》,商务印书馆1982年版。
马　赟(2006)《海上花列传》中"阿"的用法探讨,《淮北煤炭师范学院学报》第4期。
马建忠(1898)《马氏文通》,商务印书馆1983年版。
孙菊芬(2007)副词"难道"的形成,《语言教学与研究》第4期。
王　琴(2008a)安徽阜阳方言的"可VP"反复问句,《方言》第2期。
———(2008b)阜阳方言"可VP"问句句法特点,《阜阳师范学院学报》第3期。
杨永龙(2000)近代汉语反诘副词"不成"的来源及虚化过程,《语言研究》第1期。
袁　劲(1986)说"难道",《青海师范大学学报》第4期。
Andriamanatsilavo Seth & Ratrema William(1981)*Ny Fitsipi-pitenenantsika*. Antananarivo.
Rajaonarimanana Narivelo(1994)*Grammaire Moderne de la Langue Malgache*. Paris.
Rajemisa-Raolison Regis(1971)*Grammaire Malgache*. Fianarantsoa.

(200433　上海,复旦大学中文系)

# 话语标记"要知道"*

刘 焱

**摘 要**:在现代汉语中,"要知道"具有话语标记的功能,其语篇模式通常为"p,要知道,q"。"要知道"的主要功能是提醒听话人注意后面的信息,说话人把该信息假设为听话人未知的或是处于听话人休眠状态的信息,从而促使听话人来接受、理解说话人的话语信息。话语标记"要知道"是一个不太礼貌的标记语,是由动词性短语"要知道"固化而来的。

**关键词**:要知道;话语标记;固化

## 一、引言

现代汉语中,"要知道"有时具有话语标记语的功能,它的有无不影响句子的命题功能。例如:

(1)可能有一些不理解我们工作的人会讽刺、挖苦乃至侮辱我们,大家一定要正确对待。要知道我们工作的全部意义就在于一点:把别人的欢乐建筑在自己的痛苦之上。(王朔《顽主》)

(2)去单恋高年级的一个女孩,直到她没考上重点高中。要知道我对智力很是看重,不喜欢笨人。(王小波《2015》)

(3)你给我排难解纷,我帮你升官发财,对吗?你要知道,我在政界有个精明刚正的名声。对内对外,我有我自己的主张与办法。(老舍《残雾》)

(4)也许令表妹不住在宣阳坊,而是在别的坊。您要知道,长安城里七十二坊,有好几个外表一模一样。(王小波《寻找无双》)

(5)这个秦香莲呢,真不是个玩意儿。要知道啊,当人们发现自己受骗了以后

---

\* 本文得到教育部人文社会科学研究规划基金项目"现代汉语批评性话语标记研究"资助(项目号:13YJA740037)。谨此致以诚挚的谢意。

那种心情是非常愤怒的。(王朔《编辑部的故事》)

"要知道"一般没有主语出现,如例(1)、例(2);如有主语出现,仅限于第二人称代词"你、您、你们"或与其指代功能相同的其他代词或名词,如例(3)、例(4)。该类"要知道"可以有语音停顿,或者有语气词出现,如例(4)和例(5)。

## 二、"要知道"的语用功能

"要知道"的作用是提醒听话人注意其后的信息,该信息可能是说话人已知而听话人未知的信息,也可能是处于听话人认知语境中休眠状态的信息。其目的是增加双方的认知共性,使听话人更易于理解、接受并赞成说话人的话语内容。前者如:

(6)你最好多穿一点,要知道那儿的气温在零下20多度呢。

(7)至于那双扔在家里的没有后跟的袜子,父亲说,等秋天分到一点羊毛,再把后跟补上;袜腰是新的,还不能丢,凑合着穿个两三冬还是可以的——要知道,一双新袜子得两块多钱啊!(路遥《平凡的世界》)

(8)他笑了,说:"你才不是你刚才说的什么'一天没吃东西'。你十二点以前吃了一个馒头,没有超过二十四小时。更何况第二天你的伙食水平不低,平均下来,你两天的热量还是可以的。"我说:"你恐怕还是有些呆!要知道,人吃饭,不但是肚子的需要,而且是一种精神需要。不知道下一顿在什么地方,人就特别想到吃,而且,饿得快。"(阿城《棋王》)

例(5)"那儿的气温在零下20多度"是说话人的自有信息,或者是说话人自认为的自有信息,例(6)"一双新袜子得两块多钱"是父亲的自有信息,例(7)"人吃饭,不但是肚子的需要,而且是一种精神需要"是"我"的自有信息。"要知道"将其转化为共知信息(shared knowledge)。后者如:

(9)冈山摇了摇头:"您是在摆脱责任。您为自己保留的东西太多了。要知道您曾经怎样地辜负了她!可是现在您却把什么都推给了锁子。(礼平《小站的黄昏》)

(10)冼太太:(放下编物,愣了一会儿)我是饭桶。脸子不漂亮,不摩登,应酬不周到,说话讨人嫌,要是跟你们在一起呀,不但不能有功,倒许坏了事。

杨太太:话不是这么说!大嫂,你要知道你是局长太太!我真不明白,为什么你忘了局长太太这四个字。(老舍《残雾》)

(11)请问,你同意接受这种手术时心里想的?难道就没有一点……嗯,譬如说,……犹豫吗?要知道这是个……嗯,怎么说呢……很重大的决定。"(王朔《千万

别把我当人》)

例(8)听话人当然知道自己"怎样地辜负了她",例(9)冼太太也应该知道自己是局长太太,说话人用"要知道"把这些休眠信息再一次激活。例(11)的"你"当然知道这是个很重大的决定。当然,有时候,信息是说话人自有的还是听话人和说话人共有的,二者还不能严格区分。例如:

(12)我非常想知道,你是怎么死而复生的?要知道,除了你,别人都没活过来。"(王朔《千万别把我当人》)

(13)他拍拍瘦高侦查员的肩膀:"死马当活马治吧。要知道,老单同志经验是很丰富的。"(王朔《人莫予毒》)

(14)"怎么个赔偿法?要知道你们主要是把大家的心伤了。心伤了你们知道是什么滋味吗?"(王朔《顽主》)

(15)参领夫人初过门时,这位小姑没少替她在婆婆面前上眼药。今日姑奶奶混得跟煳家雀似的回娘家来,能不以牙还牙以眼还眼么?要知道这位参领夫人也是下五旗出身,也有说大话、使小钱、敲缸沿、穿小鞋的全套本事。(邓友梅《烟壶》)但不管怎样,"要知道"的目的都是提醒听话人注意后面的信息,补充背景信息,增加双方的认知共性。正因为"要知道"是背景知识的补充,所以有时为了不影响正文的理解,写作人经常将其放在括号里。例如:

(16)其结果是被拘在世上最文明而又残酷的牢里,禁子是哲学博士,皇家学会的会员。一进铁门,他就笑,(要知道,他自己是顶爱笑的)。(俞平伯《怕-并序》)

(17)太棒了,一个人能这样开明地对待自己,对待自己深信不疑的长处,对待自己的破釜沉舟的选择(要知道他为了写作辞去了那么体面的职务),也对待别人对他的尚未认可;他还对什么不能合情合理地开明地对待呢?(王蒙《难得明白》)

作为话语标记语,"要知道"与"你知道"在语义上有相同之处,也有细微的差别。共同之处是二者的语用目的相同,都是使听话人更容易理解、赞成并接受说话人的话语信息。不同之处在于,"你知道"的功能主要在于把理解话语内容或意图的背景信息假设为听说双方共同拥有并接受的信息(刘丽艳,2006),"你知道"没有威胁到听话人的面子,是个礼貌用语。而"要知道"的说话人则把理解话语内容或意图的背景信息假设为听话人未知的或是处于休眠状态的,这有可能威胁到听话人的面子,因此严格地说,"要知道"是个不礼貌的用语。"不礼貌"主要是由"要知道"中助动词"要"带来的。

《现代汉语八百词》给出了"要"如下几种意义:①表示做某事的意志。他要学游泳。②须要;应该。说话、写文章都要简明扼要。③表示可能。看样子要下雨。④将要。他要回来了。⑤表示估计,用于比较句。他要比我走得快些。(吕叔湘,1981:520—521)

郭昭君、尹美子(2008)曾把义项②的"要"归纳为"义务模态",并按道义来源的不同,把它分为弱义务(必要)和强义务(狭义义务)两种。所谓弱义务是指外在的客观物质条件要求实施谓语动词所表示的动作行为,强义务是指说话人或某种社会规范要求听话人或施事去实施谓语动词所表示的动作行为,其道义来源包括说话人、某种权威和社会规范。"要知道"的"要"为"须要、应该"的意思,其道义来源应该是说话人,说话人要求听话人要了解或接受某事。

由此,我们说"要知道"可能会威胁到听话人的面子,是个不礼貌的用语,尤其是当 P 为祈使句时,"要知道"的语气比较严重,如例(1)、例(10)。并且,"要知道"前出现了人称比不出现人称时,礼貌性更差。

(18)大赤包理直气壮的教训女儿:"你简直的是糊涂!……你<u>要知道</u>,我一个人挣钱,可是给你们大家花;我的钱并没都穿在我自己的肋条骨上!"(老舍《四世同堂》)

其他句式中的"要知道"的不礼貌性相对弱一些。

因此,"要知道"更接近于话语标记语"我告诉你"。不同的是,"我告诉你"除了表示"提醒听话人注意某一事实"之外,还可以表示"告知、重申、警告"等其他功能(董秀芳,2010)。

## 三、"要知道"的衔接功能

"要知道"处于两个具有逻辑联系的分句、句子甚至句段之间,起逻辑承接作用。语篇模式表现为:p,要知道(,)q。q 为 p 补充背景信息,该信息一般是客观事实、逻辑事理或人的常规认知、常规行为,也可以是说话人自己的主观看法。p 与 q 存在两种语义关系:当 p 符合客观事实、逻辑事理或人的常规认知、常规行为时,"要知道"引导的 q 主要是补充原因,给出解释,p 与 q 之间为因果关系;当 p 是非常规事实或行为时,"要知道"引导的 q 作为常规或真相对比出现,p 与 q 之间表现为转折关系。

### 3.1 因果

p 和 q 之间为因果逻辑关系,p 是 q 言事的理由。p 可以是说话人的建议,q 则是补充建议的原因。如例(19)、例(20):

(19)你要保持主要房间的通风,<u>要知道</u>最近感冒的发病率比较高。

(20)别管人家的闲事吧,让我们耐心地等待着,等着那呼唤我们的人,即使等不到也不要糊里糊涂地结婚!不要担心这么一来独身生活会成为一种可怕的灾

难。要知道,这兴许正是社会生活的文化、教养、趣味……等等方面的进化的一种表现!(张洁《爱,是不能忘记的》)

p也可以是某一事实的说明,q是p的解释。如例(21)—例(23):

(21)实际上我们的关系确定并公开后,她也就无法再给我多上菜了,要知道每次我在餐厅出现,都会招致众目睽睽。(王朔《枉然不供》)

(22)看她煞有介事地在那里表演装相,也不脸红,郭大柱真恨不得当场揭穿她的丑剧。但是他却痛苦地摇晃了一下,赶紧转过身去。要知道,在人们的心目中,你堂堂六尺高的汉子,连这样的人也不如呀!(邓刚《阵痛》)

(23)李靖很想为它干点什么,但是又不知从何下手。要知道李卫公虽然多才多艺,却不会做泥水匠,虽然掘土合泥的活计人从出世就会,但是他早把那些先天的良知良能忘掉了。(王小波《2015》)

在这里,"要知道"的作用相当于"因为",该类例句都可以用"因为"替换。例如:

(24)你最好多穿一点,因为那儿的气温在零下20多度呢。

(25)你要保持主要房间的通风,因为最近感冒的发病率比较高。

(26)实际上我们的关系确定并公开后,她也就无法再给我多上菜了,因为每次我在餐厅出现,都会招致众目睽睽。(王朔《枉然不供》)

(27)别管人家的闲事吧,让我们耐心地等待着,等着那呼唤我们的人,即使等不到也不要糊里糊涂地结婚!不要担心这么一来独身生活会成为一种可怕的灾难。因为,这兴许正是社会生活的文化、教养、趣味……等等方面的进化的一种表现!(张洁《爱,是不能忘记的》)

(28)看她煞有介事地在那里表演装相,也不脸红,郭大柱真恨不得当场揭穿她的丑剧。但是他却痛苦地摇晃了一下,赶紧转过身去。因为,在人们的心目中,你堂堂六尺高的汉子,连这样的人也不如呀!(邓刚《阵痛》)

(29)李靖很想为它干点什么,但是又不知从何下手。因为李卫公虽然多才多艺,却不会做泥水匠,虽然掘土合泥的活计人从出世就会,但是他早把那些先天的良知良能忘掉了。(王小波《2015》)

在上述例句中,"要知道"引导的p是对q的进一步解释说明,使听话人更信服,使话语更易于接受。

### 3.2 转折

该类"要知道"在语篇形式上的体现与表因果的一致。所不同的是,p为某一具体表现,该具体表现是反常或超常规的行为,q仍为客观事实、逻辑事理或人的常规认知、

常规行为,"要知道"引出与前文不一致甚至相反的信息,从而突出 p 的非常规性。此时,p 和 q 之间为转折关系。例如:

(30)牛大妈因为有心事急着要跟儿女们商量,所以连老姐妹们打电话来约她打麻将都提不起兴致,要知道退休以后扭大秧歌和搓麻将是她的最爱。(《东北一家人》)

(31)我鬼使神差地作起诗来,并且马上念出来。要知道我过去根本不认为自己有一点作诗的天分。(王小波《绿毛水怪》)

(32)为什么她不承认她是被丈夫抛弃了?要知道妇联就是替被丈夫抛弃的女性讲话的地方。(铁凝《遭遇礼拜八》)

例(30)牛大妈平时最喜欢打麻将了,但是这次却"提不起兴致",因为她"有心事急着要跟儿女们商量"。例(31)"作起诗来,并且马上念出来",但实际上"我过去根本不认为自己有一点作诗的天分",表现与事实不相符,所以我自己也觉得"神差鬼使"。例(32)"她"被丈夫抛弃了,应该到妇联请求帮助,但她却不承认。该类"要知道"前面可以出现表示转折的关联词语"不过""但是""然而"等等。例如:

(33)成家是很容易,不过你要知道,维护一个高质量的家庭是很难的,如果你自觉自愿地,用你整个的一生都为这个家庭奋斗,那就是更难了。(《奋斗(上部)》)

(34)我知道,年轻人不爱听大人唠叨,不相信大人的经验,但你要知道,大人的经验全是从坏事中总结出来的。(《奋斗(上部)》)

(35)而当你到了西班牙而见不到那些开着悠久的岁月的绣花的陈迹,传说中的人物,以及你心目中的西班牙固有产物的时候,你会感到失望而作"去年白雪今安在"之喟叹。然而你要知道这是最表面的西班牙,它的实际的存在是已经在一片迷茫的烟雾之中,而行将只在书史和艺术作品中赓续它的生命了。(戴望舒《在一个边境的站上——西班牙旅行记之三》)

在上述例句中,p 和 q 具有如下关系:p 是反常规或反事理的具体表现,q 是常规事实,二者是转折关系。

## 四、话语标记"要知道"的固化过程

现代汉语中,除了话语标记语"要知道"外,还有两种"要知道"组合,不同的是这两种都是临时组合。一种是假设连词"要"和"知道"的临时组合,标记为"要知道$_1$"。例如:

(36)她两眼依然望着最最前面,"我心里难过,唉,你要知道我心里多难过就好

了……"(刘心武《多梼的帆船》)

(37)金一趟也挺客气:"你到我家来过,我也是不知道哇,要知道你是承宗大师哥的公子,我早就跟着你过来拜见大师哥啦!"(陈建功、赵大年《皇城根》)

这里,"要"是假设连词,用于前一小句,后一分句可有"就"等共现。"要"也可以用"要是"来代替。例如:

(38)她两眼依然望着最最前面,"我心里难过,唉,你要是知道我心里多难过就好了……"

(39)金一趟也挺客气:"你到我家来过,我也是不知道哇,要是知道你是承宗大师哥的公子,我早就跟着你过来拜见大师哥啦!"

这里的"要知道"也是"要"和"知道"的偶然相邻,"要"对主语没有特殊的要求,"要知道$_1$"与本文讨论无关。另一种临时组合"要知道"是助动词"要"与动词"知道"组合在一起,标记为"要知道$_2$"。例如:

(40)他急于要知道这点区别,因为他必须有两条会活动的腿,才能去和日本人拼命。(老舍《四世同堂》)

(41)我们要知道怎样爱护一个朋友,我们也要知道怎样爱护一样爱吃的菜或爱玩的东西。

(42)那么,我要知道,拦住帝国主义不让溜的是谁?(王朔《千万别把我当人》)

(43)你要知道你错在哪儿,而你现在根本不知道自己在什么地方。(王朔《无人喝彩》)

(44)我倒要知道,我在你眼里究竟算个什么?(王朔《无人喝彩》)

(45)你非要知道,我可以告诉你,我不乐观!(王朔《我是你爸爸》)

《现代汉语八百词》把"知道"的基本词汇义概括为:对事实有了解,对道理有认识。其后可以带名词、动词和小句三类宾语。(吕叔湘,1980)临时性组合"要知道"还保留动词"知道"的多种句法功能。例(40)、例(41)的"要知道"分别带名词性和动词性短语,例(42)、例(43)带小句宾语;例(44)、例(45)受副词修饰等等。同时,"要知道"的主语没有人称的限制,可以是三称代词中的任何一个,如例(40)的第三人称单数"他",例(41)中的第一人称复数"我们",例(43)中的第二人称"你"。由此可以推知,"要知道$_2$"是助动词"要"与"知道"的临时组合,下例更能说明问题:

(46)我要知道的太多,所知道的又太少,有时便有点发愁。(沈从文《我读一本小书同时又读一本大书》)

临时组合的"要知道"所带宾语中多含有疑问词,如例(41)的"怎样"、例(42)的"谁"、例(43)的"哪儿"、例(44)的"什么"。

话语标记"要知道"(要知道₃)是从动词性短语"要知道₂"固化来的。人活到老,学到老,需要知道的东西有很多,所以"要"和"知道"经常组合出现,正是二者组合的高频性,使得"要知道"词汇化成为可能。除了高频组合之外,"要知道"句法环境、后接成分的语义内容的改变是其固化的主要原因。

据北大语料库检索,"要知道"组合较早出现于清代,三种形式都有。"要知道₁"如:

(47)要知道是谁,早将王八羔子捉着了。(清《三侠剑》)

例(47)为"要知道₁",同时期也有"要"的完整形式出现。例如:

(48)你要是敢伤了少爷,此处离镖局子几十里地,我胜三伯父如要知道,必然杀到莲花湖,将众贼杀得干干净净。(清《三侠剑》)

(49)张计德笑道:"东家若要知道这件汗衫的值钱之处也不难。(清《乾隆南巡记》)

这种"要知道"与本文研究无关。

"要知道₂":

(50)这回书一开首,读者都要知道接住酒杯的这个人,究竟是个甚么人?(清《侠女奇缘》)

(51)还有一班好事些的,虽然与他无干,也要知道这科的鼎甲是谁。(清《儿女英雄传》)

(52)读者,你们此时自然要知道安老夫妻见了何玉凤姑娘,究竟如何谈起。(清《儿女英雄传》)

(53)安太太在旁,是急于要知道信上说些甚么,见老爷这等安详说法,便道:……(清《儿女英雄传》)

(54)你要知道这段历史,有玛德临行时留给我的一封信,一看便知道了。(清《孽海花》)

"要知道₂"都出现在句中,句首有主语出现,主语没有特别要求,可以是任何有生命的名词或三称代词。其后宾语多为单句。重要的是,小句多为未知信息,形式上表现为有疑问代词,如例(50)和例(53)的"甚么"、例(51)的"谁"以及例(52)的"如何"等。未知性也可以通过意合来实现,如例(54),由"一看便知道了"可知"这段历史"是"你"未知的。此时,"要知道₂"的语义是"对未知事实要有了解,对未知道理要有认识"。

随着动词性短语"要知道₂"的频繁出现,"要知道₂"所带小句的意义和形式都有所变化和扩大:从未知信息到已知信息(多为客观事实或一般事理),从单句宾语到复句宾语。例如:

(55)郑侍御摇手道:"你不要看得这般容易。你要知道,这班出来的宝贝,大半

都是达官贵人的姬妾出来找些野食吃的,并不是做生意的妓女。"(清《九尾龟》)

(56)姐姐要知道,人家是九十岁的老人家了,他老人家要不为给姐姐提亲这桩事,大约从今日到他庆二百岁,也不肯大远的往京里跑这荡。(清《侠女奇缘》)

(57)你们要知道,如若真个奇丑非常的无盐、嫫母,断断学不出娉娉袅袅的丰姿。(清《九尾龟》)

(58)列位要知道,康熙年间,细瓷非常的讲究,每桌上一个官窑瓷茶壶,六个茶碗。(清《三侠剑》)

(59)诸公虽然如此说,也要知道我编书的只有一支笔,一张嘴,写不出两样事,说不出两句话。(清《乾隆南巡记》)

(60)大家要知道,这不是本帅的先勇后怯,这正是儒将异乎武夫的所在。(清《孽海花》)

(61)贤弟们要知道,这篇小品文字虽是戏墨,却不是蒙庄的《逍遥游》。(清《孽海花》)

此时,"要知道$_2$"的语义也发生了变化,其"对未知事实要有了解"的意味减弱,已具有了提醒注意的意味(多为说书人所用),提醒听话人注意后面的信息,该信息可能是说话人自有的,也可能是听话人共有的但处于休眠状态的信息。语义的变化也带来了形式的不同,表现为三:一是该类"要知道"对主语有所限制:主语一般为第二人称代词,没有数的要求。但具体的选择比较灵活,可以是第二人称代词单数的"你",如例(55);也可以是相当于第二人称单数的称谓名词,如例(56)。可以是第二人称代词复数的"你们",如例(57);也可以是相当于第二人称代词复数的其他代词"列位、诸公、大家"等,如例(58)—例(61)。有时甚至同时出现称谓名词及其回指代词,例如:

(62)老弟你要知道,是个贼上了道,没个不想得手的,不得手,他不甘心。(清《儿女英雄传》)

二是该类"要知道"后接句子中不再出现疑问代词,使用的都是陈述句。三是"要知道"的句法位置也有不同,从句中前移,出现在句首,其后甚至还出现了语音停顿,这主要是由于其所带的复句较长造成的。

当"要知道"完全摆脱主语时,其命题意义完全消失,具有了引导话语理解的程序意义以及吸引听话人注意的人际意义。例如:

(63)"要说你又讲到你那些甚么英雄豪杰不信鬼神的话,要知道,虽圣人尚且讲得个'鬼神之为德,其盛矣乎'。就让姐姐是个英雄,也不能不信圣人,不信你的父母。"(清《儿女英雄传》)

(64)我先管叫你知道强将手下无弱兵。要知道与凤同居,必出俊鸟,与虎同

房,焉能有善兽!(清《小八义》)

(65)蓝休不觉勃然大怒起来,手指着蓝家那面,大声骂道:"……人家明知主人冤枉,也没法奈何你。但<u>要知道</u>,官法可蒙,天道难欺。"(清《八仙得道》)

(66)那道人从容笑道:"什么真,什么假!<u>要知道</u>真即是假,假即是真。"(清《红楼梦》)

(67)莫说是皮肤小病,<u>要知道</u>浑身溃烂起来,也会致命的。(清《老残游记》)

(68)虽说佛门轻易难入,也<u>要知道</u>佛法平等。(清《红楼梦》)

(69)秦可卿告诫王熙凤:"眼见不日又有一件非常喜事,真是烈火烹油,鲜花着锦之盛。<u>要知道</u>,也不过是瞬间的繁华,一时的欢乐,万不可忘了那'盛筵必散'的俗语。"(清《红楼梦》)

至此,话语标记"要知道$_3$"的固化完成了。

## 五、结语

"要知道"的虚化除了高频组合外,主观化和交互主观化也起了很大的作用。在会话过程中,说话人总是不断把说话的目的、动机、态度和感情传递给对方。如果这种含有说话人主观信念和态度的形式和结构逐渐衍生出可识别的语法成分,这就是主观化。主观化使得"要知道"从命题功能变成了话语功能,交互主观化使得"要知道"由"须要理解未知信息"变成了"提醒听话人注意"的语用功能。

**参考文献**

董秀芳(2010)来源于完整小句的话语标记"我告诉你",《语言科学》第3期。
古川裕(2006)关于"要"类词的认知解释——论"要"由动词到连词的语法化途径,《世界汉语教学》第1期。
郭昭军、尹美子(2008)助动词"要"的模态多义性及其制约因素,《汉语学习》第2期。
李宗江(2009)"看你"类话语标记分析,《语言科学》第3期。
刘丽艳(2006)话语标记"你知道",《中国语文》第5期。
吕叔湘(1980)《现代汉语八百词》,商务印书馆。
冉永平(2002)话语标记语 you know 的语用增量辨析,《解放军外国语学院学报》第4期。
陶红印(2003)从语音、语法和话语特征看"知道"格式在谈话中的演化,《中国语文》第4期。

(200083 上海,上海财经大学国际文化交流学院)

# 现代汉语同语式的重新界定及相关问题分析[*]

吴春相

**摘 要**:本文参考以往汉语学界对同语式的界定,结合学术领域界定研究对象的一般原则,依据功能语言学的范畴成员的典型和边缘之分观点,把同语式分为严格意义上界定的典型类和非严格意义上界定的扩展类。典型的同语式有主宾同语、述语重复两大类型,这些同语式不仅适合从句法、语用、认知、修辞角度进行研究,也适合做语言对比和类型学方面的研究。同语式的扩展式,除了个别已相对固化的形式,其他的形式和意义难以明确固定,多适合仅从修辞角度进行分析。

**关键词**:同语式;界定;原则;标准;典型;扩展式

## 一、引言

所谓同语式,在汉语言学界,类似的语言现象有的也称为复辞、警策辞、词复、反复、对应语、同语格、同语复用固定结构、重言句式、拷贝式话题结构等。名称之多,反映了学者们对这种现象观察的角度不同,同时也表明对其界定存在分歧。根据以往的研究文献和我们对同语式的观察,同语式是一种"看似矛盾"的特殊语言现象,广泛存在于各种语言中。其表现形式到底有哪些?从语义、认知、语用、修辞、语言类型学角度如何对其进行系统研究分析?要做好这些工作,必须对同语式进行科学界定。

## 二、以往关于汉语同语式的界定

我们首先参考以往汉语学界对同语式的界定。张弓(1963)最早给同语式下定义:

---

[*] 本文不少例子转引自吴士文、王希杰、邵敬敏等人的文献,特此说明,以致谢忱!本文写作得到上海外国语大学科研创新团队的支持。

主语、表语①同一词语,构成压缩性的判断句,叫作同语式。后来不少学者对同语式也进行了界定阐释,其中与张的观点最为相近的是王德春(1987),唐松波、黄建霖(1989:270)。王德春认为同语是在两个相同的词语中间加上"是"或"就是",组成"A是(就是)A"的判断形式,他没有把张弓的界定范围扩大。唐、黄则定义为:在两个相同的词语中加上"是",组成"$A_1$是$A_2$"的判断形式,按照邵敬敏(1986)的观点,这两位学者所界定的同语式是基本形式。王勤(1995)以谓语(相当于本文所说的述语,即谓语中心语)为参照,认为谓语前后的成分是由相同的词语充当所构成的判断句,这样的修辞方式是"同语",很显然,以述语为中心界定的同语式,扩大了同语的范畴。

对同语式界定工作有较大突破的是吴士文(1986:92—94),成伟均、唐仲扬、向宏业(1991)和王希杰(2004:373—375)等。吴认为,"同语"是个"可容型"的辞格,同语是两处或多处的词形、字形相同,在内容上多为各有所指而又围绕一个中心。他把同语式又分为主宾同形,两个宾语同形,定语中心语同形和句尾同形。成伟均等认为在同一个句子中,用相同的词语构成紧密联系、互相呼应的不同句子成分,从而生成新意,使表达新颖、含蓄、生动、有力。王则认为:"同语"也可以叫作对称式反复,就是对称地使用完全相同的词或短语。其实是反复的一种特殊的格式,但区别于反复的是,相同的部分是对称出现的。他认为同语可以分为:主宾同语、修饰语对称同语、修饰语和中心语同语。

但是以上这些说法至少存在如下三点不足之处:(1)同语式不一定都是判断形式,也可能是疑问句或其他陈述句,比如"你怎么回事你?""说什么说?""三百就三百。""去就去。"等。(2)同语式不一定表现为句子,它不仅可以是单句或小句,也可以是短语结构,比如"我们朋友归朋友……"中"朋友归朋友"是一种短语。(3)在汉语中词形、字形相同的,且围绕一个中心的结构,或者说成为在汉语中对称出现的词语,比如"看一看""人人为我,我为人人"等,这样的结构太多,这就使得同语式范围过于宽泛。以上分析说明有必要讨论同语式的界定问题。

## 三、界定研究对象的原则和标准

我们认为,对于任何研究对象的界定,尤其对于由众多研究对象组成的集合体,比如语义范畴,必须依据科学的原则和标准进行操作;否则,如果对研究的对象界定混乱,势必严重影响研究的过程和结果。对于像同语式这样的句法格式,对其界定须符合以

---

① 目前汉语语法学界更多的称为宾语,本文除了所引用的文献中存在表语外,其他都称为宾语。

下两条原则①:一是,研究对象要具有对内有普遍性,对外有排他性。吕叔湘先生曾在《汉语语法分析问题》(1979:34)中指出:(划分词类)理想的标准应该是对内有普遍性,对外有排他性(不开放性)。我们认为,吕先生这一观点可以借鉴到界定同语式方面,即凡是"同语"的都必须考虑进来,而非"同语"的都要排除在外。二是,研究对象的界定要符合研究目的。研究的直接目的是为了解决某具体问题,而所发现的问题可能出现在某语言现象自身的不同层面,也可以是该语言现象与其他语言现象,甚至是非语言现象之间的关系问题。因此,研究目的与要解决的问题有着直接联系,而与存在问题的语言现象有着密切联系,只有做好研究对象的界定工作,才能达到研究的目的。前面引言中也已指出了本文界定汉语同语式的研究目的。

从标准方面来说,对某类范畴成员的界定存在宽严之分,宽严的界定依据是什么?我们认为可以根据功能语言学派的观点,一个范畴的内部成员存在典型和边缘之分,而两类成员所表现的语言特点(可能包括句法、语义、语用、修辞等)会有所不同。我们依据这一观点,参照语言同一性标准对同语式进行界定。

而就汉语语法结构的同一性来说,按照胡树鲜(1990:135)观点,要看两个基本条件:一是语言单位的大小是否相同;一是语言单位的内部结构是否相同。前者可以理解为同层次上的语言单位才具有同一性,后者可以理解为内部成分之间的关系要一致。就同语式同一性来说,可以分如下几个角度观察:看其构成成分是否在同一层次上,是否在相对固定的结构内,"同语"的成分是否完全同形同义。本文把同语式视作一类句法结构范畴,也分别采取宽严的标准进行界定。

## 四、对同语式的严格界定

### 4.1 本文对于同语式的阐释

句法结构可以分为主语、述语、宾语、补语、状语、定语②六大成分,而这些成分分属中心语和修饰语两层,主语、宾语和述语为中心语,补语、状语和定语为修饰语。根据"同语"是同语式的最基本属性,理论上讲,凡是句法成分相同的语言现象,都应该称为同语式。也即在一个句法结构中,其中的两种成分相同,也包括一种成分重复,就可以判定为同语式。为了叙述简明,本文打算结合代码形式给同语式这样界定:首先给出同

---

① 关于界定研究对象的原则,在笔者另一篇文章《试论语言学研究对象界定的原则和标准》(待发表)中有详细论述。
② 这里的主语和宾语都是限定为主语和宾语的中心语。

语式的形式 $X_1AX_2$,其中 $X_1$、$X_2$ 是为同语成分,统称为 X,简称为同语项,A 为系联成分,简称为系联项。

典型的同语式,$X_1$ 和 $X_2$ 必须具有严格意义上的同一性,即二者同形同义,属于同一层级;另外,X 与 A 不能有从属关系,二者是相互独立的句法成分。同语式作为一类特殊语言现象,既具有相对固定的形式和相对固定的整体意义。因此,典型的同语式,X 和 A 都只能是有限的扩展,比如"X 是 X"可以是"我的是我的",也可以是有限的扩展形式"我的书是我的书",或"我的书就是我的书"。$X_1AX_2$ 也要有固定的整体意义,即每类同语式都有着各自的意义。比如"X 就 X"有[＋慨允]义;当 X 为动词或形容词时,"X 是 X"有[＋让步]义。

### 4.2 对典型同语式的认识分析

结合前面分析的界定原则和标准,对典型同语式的界定至少应该从以下四个方面进行:

第一,两个 X 要同形。所谓同形,包括相同发音、相同书写形式两个方面。前者主要是针对口语形式来说的,后者是针对书写形式来说的。同语式中 $X_1$、$X_2$ 同形,是其同一性的表现之一。例如:

(1)他是他,我可不能替代他。

(2)故事总归是故事,其中难免有人为编造和夸张的成分。

而像训诂学中的同字为训现象,即解释字与被解释字是同一个字,只是前后字的声调不同,不算作同语式①。例如:

(3)宿,宿也;济,济也;观,观也。②

(4)蒙者,蒙也。(《易·说卦》)

(5)彻者,彻也。(《孟子·滕文公上》)

所谓前后 X 同书写形式,即构成 X 的汉字数量和书写形式都相同。构成 X 的字不相同当然不是同语式。例如:

(6)他喜欢的是她。

以上两例中,由于例(6)中的"ta"书写形式不同,不属于同语式。

古汉语中系存在联项省略的同语式。例如:

(7)君君,臣臣,父父,子子。(《论语·颜渊》篇)

---

① 当然同字为训是词典中的释义,非日常语言,不像同语式用在交际过程中有特定的含义,也是其不能作为同语式现象的依据。

② 例子参看周大璞主编《训诂学初稿》第 146 页,武汉大学出版社,1987 年。

这种类型只存在于古汉语中,现代汉语同语式已不再包括这一类。

典型的同语式,可以允许 X 为变体形式。所谓变体形式,这里指的是一个词的重叠、加上体标记等,也就是说同语成分只是出现了形式变化,并没有出现新词。如下列两例中的画线部分即为词的变体形式:

(8)"哦,我说是说过的,"他一口承认说,"要不是来了那封信,我也决不会那么办……"(《美国悲剧》)

(9)看就看了,没看就没看,这么小就这样,长大了那不就假话连天!(范海松、孔祥佩《彭德怀和他的侄子彭起超》)

第二,两个 X 要同义。词语的意义可以包括词汇义等真值义,另外还有认知义、语用义、修辞义等。严格意义上的同义,应该指的是两个 X 的真值义相同。同义也属于同语式的同一性。例如:

(10)他同沈培说,祖斐像童子军,一是一,二是二,日行一善,没有太多女人味道。(亦舒《香雪海》)

(11)他再聪明也不可能想到娟子的想法、娟子的感受。男人是男人,女人是女人。(《中国式离婚》)

周韧(2009)从理性意义和内涵意义的角度去审视同语式,认为主宾语位置的同型同音成分并非同义。这有一定道理,但实际上并不是所有的同语成分都这样。比如"一是一,二是二"中的"一""二"就不适合用理性意义和内涵意义概念分析。同语式,尤其是典型的同语式,如果不从整体上来把握,则在语用层面很难进行做到合理的阐释,有些同语式结构已经固化为词汇也恰恰证明了这一点。

第三,$X_1$、$X_2$ 应属同层次成分。语言中可以从不同角度进行分层,就句法内部成分来说,传统语法可以把主语、谓语、宾语作为一层,描写语法把主语、谓语作为一层。根据同语式具体情况,我们把修饰语和中心语作为两层,其中主语、述语同属中心语一层,定语、状语和补语修饰语一层。$X_1$、$X_2$ 应该属于同一层次成分,这也是符合语言研究同一性表现。下列句子中的 $X_1$、$X_2$ 都属于一层:

(12)在刘氏家族中女人就是女人,女人不是揣在男人口袋里就是挂到男人脖子上。(苏童《罂粟之家》)

(13)"唉,管他的!"副驾驶员坐下来叹口气说,"去就去,反正延安也不是外国的地方。"(李传根《周恩来与刘善本》)

现代汉语中存在大量的动词重叠的扩展形式,如"V一V、V了V"等,这里的"一""了"也都不是与V同级的独立成分,这些形式都可以看作是V的变体形式,仍应该视作一个词,因此不能称为同语式。其他如名词、形容词、量词、拟声词、副词的重叠形式,也同样不能称为同语式。

第四,X 和 A 必须是相互独立的同级句法成分。如果 X 和 A 不是相互独立的句法成分,则 $X_1$、$X_2$ 不能形成同形同义的同语。比如"X 不 X""X 没 X""X 没有 X"等形式看似跟同语式一样,但"不""没""没有"都是先与 $X_2$ 组合为一个结构,然后这一结构再与 $X_1$ 形成并列结构。例如:

(14)你知道不知道这件事?

(15)小王到底来没来?

X、A 是相互独立的句法成分,也同样就把"X 的 X""X 者 X"淘汰出去,因为"的""者"都是与前一 X 组合后才成为一个独立的句法成分。例如:

(16)大家抬的抬,拉的拉,拖的拖,锣鼓,呐喊,口哨直拥送着出了祠堂的门。(吴组缃《一千八百担》)

(17)造弓者造弓,造箭者造箭,魏明伦还是让他写戏去罢。(1988年9月2日《人民日报》第八版)

以上画线部分均不是同语式。

### 4.3 关于同语式的外部成分和省略等问题

本文认为,像同语项后面的语气词等词语不属于同语式结构的内部成分。比如像汉语"啊、吧"等语气词,这些词语是独立于同语式之外的,不属于同语式结构的成分,与同语式类别无关。例如:

(18)女人啊,就是女人。

(19)张老三啊,到底是张老三。

(20)高就高吧,他们是吃不到葡萄说葡萄酸。

(21)惩罚他就惩罚他吧,犯了错就该惩罚。

邵敬敏(1986)曾谈到过 $X_1$ 可以承前或蒙后省略等变体形式。例如:

(22)到底是上海,一切都是井井有条,在这样的环境里,由不得也要认真起来。(王安忆《本次列车终点》)

但是我们认为,因为到底前不仅可以认为省略了"上海",也可以认为省略了"这里"等词语,此时前后两个句法成分不同,所以在本文这种情况不再作为同语式。

### 4.4 典型同语式的类型

依据上面的分析,我们得到两大类典型的同语式:一是主宾同形,一是述语重复。主宾同形又包括:X+是+X(X 为体词性词语)、X+副词+是+X、X+就+X、X

不 X - Y 不 Y、你 + A + 你(A 可以为"怎么""怎么回事",以及动词、"动词 + 什么"等)。

述语重复又包括:X + 就 + X、X + 倒没 + X、X + 是 + X、X + 归 + X、X + 什么 + X。在这一类中,除了最后一类中的 X 可以由体词性和谓词性词语充当,其他类别中的 X 只由谓词性词语充当。

相对来说,"你 + A + 你""X + 什么 + X""X 不 X - Y 不 Y"比较特殊,现象较少。

## 五、关于同语式的扩展式问题

邵敬敏(1986)把"$X_1$ 是 $X_2$"和"$X_1$ 不是 $X_2$"作为"同语"式的基本式,在具体运用时,它们还产生出多种变式。这比较有道理,但是我们认为,把它们说成基式与变式,不如说成基式与扩展式更好些,因为变式之间的真值语义往往是相同的,只是语用义存在差别,而基式与扩展式的真值语义已完全不同。我们这里打算从句法成分二分为中心语和修饰语角度进行分析。另外,把"$X_1$ 不是 $X_2$"也称为基式有值得商榷之处,事实表明,这一类型的语言现象非常少,与"$X_1$ 是 $X_2$"形成差距非常大的不对称。

### 5.1 同语成分非严格同形

根据同语成分的形式特点,这类现象又可以分为四小类:

第一类,修饰语相同,中心语不同类。这同王希杰(2004:373—375)所说的修饰对称同语是一回事,这类现象有着明显的修辞色彩。例如:

(23)尴尬人难免尴尬事,鸳鸯女誓绝鸳鸯偶。(曹雪芹《红楼梦》第四十六回)

(24)异国情调的咖啡馆里飘着异国情调的音乐。(李晓《关于行规的闲话》)

第二类,中心语相同,修饰语不同。这种类型主要表现在定中结构方面,表现在状中结构、动补结构方面的例子较少,且修辞色彩不如定中方面的明显。例如:

(25)是的,质量问题也是个路线问题。(崔德志《报春花》)

(26)人不能昧着良心说话,我那老婆可是好老婆。(杨朔《三千里江山》)

(27)您瞧,这些东西哪是个东西呀!(曹禺《北京人》)

(28)这些视频看一半就看不了了,怎么回事?(百度网)

第三类,中心语相同,另一方多了修饰语。这种类型又可以分为两小类:

一是 $X_1$ 有修饰语,$X_2$ 没有修饰语。例如:

(29)这小马可真是小马,谁喊便蹦到谁面前。(陆文夫《围墙》)

(30)有伤斑的雅梨,毕竟是雅梨。完好的木梨,也终究是木梨。(《解放日报》1984.08.23)

(31)多么好的主人也还是主人,不能肩膀齐为弟兄。(老舍《黑白李》)

一是 $X_2$ 有修饰语,$X_1$ 没有修饰语。例如:

(32)日子回到当年,他又是年轻的他了。(杨朔《三千里江山》)

(33)他感到秦越已经不是二十三年前的秦越了。(达理《路障》)

(34)留下的都一个萝卜顶一个坑,兵是精兵,将是强将。(蒋子龙《乔厂长上任记》)

"精兵""强将"为定中结构,这里仍然把它们分别作为与前面的"兵""将"同级的成分处理。

第四类,$X_2$ 有同位成分。所谓同位式同语,即 $X_2$ 带着一个同位成分,这个同位成分或是代词,或是指量词组。例如:

(35)我暴躁,我胡说,我已经不是我自己了。(老舍《月牙儿》)

邵敬敏(1986)认为,像上面例子中 $X_1$ 或 $X_2$ 增添了同位成分后,在意义上并没有增加或减少什么,修辞作用也没有改变。

### 5.2 同语成分为非严格的同义

这类现象主要表现为同语成分的真值义相同,但是在句子中具体的指示内容不同。例如:

(36)有点像中国人的生活作风问题,不是受限于情场规则而是受制于官场规则,你知道谁跟谁、啥事和啥事搭搁着吗?(《当代》197 卷)

(37)那时的东安市场百店会集,市声嘈杂。人挤人,房间挤房间,整个市场就像一只养了许多鸽子隔成许多单间的鸽子窝。(《人民日报》1996 年 12 月份)

(38)在呼和浩特市的商业街中山路上,商家店铺一个挨着一个,这几天更是热闹非凡。(新华社 2004 年新闻稿)

上面例子中,每对同语成分在语言层面的形式和真值意义都相同,只是在这些句子中,它们所指示的具体内容不同。

### 5.3 同语成分为非同层类

所谓非同层成分,指的是一方为高层成分,另一方为低层成分。可以分为如下两种情况:

第一种,修饰语和中心语相同。吴士文(1986:92—94)、王希杰(2004:373—375)都曾谈到这种现象,这类语言现象也带有明显的修辞色彩。例如:

(39)对于石油,我是外行,是门外汉的门外汉。(曹靖华《油海荡舟》,《人民文

学》1979年4月号)

(40)她是这个车间里不是<u>主任</u>的<u>主任</u>。(洪心衡《汉语词法句法阐要》例)

(41)山外青山楼外楼,西湖歌舞几时休。(林升《题临安邸》)

第二种,修饰语与中心语相同。这类现象在状中结构、动补结构中也有存在,只是修辞色彩不太明显。例如:

(42)辛楣踌躇说:"<u>好</u>是<u>很好</u>,可是学校汇到吉安的钱怎么办?"(钱锺书《围城》)

(43)这在当今许多人看来是<u>冷</u>得不能再<u>冷</u>的专业。(《报刊精选》1994年)

(44)嘿,他们又接着来!您说这么搞法,我怎么减肥啊?这不都<u>气</u>都<u>气</u>饱了。(电视剧《编辑部的故事》)

### 5.4 同语成分分属"两个句子"

这类语言现象又可以分为两类:一类是同语成分处在两个分句中,一类是同语成分所处的两个分句紧缩为一个句子。如果这一类现象还算作同语式的话,应该是最边缘的同语式,因为其形式多样,意义缺乏一致性。这又可以分为如下三类:

第一类,主语同形。例如:

(45)那天是星期日,阳光灿烂,颐和园里<u>人来人往</u>,小礼华跳跳蹦蹦,像一只喳喳叫的山喜鹊,不停地向哥哥问这问那。(《作家文摘》1996)

(46)解放以后我哥哥要找我,这我们俩又,又相认,<u>他</u>是哪儿的,<u>他</u>是交通部印刷厂的。<u>他</u>不姓马,<u>他</u>姓冯。(马光英《1982年北京话调查资料》)

第二类,宾语同形。例如:

(47)好,……我要<u>什么</u>就是<u>什么</u>,我喜欢<u>谁</u>就是<u>谁</u>。(鲁迅《阿Q正传》)

(48)破坏党的政策,得了<u>天下</u>还会失掉<u>天下</u>。(斐琴《我们的师长》)

可以看出,这里的主语同形和宾语同形存在的句子都不能构成一种相对固定的格式。

第三类,修饰语相同。例如:

(49)<u>轻轻的</u>我走了,正如我<u>轻轻的</u>来;我<u>轻轻的</u>招手,作别西天的云彩。(徐志摩《再别康桥》)

(50)然而现在呢,他<u>莫名其妙</u>地坐了好长时间的车,要按一个<u>莫名其妙</u>的地址去找一个<u>莫名其妙</u>的人办一件<u>莫名其妙</u>的事。(王蒙《布礼》)

以上两例中的"同语",看作反复格更合适。

除了以上三类以外,吴士文还曾认为句尾同形也属于同语式。例如:

(51)演员讲戏德,教师讲教德,参加社会活动讲社会公德,干各行工作讲职业

道德，练拳也必须讲武德。(黄彦《学武松，莫学蒋门神》《中国青年报》，1982年7月4日)

可以看出，句尾同形只是句尾的字相同，符合韵律特点，与具有相对固定格式和意义的同语现象关系不大。

## 六、重新界定同语式的价值和意义

以上分析表明，严格意义层面所界定的同语式，有着相对固定的形式和意义，符合同语式作为"看似矛盾"的语言特点，观察其他语言中的同语式研究，如小泉保(1997)、Grice(1975)、Levinson(1983)等，他们所研究的形式也都在本文所界定的典型同语式范围内。而本文所分析的同语式的扩展式，由于缺乏固定的形式和意义，它们的语言特点主要表现在修辞方面，很难说这些类型属于同语式，尤其是同语成分分属"两个句子"这一类，就更不能作为同语式。

通过对同语式进行重新界定，可以看出不同层次同语式的主要研究问题和价值。比如通过严格意义上对同语式的界定，所得出的主宾同语、述语重复两大类型，不仅适合从句法、语用、认知、修辞角度分析，也适合做语言对比和类型学方面的研究。而同语式的扩展式，形式不固定，意义不明确，除了个别已相对固化的形式，其他多适合于从修辞角度进行分析。

**参考文献**

陈望道 (2008)《修辞学发凡》，复旦大学出版社。
成伟均、唐仲扬、向宏业 (1991)《修辞通鉴》，中国青年出版社。
符达维 (1985) 作为分句的"X是X"，《中国语文》第5期。
韩玉国 (2002) 汉语"似矛盾句"的语义解读——兼谈准确描写形容词的逻辑类型，《汉语学习》第5期。
胡树鲜 (1990)《现代汉语语法理论初探》，中国人民大学出版社。
李　娟 (2008)《现代汉语"X是X"同语结构研究》，上海师范大学硕士学位论文。
刘德周 (1997) 关于同语的三个问题，《修辞学习》第6期。
——— (1998) 同语的语用功能及分类研究，《云南师范大学学报》(哲学社会科学版)第1期。
——— (2001) 同语修辞格与典型特征，《中国语文》第4期。
刘莉莉 (2008)《现代汉语同语式研究综述》，东北师范大学硕士学位论文。
吕叔湘 (1982)《中国文法要略》，商务印书馆。
苗　莹 (2007)《同语式结构研究》，华中科技大学硕士学位论文。
潘国英 (2006) 论汉语典型同语格的成因与理解，《修辞学习》第2期。
齐沪扬、胡建锋 (2006) 试论负预期量信息标记格式"X是X"，《世界汉语教学》第2期。

邵敬敏(1986)"同语"式探讨,《语文研究》第 1 期。
唐松波、黄建霖(1989)《汉语修辞格大辞典》,中国国际广播出版社。
王德春(1987)《修辞学词典》,浙江教育出版社。
王　勤(1995)《汉语修辞通论》,华中理工大学出版社。
王希杰(1990)"N 是 N"的语义关系——从"男同志就是游泳裤"谈起,《汉语学习》第 2 期。
———(2004)《汉语修辞学》,商务印书馆。
吴春相、田　洁(2009)回声拷贝式的"慨允"义和修辞动因,《修辞学习》第 3 期。
吴士文(1986)《修辞格论析》,上海教育出版社。
殷何辉(2007)比评性同语式的语用分析,《语言文字应用》第 2 期。
张　弓(1963)《现代汉语修辞学》,天津人民出版社。
周　韧(2009)从理性意义和内涵意义的分界看同语式的表义特点,《语言教学与研究》第 6 期。
周　蓉(2007)对同语辞格的界说及其与相关辞格的比较,《现代语文》第 9 期。
小泉保(1997)ジョークとレトリックの語用論,大修館書店。
Grice, P. (1975) *Logic and Conversation*. Harvard University Press.
Levinson, S. C. (1983) *Pragmatics*. Cambridge: Cambridge University Press.
Wierzbicka, A. (1987) Boys will be Boys: "Radical Semantics" vs. "Radical Pragmatics". *Language* 63(1):95-114.

(200083　上海,上海外国语大学国际文化交流学院)

# "VO+N$_{处所}$"构式的认知语用分析

唐依力

**摘　要**:"VO+N$_{处所}$"构式的形成,有其自己的理据性。该构式是语义和语用共同语法化的结果,而且整个结构的高频率使用也导致了"VO+N$_{处所}$"构式的大量出现。"VO+N$_{处所}$"构式是由动作事件和处所事件这两个有相关性的概念通过截搭整合在一起而形成的。从外部结构来看,"VO+N$_{处所}$"是无标记的,但从信息传递的角度来看,"VO+N$_{处所}$"又是一个有标记的结构。"VO+N$_{处所}$"构式适合在新闻标题或广告语等篇幅受限的语体中出现。该构式的语力表达,由于VO与N$_{处所}$的整合度相对较高而使整个结构的语气得到增强,似乎隐含了一种结果,表示一种已然,突显了事件性。

**关键词**:"VO+N$_{处所}$"构式;理据性;象似性;语用理解

## 引　言

动宾式结构[①]带宾语(我们将之码化为"VO+N"),古已有之。杨伯峻(1982)在谈到古代汉语的罕见语法现象时,提到动宾结构带宾语,在太史公书中多有这类现象。如:

　　今吕氏雅故本推毂高帝就天下。(《史记・荆燕世家》)

"推毂"即推动兵车轮之义,"推毂高帝"即"促进、帮助高帝"的意思。

这类语法现象始于《史记》,后来的各朝各代大都沿袭了这一用法,甚至到民国时期的几十年里,这一用法都不难查寻。但是在新中国成立以后的四五十年间,这一用法基本上销声匿迹了。从20世纪80年代开始,这一用法开始增多,尤其是到了90年代,这种语言现象的运用"来势凶猛"并有不断扩大的趋势,被邢公畹(1997)看成是"一种似乎

---

\* 本研究得到中国博士后科学基金第54批面上资助项目(项目编号:2013M541444)、上海外国语大学青年教师科研创新团队项目(项目编号:QJTD11ZJJ01)、上海外国语大学校级规划基金项目(项目编号:KX171216)的资助。

① 之所以将其称为"结构",是因为其中除了动词,还包括短语,甚至离合词。

要流行开来的可疑句式",同时有相当多的学者关注到了这一现象并对这一结构进行了大量的分析。

综观已有的相关研究,学者们在许多问题上(如"VO 结构的特点""VO 与 N 的语义关系"等)已达成了共识,但仍有不少问题并没有阐述清楚,如:对于"VO＋$N_{处所}$"这种表层句法与内在语义并不一致的构式,我们应该如何理解并获取它的意义?对这一构式语义上的理解是否能从形式上得以验证?处所名词在该构式中仅仅是为了获得一个显性的句法位置还是另有他意?本文将从认知语用的角度入手,以处所宾语 $N_{处所}$ 为核心①,对"VO＋$N_{处所}$"构式进行重新分析。

## 一、"VO＋$N_{处所}$"构式的理据性

构式的形成,常常是建立在人们对现实生活或现实情况的认知加工的基础之上的。"VO＋$N_{处所}$"构式的形成,有其自己的理据性。Lakoff 认为,语法构式的理据性是指,一个语法构式的形式并不是独立于意义的,而是有其动因的,是有理可据的(转引自牛保义,2011:64)。

### 1.1 "VO＋$N_{处所}$"构式的语法化和用频

动宾式结构带宾语这一句法现象,并不是近年才出现的新兴用法,而是古已有之。而后跟处所宾语的情况就更多了。因为"处所词很容易成为这种句式的宾语"(邢公畹,1997),而且"处所宾语的使用频率最高,动词的数量最多"。(施茂枝,1999)

但是,"VO＋$N_{处所}$"构式并非可以进行无限地扩展,进入该构式的 VO 也是有限制的。阻止 VO 带上宾语的主要原因在于词的结构对句法结构的干扰。(刘大为,1998)而从当前这一类构式的大量使用情况来看,我们不难发现已经有越来越多的 VO 可以带上处所宾语。究其原因,主要是由于 VO 在使用过程中,其内部的名语素 O 的语义逐渐受到磨损而导致了语义淡化,语义的淡化也影响到了 VO 的句法功能。在 VO 内部,语义的淡化呈现不均衡性:有的 O 语义淡化明显,VO 可以直接认定为词了,如"登陆""出口""聚会"等;而有的 O 语义淡化程度比较轻,这时的 VO 只能看成是具有词汇化倾向的结构,如"增兵""献艺""领跑"等;还有的 O 基本未发生语义淡化,后面之所以能带处所宾语主要是受结构的类推作用所致,这时候的 VO 与处所宾语结合后,语境的依赖度是很高的,如"送暖山乡""飘香北京""受阻北大清华"等。

---

① 处所宾语是"VO＋N"结构中的宾语 N 最主要的语义类型之一,这一点在学界已基本形成共识。

以上讨论的是"VO＋N_{处所}"构式内部的语法化,即 O 的语义淡化。除此之外,整个结构也受到了"语用法的语法化"的作用。因为,语法结构不能脱离语言的功能和用法而独立存在,语法规则要受到语用原则的制约。"VO＋N_{处所}"构式就是因为反复使用、长期使用而固定下来的一种语法构式。VO 与 N_{处所} 的长期搭配使得该构式进一步固化,这样,"VO＋N_{处所}"的语义就不是 VO 和 N_{处所} 的简单相加,它的整体构式义也不能由各构件义组合后直接推导出来,作为构式的"VO＋N_{处所}"是一定的语义和语用共同语法化的结果。

当然,在"VO＋N_{处所}"这一构式的形成过程中,使用频率是一个关键因素。语法化理论认为,语言运用的频率与其语法化有很大的关系,语法化一般会发生在使用频率高、重复率高的语言项目上。(徐盛桓,2004)语言项目频率的高低是由重复的频度造成的。重复可以导致形式发生弱化,也可以独立地使意义变得虚化。(吴福祥,2004)对于"VO＋N_{处所}"来说,VO 与 N_{处所} 所形成的语义关系越固定、使用频率越高,这一构式在人们心中的认可度就越高。

### 1.2 "VO＋N_{处所}"构式的概念整合

概念整合理论是 Fauconnier 和 Turner 在心理空间理论的基础上提出的。这一理论认为语言的理解过程实际上是一个认知的过程,概念是语言认知过程的产物,新的概念是贮存在人们记忆中的旧概念经过整合的结果。"概念整合"是人类把来自不同空间的输入信息有选择地提取其部分意义整合起来而成为一个新概念结构的一系列认知活动。(王正元,2009:11)

从空间理论角度来看,在两个输入空间——源域和目标域形成映射后,其中突显对应的概念成分被投射到合成空间,并在此相互作用、相互交织,最后整合。两个概念只要能够组合在一起,就必然会产生概念意义的整合,只是整合的程度不同而已。(谢晓明、王宇波,2007)"VO＋N_{处所}"是概念意义进一步整合后的句法形式。

由于概念整合是心智运作的结果,运作路线的复杂性决定了概念整合的形式是多样的。糅合型整合和截搭型整合是概念整合中最常见的两种主要形式(沈家煊,2006)。本文所讨论的"VO＋N_{处所}"属于截搭性整合。VO 和 N_{处所} 的构件搭配来自于压缩输入,它是实现两个概念整合成功的必要手段。"VO＋N_{处所}"由动作事件和处所事件整合而成,而之所以选择"动词＋宾语"的动作框架,是因为在我们的结构认知中"动词＋宾语"构成的动宾关系是一种优选模式。但是"VO＋N_{处所}"构成的"动词＋宾语"的句法形式并不是简单的动宾关系,其结构的意义也不是两个构件意义的相互组合,而是来自两个概念的整合。这种动作框架比介词引导的处所框架更显著,更容易建立心理联系,选择动作框架可以同时激活动作事件和处所事件,并且更能突显处所角色。

概念整合理论强调语言单位本身以最经济的形式传达信息,但形式的简洁却并没有导致信息量的耗损。这种概念整合有其特殊的语用价值。这种整合形式不仅实现了语义融合,使处所得以突显,而且在整合的同时反而产生了新的信息。如"进军香港市场"中,VO"进军"代表了一个动作事件,是一个概念空间,$N_{处所}$"香港市场"代表了一个处所事件,是另一个概念空间,两者之间无象似性而有相关性。这两个有相关性的概念通过截搭整合在一起,体现了这一构式的浮现意义,也就是整合生成的新创结构所表达的新创意义(emergent meaning),并且蕴含了丰富的语境信息和新的事件意义。

## 二、从象似性的角度看"VO+$N_{处所}$"

汉语的动宾结构作为使用频率最高的结构,其语义结构主要表达的是"动作—受事"的语义内容。当它被"动宾式结构+处所宾语"所借用时,从内部构成来看,根据"关联标记模式"理论,大部分动宾式结构相对于及物动词来说是有标记项,处所宾语相对于受事宾语来说是有标记项,但是它们的相互组配跟无标记项的相互组配(及物动词+受事宾语)一样构成无标记的组配。也就是说,从外部结构来看,"VO+$N_{处所}$"是无标记的。之所以选用这种外部无标记性的结构,是由于语言信息交流中的"经济原则"在起作用:说话人总想在取得精确传递信息的效益时尽量减少自己说话的付出(沈家煊,1999:35)。但是正如 Haiman 所指出的,经济原则的要求会不可避免地导致象似性的减损。(转引自张敏,1998:189)无标记项的使用频率比较高,而组合形态又比较简单,自然会被说话人优先采用。虽然从数量象似性的原则来看,一定的语符量对应着一定的信息量,语符数量越多就代表着信息传递的内容越多。在现实的交际中要表达最完整的信息,就往往需要充分的语符数量。但在交际中有时会用较少的语符传达较多的言外之意,这就必然要较多地依靠语境量。当字面意义和话语意义不一致时,即语符形式与话语含意相差较远,也意味着有标记性,因而产生间接性(何自然,2006:101)。一般来说,有标记性的话语是偏离常规的表达,所传递的信息的预测性较低,关联程度也就越低。这就需要调动更多的语境假设,在认知的处理上所需的时间和精力也就越多。所以从信息传递的角度来看,"VO+$N_{处所}$"又是一个有标记的结构。

正是这种在外部形式上无标记而在内部语义表达上有标记的结构,人们在处理它们时,相对于内部语义表达上无标记的结构来说要困难一些。在"VO+$N_{处所}$"构式中,构式的整体语义通常要受到 VO 结构语义的影响。

以"进军中国"和"撤军厦门"两个构式为例。从动词的语义配价来看,"进军"和"撤军"都是二价动词,都能跟两个语义角色相关联,一个是施事,一个是处所。但是这样的配价描写并不能将句法形式相同的两个结构的语义差异区分开来。虽然"进军"和"撤军"都与处所角色相关联,但是二者与处所角色发生关系时所突显的成分是不同的。在激活"进军"和"撤军"这两个认知框架时,"施事"总是这两个认知框架中必不可少的角色,如"敌人进军了"和"敌人撤军了"。而"处所"则是另一个重要的语义角色。但是"处所"这一语义角色的突显情形在这两个认知框架中却有所不同:对于"进军"这一认知框架而言,施事和目的地(或终点)是突显角色,起点是非突显角色;对于"撤军"这一认知框架而言,施事和起点是突显角色,终点是非突显角色。由于认知框架是心理上的完形结构,人们在理解"进军"时,"起点"是不在认知框架中的;而人们在理解"撤军"时,"终点"是不在认知框架中的。而作为句式必有元的"终点"和"起点"常常可以隐现于认知框架,但不会脱离认知框架。也就是说,"进军"受"进"的影响,其必有元是:施事、终点;"撤军"受"撤"的影响,其必有元是:施事、起点。这种理解才符合人们的理想认知模式。所以,对于"进军中国",人们通常会将其理解为"进军到中国",对于"撤军厦门",人们通常将其理解为"从厦门撤军"。因此,从数量象似角度来看,"进军中国"和"撤军厦门"都是无标记的;而从顺序象似性角度来看,"进军中国"是无标记的,"撤军厦门"是有标记的。

## 三、"VO＋N$_{处所}$"构式的语用理解

Leech(1983:24—30)认为语法上的规则主要是任意的,而语用学上的原则是非任意的,是有理可据的,存在有动因的意向性。也就是说,两个看似同义的句法表达,其语值是有差别的。选择什么样的话语形式,要由交际功能来决定。特定的交际功能在特定的场景中往往倾向于选用特定的话语形式。

VO 与 N$_{处所}$这两个构件的组合并不是随意的,而是有认知基础的。人们完全可以依照自己的认知经验和知识框架去分析它;否则没有认知基础的任意组合,人们就无法从它的语言形式推导出其中的含义,该构式也就不会产生预期的语用效果,自然就不能被人们接受和理解。

### 3.1 "VO＋N$_{处所}$"构式的语体选择

从句法上说,语言是一种线性排列的符号序列。通常是一个挨着一个依次出现。线性的语言序列常常跟要表达的立体思维产生矛盾,在一定程度上就会限制思维表达的需要。在新闻标题或广告语等篇幅受限的语体中,如果单单是为了追求语义的准确

而采用常规的线性排列,就会造成表达上的拖沓冗长,这不符合新闻标题或广告语的语体特点。因为这类语体往往要求能在瞬间吸引受众的眼球,结构短小、创意新颖等是这类语体的主要特点。"VO+N$_{处所}$"这一构式结构简洁、紧凑,符合语言的经济性原则,适合在新闻标题或广告语等篇幅受限的语体中出现。以"亮相上海"和"在上海亮相"为例,我们通常会选择"亮相上海"作为标题,而"在上海亮相"更适合出现在正文中。

### 3.2 "VO+N$_{处所}$"构式的语力表达

对语力的系统研究发端于奥斯汀的言语行为理论的研究。语力(illocutionary force),即话语施事力量,由话语施事行为所体现的说话者的交际意图,也就是话语在具体交际场景中所发挥的特定功能。(刘龙根,2005)

认知语言学普遍认为,一种语言形式对应于一种语言意义,不同的语言形式表示不同的语言意义。这里的"意义"不仅仅是句法形式所表达的显性意义,同时也包括那些隐含的、在交际中推导出来的意义。在交际过程中,意图意义与语言编码形式并不总是一致的,隐含义能补足所述与所交际之间的空缺(gap)。(王正元,2006)

"VO+N$_{处所}$"构式的语义应该包括两方面:一是该构式在句法结构上的显性意义,二是该构式在语言的实际使用过程中依靠语境所传递的意义,二者加在一起,才是话语意义的全部。从这个方面来看,"VO+N$_{处所}$"构式也可以看做是一种话语标记语。

以"圆梦上海"和"献演申城"为例,它们分别对应着"在上海圆梦"和"在申城献演"这两个介词结构。"VO+N$_{处所}$"构式与对应的介词结构"在N$_{处所}$VO"在句法上的最大区别是场景和目的物的排序不同。前者是目的物先于场景,后者是场景先于目的物。场景先于目的物这个原则反映了汉语说话人从空间框架的视角观察自然物体空间分布的一种既定概念(胡文泽,2004);而目的物先于场景这种特殊的语序则是特定构式进行信息结构调整的结果。说话人有意将处所角色后移到宾语位置,其实是将处所格前景化了,这是为表达者动机而服务的一种"有动机的突显"(prominence that is motivated)。这种特殊的语序是特定构式进行信息结构调整的结果。这种"VO+N$_{处所}$"构式的语力表达不仅仅在于处所由于句法位置的提升而提高了显要性等级,进入了透视域,成为事件的直接参与者,而且由于VO与N$_{处所}$的整合度相对较高而使整个结构的语气增强,该构式似乎隐含了一种结果,表示一种已然,突显了事件性。比如与"在上海圆梦"相比较,"圆梦上海"不仅突显了处所格"上海"的重要性,增强了"上海"承载的信息度,而且在语气上强化了"圆梦上海"这一事件的事件性。而"在上海圆梦"仅仅是客观叙述,语气平淡。又如"丧生罗布泊"与"在罗布泊丧生",前者不仅突显了"罗布泊"的重要性,而且强化了"丧生罗布泊"这一事件的事件性。

## 四、结语

语言中许多看似区别不大的结构虽然在语言逻辑上具有一定的等值性,但它们之间在心理上并不是等值的。两种不同的结构,在语用上反映了说话人在特定话语环境中的不同视角,自然也会产生不同的语用效果。事实上,这些看似区别不大的结构,只要是语符形式出现了差异,就一定会导致语义和功能上的差异。我们希望通过对"VO+N$_{处所}$"构式的认知语用分析,能够更深入地了解该构式的本质,从而帮助我们科学地认识和分辨该构式与"走小路""坐沙发""飞上海"类构式在句法、语义、语用等方面存在的诸多不同。关于这一方面的分析,我们将另文撰述。

**参考文献**

何自然(2006)《认知语用学——言语交际的认知研究》,上海教育出版社。
胡文泽(2004)汉语存现句及相关并列紧缩结构的认知功能语法分析,《语言教学与研究》第4期。
刘大为(1998)关于动宾带宾现象的一些思考(上),《语文建设》第1期。
刘龙根(2005)语力概念与意义表征,《东北师大学报》(哲学社会科学版)第3期。
牛保义(2011)《构式语法理论研究》,上海外语教育出版社。
沈家煊(1999)《不对称和标记论》,江西教育出版社。
——(2006)"糅合"和"截搭",《世界汉语教学》第4期。
施茂枝(1999)述宾复合词的特点,《语言教学与研究》第1期。
王正元(2006)话语标记语意义的语用分析,《外语学刊》第2期。
——(2009)《概念整合理论及其应用研究》,高等教育出版社。
吴福祥(2004)近年来语法化研究的进展,《外语教学与研究》第1期。
谢晓明、王宇波(2007)概念整合与动宾常规关系的建立,《汉语学报》第2期。
邢公畹(1997)一种似乎要流行开来的可疑句式——动宾式动词+宾语,《语文建设》第4期。
徐盛桓(2004)A and B语法化研究,《外语教学与研究》第1期。
杨伯峻(1982)古汉语中之罕见语法现象,《中国语文》第6期。
张　敏(1998)《认知语言学与汉语名词短语》,中国社会科学出版社。
Geoffrey N. Leech (1983) *Principles of Pragmatics*. New York: Longman Group Limited.

(200433　上海,复旦大学中国语言文学博士后流动站;
200083　上海,上海外国语大学国际文化交流学院)

# 试论焦点和语序的互动关系问题

祁 峰

**摘 要**：本文探讨焦点和语序的互动关系问题，这种互动关系主要体现在两个方面：第一，语序对句子焦点的确定能起到一定的作用；第二，句子的焦点要求会导致某些句子的语序不成立。而语序对确定句子焦点的作用应该区分为两个不同的层次：一是信息传递功能；二是突显功能。前者是客观层面的，后者是主观层面的。

**关键词**：焦点；语序；互动；信息传递；突显

## 一、引言

研究焦点的论著大多会有一部分专门来讨论"焦点的表现形式"，并且说焦点的表现形式"可能是音位的、形态的或句法的"（Rebuschi & Tuller, 1999）。如徐烈炯（2001）归纳了汉语焦点的四种表现形式：零形手段、重音、语序和焦点标记。在介绍语序手段时，提到"汉语中在句法允许的条件下，把信息焦点置于句末"，因为"句末是个线性分析概念。Cinque(1993)用层次结构来分析，指出常规的焦点位置是递归方向内嵌最深的位置（most deeply embedded position on the recursive side of branching）"。又如，Van Valin & Lapolla(2002)在谈到焦点形态句法编码时，指出所有的语言都不同程度地使用语调（intonation）来标记不同的焦点结构构造（focus structure construction），而在其他的句法形态手段上则会有所不同。例如，英语是一种主要用语调来体现焦点的语言，其词序比较固定，焦点可以落在句中的任一成分上，通过重读来体现，而词序不发生改变；此外，英语也可以用分裂结构（cleft construction）或存现句来表现焦点。而法语、意大利语限制焦点在动词前的出现，如果动词前的 NP 是焦点，或者整个句子是

---

\* 本研究得到2013年度教育部人文社会科学研究青年基金项目"疑问范畴中焦点问题的类型学研究"（项目批准号：13YJC740072）资助。戴耀晶、张伯江、陈振宇等先生对本文提出了宝贵的意见，初稿曾在复旦大学中文系语言学联合沙龙（2012.09）、汉语语序问题国际学术研讨会（华中师大，2012.10）上宣读，范晓、邵敬敏、石定栩、朱庆祥等先生对本文提出了中肯的意见，在此一并致以诚挚的谢意。

焦点,法语一般用分裂结构来表示,意大利语也可以用分裂结构表示,但是用倒装结构更为自然。分裂结构或倒装结构的使用都属于句法手段(syntactic means)。

以上这些观点都提及语序是焦点的一种表现形式,下面来看对语序及其分类的一般看法。语序通常被认为是一种重要的语法手段,在语法研究中,语序主要表现为句法成分的排列次序。每一种语言的词汇都可以分成若干词类,成句时按照一定的先后次序在不同的位置上充当不同的句法成分。

吴为章(1995)指出,语序有广狭两义。狭义语序一般是指语素、词的排列次序;广义语序通常指各个层面、各种长度的语言单位和成分的排列次序。狭义语序是包含在广义语序之内的。……广义语序包括语言单位排列顺序,简称"单位序",如语素序、词序、词组序、句子序、句群序等;也包括结构成分出现顺序,简称"成分序",如构词成分(词干、词缀)序、句子成分(主语、谓语)序、句法成分(述语、宾语、补语、中心语、状语、定语)序、分句序、句群序等。据吴为章(1995)介绍:1980年,Osgood注意到语言有两种语序:自然语序和突显语序(或叫"特异语序"),前者立足于时间顺序(或叫"概念语序"),后者则立足于焦点,负载着说话人的兴趣、心绪、态度等。受突显原则制约的突显语序,即超常语序,决定于说话人的主观选择,涉及信息重心转移等,是典型的语用语序。范晓(2001)也认为在语法现象里实际存在着两种序列:一种是"单位序",即语法单位体系中的语素、词、短语、分句等分别出现在比它们更大的语法结构体里时,都存在着排列次序问题;另一种是"成分序",即语法结构体(主要指短语或句子)内部的各种结构成分(如主语和宾语的语序、施事和受事的语序等)都存在着排列次序问题。可见,语序一般可分为单位序和成分序,或者分为自然语序和突显语序。本文对语序的理解是基于广义的理解,包括一些特殊句式造成的语序分布,如准分裂句、"把"字句、对举格式、倒装句等。我们认为,焦点是一种重要的语法范畴,是一个跨句法、语义、语用三个层面的概念,而对汉语来说,语序是一种重要的语法手段。这两者之间存在着一种互动关系。但是,焦点范畴有多个层次,语序是在焦点的不同层次上起作用,必须分开讨论,不能混为一谈。

## 二、句法位置与焦点的关系分析

综合以往对语序的研究成果,学者们主要从语义角度、认知角度或信息论角度对语序的制约因素进行研究。从信息论角度看,语言作为人类最重要的交际工具,为此人们从信息传递的角度去安排语序。因此口语句子的线性排列反映的是说话人对句子信息结构的分析。话语结构(discourse structure)研究说话人如何选择谈话的出发点和如何围绕这个出发点来构成实际的话语。而不同种类的信息在语句中的分布是有一定规律的。通常是主语、主题体现已知信息,谓语、述题体现新知(未知)信息,语义重心或信息中心往往在句子的后半部。这些都是通过相对固定的语序来实现的。这种与一定位次相对应的信息分布,可以看作常规分布。一旦背离了常规,例如主语体现了新知信息,这时通常会伴随有语序变更或其他条件。

### 2.1 信息传递过程与"句尾焦点"

范开泰(1985)指出,语序可以表达交际内容的重点。一般来说,这个重点在句子的后面部分,尤其是动词后面的部分,即补语性成分。例如:

(1)他修了半天电视机。
(2)他修电视机修了半天。

例(2)用重复动词的办法把时量补语"半天"移到句末,放在更显著的位置,与例(1)相比,更强调"修了半天"的意思。因此,表达"时间花了很多,效果却不大"时,一般说:

(3)他修电视机修了半天,还没有修好。

范晓(2001)指出,在研究语用语序时,应区分静态孤立句和动态语境句,例如:

(4)他去北京了。
(5)他肚子吃饱了。
(6)张英昨天吃了两个苹果。(说明"谁昨天吃了两个苹果")
(7)张英昨天吃了两个苹果。(说明"张英何时吃了两个苹果")

例(4)、例(5)中,焦点通常落在新信息部分,即落在句末的句法成分"北京""饱"上,这种焦点称为常规焦点。而例(6)、例(7)中的焦点是对比焦点,当说话者要突显或强调(通常用重音或有某种标记词)某个成分时,那个成分便是焦点,如"张英""昨天"。

可见,在汉语中,焦点可以通过语序来表达,或者说,语序是表现焦点的一种句法手段。句子的信息编排往往遵循从旧到新的原则,越靠近句末,信息内容就越新。在汉语中位于句子末尾的成分相对容易成为句子的焦点,这就是一般所说的"尾焦点",是一种符合主位—述位信息流向的常见现象。但是,刘丹青(2008)指出,汉语的尾焦点主要还是一种语序倾向,尚难以将句末位置看作焦点所居的固定句法位置。也就是说,并非所有语言都遵循这一共性。在句法语序较灵活的 SVO 语言中,如斯拉夫语言中,将信息焦点置于句末是一个常见的策略。例如在俄语中,遇到"谁写了这封信"之类的问题,答句通常会用"信—写了—彼得"这种语序,信息焦点"彼得"虽为主语却位于句末。这些语言强烈地体现出"主位—述位"的信息流向,事实上开创这一学说的布拉格学派正是以斯拉夫语言为主要研究对象的一批东欧学者。

## 2.2 突显功能与"句首焦点"

关于句尾焦点,我们认为,这只是体现了焦点的信息传递功能。但是信息传递有多种方式,句尾焦点仅是其中一种。一般认为,句尾焦点是常规焦点,但如果一个成分不用作引入新信息,而是在语境里直接或间接地引入了的,是说话人出于对比目的才着意强调的,这个成分是对比焦点。因此,语序对确定句子焦点的作用应该区分为两个层次:一是信息传递功能,二是突显功能。前者是客观层面的,后者是主观层面的。前者是由结构位置决定的焦点,后者是由语义内容的特别性决定的焦点。

下面以汉语中的疑问词置于句首现象为例来看句首焦点的"突显功能"。方梅(1995)指出,疑问词在句子中的位置在一定程度上决定了相应回答的焦点性质。问句的疑问词在句首时,相应的回答倾向于对比焦点;问句的疑问词在句末,相应的回答倾向于常规焦点。试比较:

(8)哪一本书你最喜欢?

(9)你最喜欢哪一本书?

我们认为,实际上,它们都是关于新信息的焦点,在这一点上没有什么不同。它们的区别主要在于例(8)是徐烈炯、刘丹青(1998)所提到的一类"话题焦点",即出现在话题位置的疑问性焦点。他们总结了疑问词前移的三个条件限制:一是句子表示反问而不是真性疑问(此时整个句子有全量命题的含义)。例如:

(10)他什么事情做得好?!

例(10)的意思是"他什么事情都做不好",实质上跟周遍性句子结构相似。二是有明显的对比性话题存在。例如:

(11)你到底什么东西要吃,什么东西不要吃?

三是疑问词跟上文出现的某个成分有部分与整体的关系,例如:

(12)我们店里沙发很多,哪一种你喜欢?

例(12)中的疑问词"哪一种"前置到句首,这是以疑问焦点作为构建的语篇话题。相对于后置到句尾这种情况,前者的疑问意味较强,有较强的追问意义,这里疑问词既是信息中心,也是下面讨论的话题,所以其突显性得以加强。

以上的疑问词都可以恢复到原位(宾语位置),所以这些移动都是可有可无的,而不是强制性的。Wu(1999)提供了三个强制性的疑问词前移的句子,转引如下:

(13)a.＊只有张三买了什么书?

b.什么书只有张三买了?

(14)a.＊连张三都买了什么书?

b. 什么书连张三都买了?

(15) a. *没有/很少人买什么书?

b. 什么书没有/很少人买?

在我们看来,上面三例都涉及"去焦点化"操作。在例(13)a和例(14)a中,焦点算子"只(有)"和焦点标记"连"居于高位,所以它们所指向的"张三"实现为句子的焦点,但低位的表疑问"什么"要求自己成为句子的焦点,不能成功"去焦点化",这就构成了矛盾,所以句子不成立。而在例(13)b和例(14)b中,表疑问"什么"移到句首,于是它实现为句子的焦点,而焦点算子"只(有)"和焦点标记"连"居于低位,由于它们可以"去焦点化",成为句子的背景,所以句子成立。至于例(15)a,焦点算子"没有、很少",都使它们所指向的"人"实现为句子的焦点,但低位的表疑问"什么"要求自己成为句子的焦点,不能成功"去焦点化",这就构成了矛盾,所以句子不成立。而只要把"什么"移到句首,它就实现为句子的焦点,"没有、很少"可以"去焦点化",成为句子的背景,所以句子成立。Wu(1999)还提出汉语疑问词前移的条件是所提前的疑问词必须是"话语制约"(discourse-constrained)。Wu提供的例子如下:

(16) a. 张三买了什么?

b. 什么张三买了?

例(16)中的"什么"必须有一个对话双方都知道的可能范围。对例(16)a的回答可以用否定的"他没有买任何东西",但是对例(16)b的回答必须是肯定的,因为已经有了一个选择的范围。这主要是由于主语与宾语的不对称性造成的,即一般而言:主语是封闭的,而宾语是开放的。陆丙甫、徐阳春(2003)则认为,疑问词能否前移,同所期望的回答内容的指别性高低有关。试比较:

(17) a. 哪一本书你喜欢?(回答:"这/那本书"等定指性单位)

b.? 什么书你喜欢?(回答:"情节复杂的书"等类指性单位)

c.? 什么样/怎么样的书你喜欢?(回答:"这/那样"等谓词性单位)

d. *什么样/怎么样你喜欢?(回答:"这/那样"等谓词性单位)

一般认为,疑问词是对未知事物进行询问,不是已知旧信息,不具有高度指别性。其实,所谓新旧、已知未知和指别性是对说话者而言。从听话者的角度去看,说话者用疑问词提问,多半是认为听话者知道所指,所以也可以看作已知的。所以从根本上看,指别性的高低都是以说话者为主要标准的。因此,陆丙甫、徐阳春(2003)认为,导致汉语疑问词前移的主要因素,跟汉语中许多成分前移的原因一样,也是较大的可别性(identifiability),而不是焦点性,这跟英语中的疑问词的焦点性前移不同。

再看汉语中疑问词前置或后置的一些例句:

(18) a. 张三只去过什么地方？
b. ？什么地方张三只去过？

在例(18)a中，焦点算子"只"关联的焦点成分是疑问词"什么地方"，即疑问焦点和语义焦点融合；而在例(18)b中，疑问词"什么地方"前置，成为句子的焦点，但焦点算子"只"虽然被"去焦点化"，但它对所指向成分的语义限制功能依然保留，在本句中，"只"所能管辖的只有一个"去"，根据"只"的排他性，必须有另外一个与"去"对立的潜在的可能，所以句子在下面这种情况下能够成立：

(19) 什么地方张三只去过，没待过？

在一般情况下，我们找不到与"去"对立的东西，所以例(18)b不成立。

但如果"只"不约束"去"，而是句中其他成分（如下句中的"一次、三天、坐车"），那么句子就比较容易成立了。例如：

(20) a. 什么地方张三只去过一次？
b. 什么地方张三只去过三天？
c. 什么地方张三只坐车去过？

前面提到，Wu(1999)提供了三个强制性的疑问词前移的句子，其中第一个例句复制如下：

(21) a. ＊只有张三买了什么书？
b. 什么书只有张三买了？

在例(21)a中，焦点算子"只(有)"关联的焦点成分是"张三"，并且在句法高位；而句末疑问词"什么书"是焦点表达的强迫形式，即有强烈充当句子焦点的要求，所以两者发生冲突，句子不成立。而例(21)b中，疑问词"什么书"位于句首，具有选择性功能，并且在句法高位，所以该成分充当句子焦点；算子"只(有)"关联的焦点成分"张三"处在句法低位，即其焦点的突显性程度不及句首的疑问词"什么书"，所以要让位于句首的疑问词，即疑问词充当句子焦点。对比上例(18)b，不难发现，二者尽管都是疑问词置于句首，但是由于句中焦点算子"只"的位置不同，其中一句成立，另一句不成立。

通过上面的分析，可以看到，汉语中的疑问词置于句首这一语序分布，不仅有加强指别性、有定性等方面的功能，并且还能提高疑问程度。

## 三、特殊句式与焦点的关系分析

特殊句式趋向于要求某一句法位置的成分担任句子的焦点，但在汉语中，某些特殊句式可以不满足其焦点要求，从而采用焦点操作的逆向策略。下面来看几种讨论得较多的句式,如准分裂句、把字句、对举格式、倒装句等,着重说明它们对焦点的要求,以及采用焦点操作的顺向策略或逆向策略的情况。①

### 3.1 准分裂句

分裂句(cleft sentence)是不少语言用来表达对比焦点(具有穷尽性、排他性)的手段,分裂(cleft)的意思是将一个单小句的句子变成一个双小句的句子,句子的论元结构并未改变。通常是让焦点成分成为新主句的表语,让原主句的其余成分变成修饰该焦点成分的关系从句。以英语为例,一个小句中的任何题元,包括充当主、宾语的名词性成分和充当状语的介词短语都可以选出来充当焦点。汉语也有类似分裂句的结构,最典型的焦点结构是"是……的"构成的准分裂句,方梅(1995)认为用"是……的"把一个句子分成两段,以便把对比焦点放到"是"的后面,"是"一般用于标示动词前的名词性成分,功能相当于英语的分裂句"it is... that...",但这种格式不用作标示动词后成分,所以不涉及成分的移位。英汉分裂句的最大区别在于跟普通单句相比,焦点是否需要移位。汉语的分裂句跟中性句相比是无须移位的,如"是我先出国的"变成普通陈述句就是"我先出国",这种现象被称为原位分裂句(cleft sentence in-situ),原位分裂句所用的机制和手段也并非汉语独有,而是人类语言表示焦点的分裂结构的常用手段。

不过,刘丹青(2008)指出,"是"和句末"的"配合的句式虽然也可以有强调作用,但不是焦点特有的句式,因为该句式不具有分裂句所需的穷尽性、排他性。试比较:

(22) a. 我是昨天喝葡萄酒的(,我前天也喝了葡萄酒)。

b. 我是昨天喝的葡萄酒(,*我前天也喝了葡萄酒)。

例(22)a 用"是 VO 的",虽可突出焦点,但并不排除其他同类对象,所以括号中的后续句成立。而例(22)b 用"是 V 的 O",焦点已穷尽了可能性,排除了任何其他可能,因此括号中的后续句不成立。可见"是 VO 的"不是焦点理论中表达对比焦点的分裂句。刘丹青还指出,汉语中的分裂句有一种省略"是"的简式,如"我昨天用支票买的书"。这种句式仍具有穷尽性、排他性,是焦点的专用句式,但与其完整形式相比,结构有了歧义,不能单靠结构指明焦点的位置,也可以通过重读来改变焦点,例如:

(23) a. 我 昨天 用支票买的书。(以"昨天"为焦点)

b. 我昨天 用支票 买的书。(以"用支票"为焦点)

---

① 所谓"顺向策略",是指说话者会选择多个可能焦点成分之间竞争胜利的那一个,满足其焦点要求,该可能焦点成分充当句子的焦点。所谓"逆向策略",是指说话者根据自己的交际目的,不选择多个可能焦点成分竞争中的胜利者,而是选择失败者或选择没有提出焦点要求的某个成分,让其成为句子的焦点。

c. 我昨天用支票买的 [书]。（以"书"为焦点）

不过，这种歧义在具体语境中是可以分化的，每句只能表达一处焦点。通过重读来改变焦点，也就是我们所说的焦点操作的逆向策略，当然这里的重音是特别重音。①

### 3.2 "把"字句

"把"字句是汉语的一种特殊句式，"把"字句的焦点是句末动词结构还是"把"后的宾语，说法不一。例如，徐杰、李英哲（1993）认为，"把"字所引进的名词词组较容易成为焦点成分，这个名词词组本来的深层位置是在动词之后，表层上它没留在原位置而移至动词之前，原因可能有两个：一个是某种句法规则的要求，另一个是为了强调焦点的需要。而范开泰（1985）认为，介词"把"把原来的宾语提到动词前，使动词的补语处在句末，作为表达上的重点。方梅（1995）也认为，"把"字句"把"的后一成分不一定总要带对比重音，"把"字句如果有对比重音的话，也不一定非得紧贴在"把"后的成分上。例如：

(24) a. 我把我的自行车卖了。
　　  b. 我把我的自行车卖了。
　　  c. 我把我的自行车卖了。
　　  d. 我把我的自行车卖了。

可见，"把"字一般不能标定对比项，"把"的作用在于将旧信息放到动词前，把句末位置让给带有新信息的词项。

我们认为，"把"字句是一个说明句，"把"后某一成分如带上特别重音，会具有指别功能，也就是语篇话题功能。当然，"把"字句中的焦点配置，目前研究还不够充分。

### 3.3 对举格式（或平行结构）

刘鑫民（1995）认为，平行结构是表达焦点的句法手段，它往往具有对比的意味，对比的成分往往为强调的对象。例如：

(25) 我花费了自己不少的眼泪和欢笑，也消耗了别人不少的眼泪和欢笑。

例(25)中前后两个分句结构相似，大部分词语也相同，在平行的两个分句中，通过"自己"和"别人"两个不同成分的相互对比形成信息焦点。

陈昌来（2000）也认为，对举句这种对比的方式可以显示焦点，对比使得焦点可以处在句子中的不同位置。例如：

---

① 特别重音是指在语流中说话者付出特别的努力来发出的声音，它落在语流的片段上，使该片段显得特别突出。

(26) 我作业做完了，家务也做完了。

需要注意的是，对举格式中对比项往往不需要特别重音，这证明说话者在这儿采用了焦点操作的顺向策略。

### 3.4 倒装句

陈昌来(2000)认为，倒装是使焦点位置变化的一种方式，倒装的部分往往是焦点，例如：

(27) 六十岁了，老张。
(28) 他们去北京了，几天前就。
(29) 他还是来了，尽管下了很大的雨。

范晓(2001)认为，语序变动与突显新信息或焦点有关，像有些谓语或宾语前置，是为了突显新信息或焦点，例如：

(30) 都过去了，最困难的日子！
(31) 他上海去过了，北京也去过了。

但是，在倒装中究竟哪个部分是焦点，仍然值得讨论，因为它并不是都以在前面的作为焦点。如上例(29)中究竟"他还是来了"是焦点，还是"尽管下了很大的雨"是焦点，不同的人会有不同的语感，而且还涉及复句中的焦点分布问题，对此我们暂时只能存疑。

综上，我们认为，讨论汉语中与焦点有关的特殊句式，首先要看采用这一句式是否有突显句子焦点的功能，因为一般来说，每种句式都多多少少会要求句中某一成分成为句子的焦点，只是要求成为焦点的类型不同，要求成为焦点的强度也不同。有些句式是典型的较强焦点标记形式，像准分裂句这样的句式。而有的句式，像"把"字句这样的句式，它要求哪一部分成为焦点成分是存在很大争议的。此外，还要区分单句和复句，像对举格式（或平行结构）及一部分倒装句这类句式，宜放在复句中去分析其焦点性质。

## 四、结语

综上所述，焦点和语序的互动关系主要体现在两个方面：第一，语序对句子焦点的确定能起到一定的作用；第二，句子的焦点要求会导致某些句子的语序不成立。

一般认为，焦点的表现形式可以是语音手段、词汇手段或句法手段，但是我们认为，应该区分焦点强迫形式（如上文所提到的特殊句式）与焦点操作策略这两个层次。实际上，像语序这样的句法手段是一种焦点强迫形式，即常规语序或超常语序要求句中的某一成分成为句子的焦点,但说话者既可以采取顺向策略满足它们的要求,也可以采取逆向策略不满足它们的要求,所以语序并不能最终决定句子的焦点。也就是说,只有重音,或韵律上的突显性分布(包括不可简省和特别重音),才是焦点的表现形式。当然,也不能说除了重音之外不可以有一种辅助性的手段来标注焦点。如果某种语序一旦出现,如上面提到的对举格式,说话者就只能采用顺向策略,不能采用逆向策略,只能满足它对焦点的要求,那么这种手段实际上已经和重音"捆绑"在一起,共同担任焦点的表现形式了。

需要注意的是,进一步研究焦点和语序的互动关系,还需要区分不同的句类,如陈述句和疑问句,像英语等印欧语常要求特指疑问句的疑问代词置于句首,这是一种疑问焦点前置于句首的规则,但是这种句法化的焦点位置只适用于特指疑问句而不适用于陈述句。

**参考文献**

安玉霞(2006)汉语语序问题研究综述,《汉语学习》第6期。
陈昌来(2000)《现代汉语句子》,华东师范大学出版社。
范开泰(1985)语用分析说略,《中国语文》第6期。
范　晓(2001)关于汉语的语序问题(一)、(二),《汉语学习》第5、6期。
方　梅(1995)汉语对比焦点的句法表现手段,《中国语文》第4期。
胡　附、文　炼(1984)汉语语序研究中的几个问题,《中国语文》第3期。
刘丹青(2008)《语法调查研究手册》,上海教育出版社。
陆丙甫、徐阳春(2003)汉语疑问词前移的语用限制,《语言科学》第6期。
吴为章(1995)语序重要,《中国语文》第6期。
徐　杰、李英哲(1993)焦点与两个非线性语法范畴:"否定""疑问",《中国语文》第2期。
徐烈炯(2001)焦点的不同概念及其在汉语中的表现形式,《现代中国语研究》第3期。
徐烈炯、刘丹青(1998)《话题的结构与功能》,上海教育出版社。
周丽颖(2008)《现代汉语语序研究》,上海辞书出版社。
Cinque Guglielmo(1993)A Null Theory of Phrase and Compound Stress. *Linguistic Inquiry*, 24.
Rebuschi, G. & L. Tuller(eds) (1999) *The Grammar of Focus*. Amsterdam: John Benjamins.
Van Valin, R. T. & Lapolla (2002) *Syntax: Structure, Meaning and Function*. 北京大学出版社。
Wu, Jianxin (1999) *Syntax and Semantics of Quantification in Chinese*. Ph. D. dissertation, University of Maryland at College Park.

(100732　北京,中国社会科学院语言研究所;200031　上海,上海音乐学院)

# "拉倒吧"的话语标记功能及其来源*

## 蒋协众

**摘　要：**"拉倒、拉倒吧"等词语具有话语标记的基本特征和功能，可以视为话语标记。它们的核心语用意义是表达说话者对自己或其交际对象的某种言语、行为的否定性评价，进而制止该言语、行为的继续，其主要语用功能包括表达否定制止功能、语篇连贯功能和话轮转换功能三个方面。除此之外，"拉倒"还有述补短语、抽象义动词、语气助词等用法。"拉倒吧"类话语标记的形成是其祈使小句用法主观化的结果，而其作为抽象义动词和语气助词的用法则经历了一个由述补结构词汇化、语法化的过程。

**关键词：**拉倒；话语标记；否定；演变；语法化

## 引　言

对于"拉倒"，除了《现代汉语词典》对其简单地做过"〈口语〉【动词】算了；作罢"①的词义解释外，很少有人对其进行过专门研究。看来，就"拉倒"及其相关用法的语义、语用功能进行研究还很有必要。下面我们先来看几个包含有"拉倒"的例子：

(1) 众人们见孙八已经拿住王德的刀柄，立刻勇武百倍，七手八脚把王德拉倒。(老舍《老张的哲学》)

(2) 我不希望再像年轻人那样躲躲闪闪的，干脆点，行就行，不行就拉倒。(王朔《我是你爸爸》)

(3) 他跟在袁天成后边劝袁天成私下了一了拉倒，不要再到调解委员会去。(赵树理《三里湾》)

(4) "我这会儿的潜意识，是空白而且干净无瑕的！""拉倒！有干净无瑕的潜意识么？尤其你们男人的！"她继续抨击他。(梁晓声《表弟》)

---

\* 本文的研究得到教育部人文社会科学青年基金项目（编号：11YJC740043）的资助。
① 中国社会科学院语言研究所词典编辑室《现代汉语词典》（第5版），商务印书馆，2005年版。

(5)他朝我伸出了一只手。"五元?"他点点头。我一把夺过背心来:"拉倒吧!光我这件背心还是两元多买的呢!"(梁晓声《一个红卫兵的自白》)

(6)"……我这不是无为而治……""你拉倒吧你!"夏经平不屑地一挥手,"就你这种饲养方针,谁敢把牲口交给你,除非不想要了。"(王朔《我是你爸爸》)

例(1)中"拉倒"是一个述补结构短语,在句中做谓语,表示通过众人们"拉"的身体动作使得动作对象王德有了"倒"的状态和结果。例(2)中"拉倒"偏离了动作"拉"与结果"倒"的组合意义,意义不像例(1)中那样实在,按照《现代汉语词典》的解释,它是一个动词,表示"算了,作罢","拉倒"前面有副词"就",去掉"拉倒"句子不合语法。例(3)中的"拉倒"意义更加虚灵,去掉以后不影响句子合法性,主要表示一种建议、决定的语气,具有语气助词的特点。例(4)至例(6)中,"拉倒"可加上语气词"吧",形式上是一个祈使小句,意义上也偏离了身体动作及其结果,其功能主要是语用上的,说话者通过它来否定对方话语的合理性,表达自己的不满,并制止话语的继续。如例(5)中交际双方就写有蒙文字的背心讨价还价,"我"通过"拉倒吧"对对方只出价五元表示强烈不满。

本文把例(4)至例(6)中的"拉倒/拉倒吧"视为话语标记,主要讨论其作为话语标记的语用功能及其相关用法的发展演变。

## 一、"拉倒吧"的话语标记性质

吴福祥(2005)曾指出:"话语标记在话语中的功能主要是语用的,而不是句法和语义的。"董秀芳(2007)认为,"话语标记并不对命题的真值意义发生影响","话语标记具有主观性和程序性"。目前,学术界就话语标记的基本特征已达成共识,概括起来包括语音上的可识别性、句法上的独立性、语义上的非真值条件性和功能上的连接性等几个方面。(李宗江,2009;郑娟曼、张先亮,2009)

下面我们对照话语标记的这几个基本特征来看例(4)至例(6)的几个例子。可以看出,其中的"拉倒/拉倒吧"具有以下鲜明的特征:第一,语音上的可识别性。"拉倒"后面可以有停顿,可以加语气词构成"拉倒吧"等;第二,句法上的独立性。"拉倒/拉倒吧"是一个独立的祈使小句,经常出现在一段话的开首,不与相邻成分构成任何语法单位,位置比较灵活,如例(5)中"拉倒吧"如果置于最后变成"光我这件背心还是两元多买的呢!拉倒吧!"也无不可;第三,语义上的非真值条件性。"拉倒/拉倒吧"的有无并不影响人们对句子的理解,并不影响语句的命题内容;第四,功能上的连接性。"拉倒/拉倒吧"一般置于后续性话轮的起始位置,起到话语衔接作用。

因此,我们说诸如例(4)至例(6)中的"拉倒/拉倒吧"具有话语标记的基本特征,可以确认其话语标记性质。经考察,"你拉倒吧、拉倒吧你、你拉倒吧你"等词语也具有话语标记的性质,本文一并研究,为了行文方便,下文用"拉倒吧"来统指这类话语标记。

## 二、话语标记"拉倒吧"的语用功能

话语标记在话语中的功能主要是语用功能。通过对语料的考察,我们认为"拉倒吧"主要具有表达否定制止功能、语篇连贯功能和话轮转换功能等三大语用功能。

### 2.1 表达否定制止的功能

我们认为,"拉倒吧"的核心语用意义是表达说话者对自己或其交际对象的某种言语、行为的否定性评价,表达一种不满的情绪,进而制止该言语、行为的继续。例如:

(7)"哪里哪里,高人行踪不定,我们也不敢妄自打扰。"纸鸢笑道。
"拉倒吧你,要说高人真有一个,就是太阳兄了,……"天生帝王道。①

(8)吕布问:"你咋来了呢,最近跟哪混呢,混得硬不硬啊,不行就跟我混吧。"李肃说:"你拉倒吧,我现在比你混得明白,好赖不济我现在也混上个虎贲中郎将。"

(9)这刘焉说是这么说,可是让个猩猩出去公干,觉得不太好,别刚出家门口,再让人以影响市容罪给抓了,于是说:"拉倒吧,邹靖,你领五千个小弟和他们一起去!"

(10)小磊见宝儿盯着自己,诧异地低头看看自己,才发现自己身上一丝不挂,赶紧把毛巾遮着自己的下体。"拉倒吧,你光着身子我也不是第一次看到,跟我还差什么啊?"

以上各例中,例(7)用"拉倒吧"对纸鸢给予自己"高人"的评价予以否定。例(8)用"拉倒吧"对吕布认为自己混得不好进行否定。例(9)说话者觉得自己让猩猩出去公干不妥,用"拉倒吧"对原计划进行否定。例(10)则是对小磊用毛巾遮住自己下体的行为进行否定和制止。

据考察,"拉倒吧"的这种表达否定制止的功能主要用于以下几种语境中:

第一种,发表不同的意见时。在实际交际中,有时在发表自己的意见之前,首先需要对对方的意见进行否定,然后再阐述自己的观点。这时往往先用"拉倒吧"引出否定性评价,这是"拉倒吧"最常见的用法。以上例(7)、例(8)都是如此。再如:

(11)谢广坤说:"其实,我也不想把香秀往永强身上捏,可香秀总比王小蒙强多

---

① 未标明出处的用例均出自网络文学作品。限于篇幅,个别用例在不影响原意的情况下有所删减或改动。

了吧?"

永强娘说:"我看还是小蒙好。"

谢广坤说:"<u>拉倒吧</u>！香秀可是干部家庭,长贵还要调到镇上,以后的好处大了。"

第二种,做出某种决定时。有时候说话人在做出某种决定时,需要对原有决定予以否定,或者意识到自己不能犹豫不决,而要当机立断,这时往往也会用到"拉倒吧"。如前面例(9),刘焉用"拉倒吧"否定了"让猩猩出去公干"的计划,而做出让邹静带五千人同去的决定。再如,下例中张钧当机立断,做出"把他们领皇帝那去"的决定:

(12)张钧也是个体面人,心想:"这也不行啊,他个臭不要脸的这么闹不怕丢人,我不行啊,<u>拉倒吧</u>,我把他们领皇帝那去,愿意闹你们跟皇帝闹去。"

第三种,为自己申辩时。说话者被别人误解时,往往要为自己辩白,这时也先用"拉倒吧"否定对方的看法。如下例中小雨先用"拉倒吧"否定"我"认为他好的观点,然后辩解其实自己并不好:

(13)我接着说:"我家那俩老头老太太成天的吵架,一吵架我晚上睡觉都是问题。我妈一絮叨就一晚上。我爸一喝完酒就更别提了。还是小雨好。"

"<u>拉倒吧</u>,我到现在连我父亲的面都没有见到过。这好?……"

## 2.2 语篇连贯功能

话语标记是人们赖以组织话语并使之连贯的手段之一。方梅(2000)认为话语标记主要体现为两方面的功能:话语组织功能(前景化(包括设立话题、找回话题)、话题切换等)和言语行为功能(语篇连贯、话轮转换、话题延续等)。通过对语料的考察,我们发现,"拉倒吧"在设立话题、找回话题和话题切换方面的话语组织功能较为薄弱,而更主要地体现为语篇连贯功能和话轮转换功能。①

这里的语篇连贯功能,指的是在同一个话轮内,"拉倒吧"处于两个句子或语段之间时,将它们衔接起来,起到过渡和接续的作用,以提高语篇的整体性和连贯性。这种用法相对比较少见,主要用于上述说话人做出某种决定时的语境中。例如:

(14)"这帮人八成就是要聚众闹事啊,不过怎么说也把我给救了,我再把他们关局子里也不好啊,<u>拉倒吧</u>,我就当什么也不知道,我也不搭理他们,睁一只眼睛、闭一只眼睛,得了。"

---

① 关于话轮的定义,有不同的看法。现在普遍的看法是:话轮是指在会话过程中,说话者在任意时间内连续说的话语,其结尾以一说话者和听话者的角色互换或各方的沉默等放弃话轮信号为标志(李悦娥、范宏雅,2002)。

(15)刘备估摸着张飞那俩钱都让他花的差不多了,领着大家找点活干吧,不然让他养活那般闲人,他才不干呢。于是自说自话地:"干点啥呢,就这帮人的水准?拉倒吧,去上回招工的单位看看吧,也不知道人家还要不要人了。"

以上两例中的"拉倒吧"同属一个话轮,在语篇中主要起衔接前后语段的作用,使语篇更连贯。如例(15),"拉倒吧"前是对他们能干点啥的疑问,其后是去招工单位看看的决定,如果去掉,并不影响语义的表达,但去掉以后,整个语篇的连贯性就会明显降低。

### 2.3 话轮转换功能

在实际交际中,正常会话过程中的同一时间只应该有一个人说话,交际参与者轮流变换说话人和听话人的角色,交际在话轮的不断转换中顺利进行。话轮转换包括话轮获得、话轮保持和话轮放弃三个方面。①"拉倒吧"的话语转换功能主要体现在话轮获得和话轮放弃两个方面。

第一,话轮获得。话轮获得可以分为首话轮获得和话轮的承接。根据我们的考察,"拉倒吧"的话轮获得功能又主要体现为话轮的承接,即首话轮之外其他话轮的获得。对于话轮的承接方式,方梅(2000)认为有如下三种:一是不同说话人的谈话顺次前后相连;二是后一说话人的话语承接上一话轮的结束标志;三是后一说话人的谈话始于对上一话轮的打断,即话轮抢夺。这三种话轮承接功能"拉倒吧"都具备,但以第一种和第三种为最常见。例如:

(16)看着杨冲的笑脸,艾筱芊嘿嘿一声贼笑:"有问题,我的女性直觉告诉我,一定有问题……就说你最近不对劲!是不是和你新交的那伙朋友里的谁好上了?"

"拉倒吧!"杨冲在画纸上给大卫的鼻子又加了一层调子,一边说:"都说了西子他们是哥们,绝对不可能有别的!"

(17)他竟然面露得意之色,抠着牙,说:"不是——是我不告诉你,就算我告诉你了,你也不明白。"

我大叫:"你拉倒吧,老子可不是三年前的毛头小子了,告诉你,老子现在也算小有名气,唐宋元明清,只要你能说出形状来,我就能知道是啥东西。"

(18)"来来来,走一杯,兄弟之间,无须多言,都在酒里。"大哲抢先举杯。

"拉倒吧,每次咱兄弟喝酒,这句台词总是你说的。"小宇尽兴。

(19)"你还真毒啊,你是怎么混进去的?也用你刚才说的那招?"王左坏笑的反击。"哦,是因为我这个人比较潇……"

---

① 于海飞(2006)《话语转换中的话语标记研究》,山东大学博士学位论文。

"你拉倒吧你,潇洒英俊?还美丽大方呢,骗骗食堂的大婶还行……"

(20)张远强说:"我爸老跟我们说,'吃尽苦中苦,方为人上人';还说'要想人前显贵,就得背地受罪';还说……""拉倒吧。"冯立刚打断说,"我可不想吃苦遭罪!"

例(16)、例(17)属于第一种情况,说话人在使用"拉倒吧"时没有打断上一话轮,谈话按照潜在的会话规则平稳有序地进行。例(18)很明显,大哲用"抢先举杯"的非言语行为暗示自己放弃了当前话轮,小宇接过大哲的话,获得话轮,属于第二种情况。例(19)和例(20)属于话轮抢夺的情况:说话人的话语还没说完,听话人已有了反对的意见,或听得不耐烦,直接打断他,使自己完成从听话人向说话人的角色转变。这种情况在书面上往往有省略号作为标志,而例(20)的"冯立刚打断说"更是明确显示了其话轮抢夺的功能。

第二,话轮放弃。话轮放弃是指说话人暂时放弃说话的权利,以使自己的当前话轮终止。实际话语中,有时候"拉倒吧"居于话语的末尾,这时候,"拉倒吧"兼有提示话轮结束的作用。例如:

(21)谢大脚说:"我想给王小蒙介绍个对象。"

长贵说:"有谢永强在那里牵扯着呢,她怎么可能让你介绍?拉倒吧。"

(22)我也来劲了,质问道,"涛哥,你什么意思啊,我怎么就是凭关系过的,你看我给老师送礼了还是我走后门让人发现了。你把话说清楚。"涛哥不屑地把头一扬,说,"你以为我不知道你那点花花肠子,别在我面前装了,上次你不是靠关系,怎么就评上了优秀,明明你就没几票,最后怎么优秀里面有你,你不是靠关系靠的是什么。还跟我装,这次天知道你怎么弄的。你还说什么能力,拉倒吧你!"

以上两例中"拉倒吧"前各有一段较长的话,说话人在自己的话语结尾处用"拉倒吧"给出一个放弃话轮的信号。

## 三、话语标记"拉倒吧"及其相关用法的演变

通过历史语料的考察,我们可以比较清楚地看出话语标记"拉倒吧"及其相关用法的形成过程。

### 3.1 作为述补短语的"拉倒₁"

据考察,在清代中叶以前,"拉倒"还是一个述补短语,在句中做主要谓语,后面还可以接宾语或"在地"等介宾成分。这种用法至迟见于明朝后期。例如:

(23)西门庆只说丫头要走之情,即令小厮搜他身上。琴童把他拉倒在地,只听

滑浪一声,从腰里掉下一件东西来。(明后期·兰陵笑笑生《金瓶梅》)

(24)只因素怯王象荩,不过背地唧哝道:"伺候了几天几夜,不得安生,还吆喝哩。不胜拉倒杏黄旗,大家散了罢。"(清中叶·李绿园《歧路灯》)

(25)空房内水军,头包黄毡虎头,身穿黄毡虎衣,各持钩镰,满街跳舞,把被火烧着的灯楼、灯棚,一概拉倒,城内各处埋伏,接应大安门的贼人,被火烧得七零八落。(清中叶·夏敬渠《野叟曝言》)

此时的"拉倒"意义非常实在,其中的"拉"表示"用力使朝自己所在方向移动"的身体动作,"倒"表示"(人或竖立的东西)横躺下来",①"拉倒"的对象总是看得见摸得着的人或物。整个短语表示"拉"的动作有了"倒"的状态和结果,意味着动作的终止和结束,这一点从例(24)看得很清楚:拉倒旗帜,大家散伙,就意味着聚众起事活动的"完结"。

当述补短语"拉倒"经常组合以后,它的发展就兵分两路了:一方面,述补结构的"拉倒"很容易形成"拉倒罢(吧)!"这样的祈使句,这为其话语标记的形成提供了条件。另一方面,"拉倒"多居于句子末尾,成为小句中唯一的谓词性成分,如例(25),这为其虚化为抽象义动词提供了可能。

### 3.2 作为话语标记的"拉倒吧"

至迟在清朝中叶开始就已经可以看到"拉倒吧"的话语标记用法了。例如:

(26)(苗秃子和萧麻子等人商量给如日做寿随礼的事)萧麻子道:"生日的话,素常彼此都问过,装不知道也罢,只是看的冷冷的。"说罢,又看苗秃子。苗秃子道:"与他做什么寿?拉倒罢。"(清中叶·李百川《绿野仙踪》)

(27)(邓九公)便向褚一官道:"既这样,不用闹茶了。家里不是有前日得的那四个大花雕吗,今日咱们开他一坛儿,合你二叔喝。"

褚一官说:"拉倒罢,老爷子!你老人家无论叫我干甚么我都去,独你老人家的酒,我可不敢动他。"(清后期·文康《儿女英雄传》)

我们认为,"拉倒吧"的话语标记用法的形成是主观化的结果。"拉倒"作为一个动词性短语,它可以很自然地组成一个祈使小句"拉倒罢(吧)"。祈使句是一个主观性很强的表达方式,使用祈使句的目的是"以言行事",命令或建议某人产生一个言语行为,执行某项任务。听话人得到"拉倒吧"的命令后会遵照命令执行,其客观结果是"拉"的动作"完结"及其对象的"倒"。这时的"拉倒吧"是真性祈使句,表达了说话人的意志,属道义情态的范畴。而"拉倒吧"祈使小句进一步主观化以后,就不再表示一个言语行为,

---

① 中国社会科学院语言研究所词典编辑室《现代汉语词典》(第5版),商务印书馆,2005年版。

而是表达说话者的态度和评价,于是有了表达说话者对自己或其交际对象的某种言语、行为的否定性评价,进而制止该言行继续的用法。从意义上我们多少还能看出,作为话语标记的"拉倒吧",其核心语用意义"否定制止"与其本来表示的动作"完结"意义还存在一些联系:"否定制止"就是"使完结"。

### 3.3 作为抽象义动词的"拉倒₂"

当"拉倒"经常出现在句尾,形式上变成光杆时,就有了词汇化的可能。清朝末年以后,"拉"和"倒"的松散组合关系逐渐变得紧密,其中"拉"逐渐脱离身体动作,"倒"也偏离了"由竖而躺"的意义,"拉倒"的意义也开始变得抽象,有了表示"不再计较;作罢"的整体意义。从形式上看,"拉倒"后面已不再带宾语和补语,前可以有"就、也"等限制,后可以有"罢、吧"等语气词,"拉倒"的对象也不像例(23)、例(24)等那样实在。例如:

(28)你们这件事闹翻了,他们穷了,又是终年的闹饥荒,连我养老的几吊棺材木,只怕从此就拉倒了,这才是城门失火,殃及池鱼呢!(清后期·吴趼人《二十年目睹之怪现状》)

(29)王爷只能点点头:"大主意你拿,你愿意去就去,你不愿意去就拉倒!"(民国·蒋轸庭《雍正剑侠图》)

我们绝不能认定例(28)中"拉倒"的对象为前面的"几吊棺材木"了,例(29)中甚至根本无法说明"拉倒"的是什么。这时,我们基本上可以判定"拉倒"为一个抽象意义的动词了。这种用法在现代汉语中逐渐增多。例如:

(30)我不管!他们要不是日本孩子,我还许笑一笑就拉倒了呢!他们既是日本孩子,我倒要斗斗他们!(老舍《四世同堂》)

(31)对于同学们,他也是这样,爱玩就玩,不玩就拉倒。(老舍《牛天赐传》)

我们认为,"拉倒"的词汇化是隐喻机制作用的结果:当"拉"与"倒"还只是短语层面上的组合时,其意义具体实在,可以算是概念系统中的"行域";当"拉倒"表示"不再计较;作罢"的抽象意义时,已经从实际的行为域进入到了心理上的"知域"。"拉倒"从述补短语到抽象义动词的演变过程也是其从"行域"经过隐喻演变为"知域"的过程。①

### 3.4 作为语气助词的"拉倒₃"

"拉倒"成词以后又有了新的演变。在现代汉语阶段,"拉倒"出现了语气助词的用

---

① 关于"行域""知域"等概念,请参看沈家煊《复句三域"行、知、言"》,《中国语文》2003年第3期。

法。例如：

(32)现在这个厂，他以为不会再给他生产利润了，还要退补四十二亿多款子，不如让工人把厂吃光了拉倒。（周而复《上海的早晨》）

(33)我做事喜欢干脆痛快。你们要趁水和泥，趁火打铁，快点玉成他们，赶在这年节里把喜事办了拉倒。（姚雪垠《李自成》）

作为动词的"拉倒"在句子中做谓语，是句子的语义焦点所在，不能去掉，否则句子不完整、不合语法，句子的真值语义也会受到影响。而以上两例中的"拉倒"作为语气助词，用于句子末尾，在句法上完全可以去掉，而不影响句子的完整性和真值语义。

我们认为，"拉倒"语气助词用法的形成是其句末语法位置和主观化作用的结果。"拉倒"成词以后，居于句子末尾，这种句法位置为其进一步虚化提供了条件。一旦句中有了主要动词，"拉倒"原有的谓语地位就可能会"降格"，最终成为具有情态功能的语气助词。这时"拉倒"在句中不参与真值语义的表达，属于命题外的成分，它表达说话人对某件事的主观态度和看法，流露出一种无所谓、不计较的感情色彩，具有主观性。

综上所述，我们可以把话语标记"拉倒吧"及其相关用法的形成过程图示为：

（述结式短语）拉倒$_1$[清中叶以前] → （话语标记）拉倒吧[清中叶]
（抽象义动词）拉倒$_2$[清朝末年] → （语气助词）拉倒$_3$[现代]

以上我们认为，"拉倒吧"的话语标记用法是由其作为述补短语在祈使小句中因为主观化而形成的，其作为抽象义动词和语气助词的用法则经历了一个由短语结构词汇化、语法化的过程。

## 四、余论

讨论了"拉倒吧"及其相关用法以后，我们想到了与之用法极其相似的一个语法形式"算了"。刘红妮（2007）曾对非句法结构"算了"的演变过程做了详细的探讨，认为其演变途径为：

（非句法结构）算了$_1$ → （抽象义动词）算了$_2$ → （语气助词，表情态）算了$_3$ → （话语标记）算了$_4$

可以看出，刘文是主张"算了"的话语标记功能的形成经历了一个词汇化、语法化的线性过程的。但是，根据刘文自己对语料的考察，最早的"算了$_4$"在《红楼梦》中就已出现，《官场现形记》、《二十年目睹之怪现状》中也有用例；而表情态的"算了$_3$"出现较晚，一直到现代汉语才出现并较多运用。"算了$_4$"出现在先，"算了$_3$"出现在后，说"算了$_4$"由"算了$_3$"演变而来，这就难免有违语言演变的常理。为什么会出现这种情况？原来，刘文是基于一般的实词词汇化和语法化的规律来考虑问题的。李宗江(2010)通过对大量话语标记个案研究的实例进行分析后,认为目前学术界在话语标记是从表示什么意义的源结构演变而来的问题上存在误区,即很多研究者都把话语标记的形成看成词汇化和语法化问题,按照一般的语法化或词汇化规律来看话语标记的来源。李文认为,讨论某个话语标记的来源,不一定非得按照一般的实词语法化的规律来谈。李文的观点正确与否我们暂且不去评论,但是我们认为,如果"算了"的各种用法在历史语料中的出现顺序果如刘文所示,或许,将话语标记"算了"及其相关用法的演变途径做以下构拟可能更为合理:

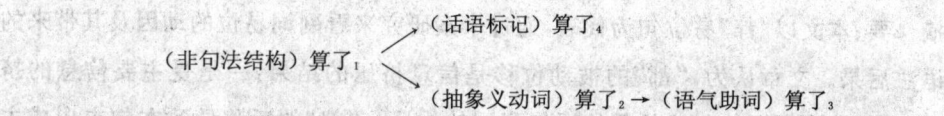

$$（非句法结构）算了_1 \begin{cases} （话语标记）算了_4 \\ （抽象义动词）算了_2 \rightarrow （语气助词）算了_3 \end{cases}$$

这样的构拟与"拉倒吧"相关用法的演变过程非常相似,这不难理解:事实上,作为抽象义动词的"拉倒$_2$"与"算了$_2$",作为语气助词的"拉倒$_3$"与"算了$_3$",作为话语标记的"拉倒吧"与"算了$_4$",它们在意义和功能上也非常相似,不少情况下可以换用,它们经历一个相似的演变过程不是不可能的。

## 参考文献

董秀芳(2007)词汇化与话语标记的形成,《世界汉语教学》第1期。
方　梅(2000)自然口语中弱化连词的话语标记功能,《中国语文》第5期。
李悦娥、范宏雅(2002)《话语分析》,上海外语教育出版社。
李宗江(2009)"看你"类话语标记分析,《语言科学》第2期。
——— (2010)关于话语标记来源研究的两点看法——从"我说"类话语标记的来源说起,《世界汉语教学》第2期。
刘红妮(2007)非句法结构"算了"的词汇化与语法化,《语言科学》第5期。
沈家煊(2003)复句三域"行、知、言",《中国语文》第3期。
吴福祥(2005)汉语语法化研究的当前课题,《语言科学》第2期。
于海飞(2006)话轮转换中的话语标记研究,山东大学博士学位论文。
郑娟曼、张先亮(2009)"责怪"式话语标记"你看你",《世界汉语教学》第2期。
中国社会科学院语言研究所词典编辑室 (2007)《现代汉语词典(第5版)》,商务印书馆。

(471003　河南洛阳,河南科技大学人文学院;410081　湖南长沙,湖南师范大学文学院)

# 信息挤压与"都"的位移*

程璐璐[1] 刘思洁[2]

**摘 要**:本文以"都"易位句为代表,通过个案研究来看副词易位的动因及其带来的相关语法后果。文章认为,"都"的被动位移是信息挤压的结果:一是受主要信息的挤压,二是受其他占据同一句法位置的语气副词的排斥。"都"的后移导致在句末形成主观性焦点,并带来相应的语法后果。

**关键词**:"都"易位句;信息挤压;被动位移;主观性焦点

## 一、缘起

语序是汉语重要的语法手段之一。"彼此互相独立而又互相依存于同一句法结构之内的句法成分,……它们的位置相对来说是比较固定的。"(陆俭明,1980)但由于口语交际的特殊性,在实际的话语表现中,常有句法成分出现在非常规位置的现象,特别是句末,如:

(1)那里头好像应该是,调一下儿空气,窗口儿太小了都。(1969,女,汉,西城,高中,学生,E)

(2)我爸爸也七十,我爸爸没时候儿七十七了都,嗯。(1946,男,汉,西城,初中,司机,A)

这种现象是口语交际中独有的现象,不同于传统句法研究中的句型变换。它不是出于句法结构上的要求,而是出于话语交际的某种原因,具有特殊的话语价值。

陆俭明(1980)、张伯江、方梅(1995)、杨德峰(2001)将这种现象称为易位,陈建民(1984)、李向农(1985)称为追加,席建国、张静燕(2008)称之为话语后置。这些研究虽然都涉及本文所关注的"都"的位移现象,但研究对象的范围不尽相同。"追加"的研究

---

\* 感谢导师张旺熹教授对本文选题和写作的启发和指导。本文曾在"第五届现代汉语虚词研究与对外汉语教学学术研讨会"(2012,延边)上宣读。

对象包含"易位/话语后置":后者只关注句内成分的位置改变①,且这些易位现象通常是下意识产出的;而前者的研究对象已经超出了句内成分,其关注的追加问题更多属言语行为问题,从产出的言语来看已经属于复句范畴,且这种追加通常是有意为之的②。如果我们不考虑研究范围的差异,只关注共同的研究对象,那么,对于例(1)、例(2)这种特殊现象就有两种角度不同的解释了:一是内部位移(易位/话语后置),二是外部追加。

根据张伯江、方梅(1995)的观察,不同的后移成分有不同的删略度,其中,副词是最难删除的。因此,我们认为,对口语中副词移至句末现象的观察有利于我们加深对相关语言现象的认识。下面我们将通过单音节副词"都"位移至句末的个案研究来看副词发生位移的动因以及由此带来的影响。

以往研究中所用的语料虽有部分来自谈话录音或记录自然情景下听到的话,但绝大多数仍以内省或文学作品中的对话为主。根据 Ochs(1979)、陶红印(1999)的研究,内省或文学作品中"有准备"的模拟口语语料与"无准备"自然产出的口语语料还是有所不同的。因此,为了能够更真实、全面地反映相关语言现象在无准备口头表达中的实际情况,本文的全部语料均选自北京语言大学语言研究所"北京口语语料库"。语料后括号中的信息分别为发言人的出生年份、性别、民族、地区分布、文化程度、职业和话题内容③。我们以"都+标点"的方式检索出417个用例,再经人工筛选,共得到符合条件的"都"的句末用例75条。这75条语料来自49个不同发言人,几乎覆盖发言人各项信息的全部不同条件。

## 二、"都"易位句的基本类型

本文认为诸如例(1)、例(2)的情况是内部位移的结果,而非外部追加,因此我们沿用"易位句"的说法,并将"都"位移至句末的小句称为"都"易位句。本部分首先着重描写"都"易位句的类型,关于位移与追加之辨我们将在下节进行论述。

本文所搜集到的75个"都"易位句的用例,从形式上可分为两类:一种句中无"都",

---

① 张伯江、方梅(1995)还多少涉及一些类似英语中关系子句的成分。
② 根据陈文的论述,以例(2)为例,除了副词"都"的追加以外,"我爸没时候儿七十七了都"也可以看作是对"我爸爸也七十"这一口误的追加。
③ 这些话题包括:A.居住条件、健康状况、游览、恋爱婚姻、福利事业;B.家庭、教育、特殊经历或遭遇、生育、社会治安;C.学习、就业、摆脱困境、丧葬、旅行;D.工作、工资、气候、货币、见闻;E.一日生活、市场、文化娱乐、交通;F.个人经历、物价、体育活动、拜访或迎送。

句末有"都",共 64 例;另一种句中、句末都有"都",共 11 例①。

表 1

|  | 语料分布 |
| --- | --- |
| Ⅰ类(前无后有) | 64 |
| Ⅱ类(前有后有) | 11 |
| 总计 | 75 |

第一类是最典型也是数量最多的"都"易位句,如例(1)、例(2)。第二类易位句较为特殊,数量相对较少,其中,前后两个"都"的语义是一致的,如例(3):

(3)你看那布,现在这阵儿,西,又开始都买西服,每人儿发钱买西服,你看现在哪儿还有西服啊,<u>都</u>给抢得差不多了<u>都</u>。(1957,男,满,海淀,高中,售货员,E)

撇开Ⅰ类易位句,单看例(3),"都给抢得差不多了都"中,由于句中状语位置已经有了"都",句末的"都"很容易被看作追加成分。但从下文论述中,我们将看到,Ⅱ类易位句中句末的"都"并不是简单的追加或重复,而是Ⅰ类易位句造成的语法后果。

除了易位成分仅为"都"的简单形式外,"都"易位句还有一些复杂形式。根据共现成分的差异,这些复杂形式又可分为两类:一是与主语成分共现,共现成分多为指示代词和人称代词,或由指示代词构成的短语,包括"这都、我都、他们都、这事儿都"等;二是与其他状语成分共现,如"全都、就都、现在都、也都、几乎都、不都"等。在我们收集到的75 条用例中,两类复杂形式分别出现 7 次和 8 次,共 15 例。

表 2

| 复杂形式 | | 语料 |
| --- | --- | --- |
| 与主语成分共现<br>(7 例) | 这都 | 3 |
| | 这事儿都 | 1 |
| | 我都 | 1 |
| | 他们都 | 2 |
| 与其他状语成分共现<br>(8 例) | 全都 | 1 |
| | 就都 | 1 |
| | 现在都 | 2 |
| | 也都 | 2 |
| | 几乎都 | 1 |
| | 不都 | 1 |
| 总计 | | 15 |

---

① 孟琮(1982)将这种情况称为重复。文章认为这种重复现象(Ⅱ类易位句)与陆俭明(1980)所说的易位现象(Ⅰ类易位句)有比较密切的关系,但孟文并没有对这种密切的关系进行详细的解说。

这些用例中，除下面两例外，均属Ⅰ类易位句。不同的是，例(4)中，"这都"整体在句中和句末都出现，例(5)只有"都"在句中、句末都出现，而"几乎"只出现在句末。

(4)那简直又是由这个人死开始，由这个买棺材，入殓，啊，接三，出殡，还要七七四十九天，<u>这都</u>要庆祝，<u>这都</u>。(1925,男,汉,牛街,高中,售票员,C)

(5)其他还有什么，祖国山河一片儿红那个，反正这我<u>都</u>没听说过价儿，<u>几乎都</u>。(1963,男,汉,卢沟桥,高中,个体户,E)

## 三、易位与追加之辨

前文提到，根据现有研究成果来看，"都"的位移有两种角度不同的解释，即内部位移和外部追加。下面，我们将从Ⅰ类易位句入手，就两种不同的解释进行讨论。

张伯江、方梅(1995)指出，在诸多后移成分中，副词是最难删除的。易位句中的"都"便是如此。陆俭明(1980)提出，"易位句中被倒置的两个部分都可以复位，复位后句子意思不变"。根据我们的观察，绝大多数Ⅰ类易位句中的后置成分"都"是可以复位的，且复位后句子除主要信息外，所表达的主观情态也是基本相同的。但，如果去掉后置成分"都"，虽然句子仍然成立，所表达的主观情态总是与未删略"都"的原句之间存在一些细微差别，试比较以下两组例句：

(6)a. 你看我哥哥吧，我的三哥在公共汽车公司哈，他结婚已经两年了吧，啊，<u>快三年了都</u>。(1963,男,汉,东城,高中,待业,A)

　　b. 都快三年了

　　c. 快三年了

(7)a. 反正是有后门儿就进去的快点儿。一样的子女人家上去你上不去，是不是。你论文化呢？<u>他不见得有你文化高</u>，<u>全都</u>，现在呢，走后门儿成了一个社会风气似的，怎么样儿？(1918,女,汉,西城,文盲,家庭妇女,C)

　　b. 他不见得全都有你文化高

　　c. 他不见得(全)有你文化高

例(6)、例(7)两组中的c句在主观情态上要弱于a、b两句。由此可见，为了保持与原型句(陆文称为复位句)在语义(主要是主观情态)上的一致，易位句中的"都"是不宜删略的。

除了语义上的细微差异，由于句法和篇章连贯的制约，有些Ⅰ类易位句中的"都"不能省略。试比较以下三组例句：

(8) a. 堵车吧，堵车现象最严重吧，<u>这车吧，就是，一辆接一辆一辆接一辆了</u>

都,没法儿走都。(1967,女,汉,西城,初中,售票员,A)

  b. 这车吧,就是,都一辆接一辆一辆接一辆了

  c.? 这车吧,就是,一辆接一辆一辆接一辆了

(9) a. 唉,广州呢,我们到广州转了几个大宾馆,你看北京的这个宾馆,这个饭店,<u>离老远的就轰你了,不让你靠边儿都</u>。(1947,男,汉,卢沟桥,初中,售货员,D)

  b. 离老远的就轰你了,都不让你靠边儿

  c. #离老远的就轰你了,不让你靠边儿

(10) a. 住没条件住,<u>老师没地儿住现在都</u>。现在我们老师就是白天办公晚上睡这儿。(1967,男,汉,东城,高中,学生,D)

  b. 老师现在都没地儿住

  c. #老师现在没地儿住

  例(8)a"这车吧,就是,一辆接一辆一辆接一辆了都"小句中的"了"是与"都"共现的成分,原型句例(8)b既符合句法要求,又与a句语义一致,而删略了"都"的c句在句法上的接受度就要低一些。例(9)a"离老远的就轰你了,不让你靠边儿都"中的"都"有"甚至"之义,表示强调,具有衔接功能。删去后的例(9)c虽然也能说,但与a、b的"都"小句性质不同:a、b句中"都"所在的小句是非事件背景句,用来强调北京的宾馆服务态度不好;而c中的第二个小句则是事件句,用来陈述现实发生的某一情况。例(10)也是如此,c是陈述一般情况的事件句,a、b是非事件句。可见,这些易位句中的"都"不仅是语义上的需要,同时也是句法、篇章上的需要。

  综合以上两种情况来看,易位句中的"都"原本就是小句的内部成分,是不可或缺的。因此,它只能是从原来的常规位置位移到句末的,而不是后来从外部追加的①,这也是它不可删略的原因所在。

## 四、信息挤压与"都"的被动位移

  即时口语具有很强的交互性。一般来讲,说话人总是下意识地把急于让听话人知道的信息先说出来。(参见陆俭明,1980;陈建民,1984)相对于表达命题内容的主要信息来说,表达对命题态度的主观性信息就显得分量轻一些。当说话人急于让听话人知道某件事情或某种情况时,表达命题内容的主要信息就有可能挤掉分量较轻的主观性

---

  ① 根据陈建民(1984)的说法,本文所讨论的"都"的位移属于补充性追加。

信息首先脱口而出,而作为完整信息一部分的主观性信息便落在句末位置。也就是说,像"都"等副词的后移,不是其自身主动的位移,而是由于主要信息向前挤压造成"都"的被动后移。① 这就是"都"易位句产生的第一动因。

与可以仔细斟酌的书面语相比,日常口语交际是"毫无准备"的。交际进行至较为兴奋的状态时,很容易出现信息挤压的情况,而这种挤压是由信息"分量"的差异造成的,对于说话人来说是下意识的。正因为如此,"易位句的前置部分和后移部分之间并没有必然的语音停顿"(陆俭明,1980)。②

那么,主要信息的挤压,是"都"被动位移的唯一动因吗?从我们掌握的语料来看,还有另一种被学者们忽视的原因。

与书面语不同,口语交际有很强的即时互动性,言语的主观性和交互主观性更强。说话人在说明某件事或某种情况的同时,会表达尽可能多的主观态度。体现在句法上,就是主观性标记成分比较多。在主观性表达上有细微差异的某些语气副词,由于占据的句法位置相同而不能同时出现。但在实际的口语交际中,有时说话人想表达的主观情态又太过复杂,单用一个语气副词很难表达得精准、全面,但表达两种微殊语气的副词又可能因占据相同的句法位置而互相排斥,如果同时使用,就会有一个被挤到句末。如:

(11) 后来完了以后呢,我们都拿那个,就那个脸盆接点儿水泡着脚,就那么睡觉,<u>要不然根本就睡不着觉都</u>,那样儿,还是很艰苦的。(1947,女,汉,东城,初中,干部,C)

(12) 就我这孩子我就受不了,你孩子一过去,□(piā),一大笤帚,拿笤帚疙瘩敲脑袋。<u>就这么打孩子现在都</u>,都见了他奶奶就跑,见奶奶爷爷就跑,不敢理,见奶奶爷爷就跑,你说你怎么弄啊?(1959,女,汉,西城,高中,待业,B)

先看例(11)。"要不然根本<u>就</u>睡不着""要不然根本<u>都</u>睡不着"都可以说,但要想同时表达"就"和"都"的主观性,却不能说"*要不然根本<u>就都</u>睡不着/*要不然根本<u>都就</u>睡不着"。这样,要想二者兼得就得有一个被挤到句末,"要不然根本<u>就</u>睡不着觉<u>都</u>"或者"要不然根本<u>都</u>睡不着觉<u>就</u>"。例(12)也是如此。

可见,副词"都"被动位移的第二动因是,为了表达更可能多的主观态度,语气副词"都"受到其他占据同一句法位置的语气副词的排斥。这时,被动位移的"都"一般不能

---

① 陆文认为,主谓句中,仅状语在后的易位句,如"他们走了,都",宜看作状语后移,主语和状语同时在后的,如"到家了吧,他大概",宜看作(谓语)中心语前移;而无主句易位,如"下班了,已经?",可不必追究是哪种位移。但我们认为,陆文所说的三种情况,均为状语成分(副词)的被动后移。

② 如果是追加,则可能存在语音上的停顿。

复位。这种情况虽然用例相对较少,但是这一发现使我们对易位现象的认识更加全面。①

无论是受主要信息挤压,还是受同一句法位置的其他语气副词排斥,"都"并没有因为遭到"挤压"而被"舍去",这是由于"都"本来就是句子必不可少的一部分。也许"次要",但仍"必要"。

## 五、句末主观性焦点的形成

前面两部分我们主要讨论的是Ⅰ类易位句,下面我们来讨论一下Ⅱ类易位句。孟琮(1982)将Ⅱ类易位句看作口语里的一种重复。文章主要对句末的重复成分进行了静态描写,但在"兼谈"易位的时候,并没有深入探讨两种现象(Ⅰ类与Ⅱ类)之间的联系。下面我们就从Ⅰ类易位句的句法后果来看两类易位句之间的关系。

上文指出,"都"的被动位移是信息挤压的结果,但它并没有因此被省去的原因则在于,其蕴含的主观性本就属于说话人想表达的主观信息。言者急于让听者知道的情况(主要信息)会首先脱口而出,这种信息排列方式便于听者第一时间了解言者急于让听者知道的事情。但客观上,对于听说双方来说,句末位置距离交际的当下又是最近的,提供的信息是最新的、最容易引起注意的。前置部分通常都是传递主要信息的句子主体,而被挤压出来的副词性成分又多是表达主观情态的,这样,就容易在句末形成一个主观性焦点。这也是为什么有时"都"的易位句会比原型句(复位句)表现出的主观性稍强的原因所在。试比较例(13)的a、b两句:

(13)a. 几点了都?
　　b. 都几点了?

常遭"排挤"却从未被"放弃",客观上巩固了句末"都"的情态地位,增强了表达的主观性。Ⅱ类易位句中已经出现"都"而在句末再次用"都",如例(3),看起来只是一种语义重复,但这看似违反经济原则的"冗余"实际上有其特殊的交际功能,即增强语气,有吸引听者关注的作用。换句话说,句末位置的"都"具有增强交互主观性的作用。如果删去句末的"都",同样的一句话,对听者注意力的吸引就减弱了,试比较例(3)与例(3'):

(3)你看现在哪儿还有西服啊,都给抢得差不多了都。

---

① 此前,陆俭明(1980)、杨德峰(2001)等曾明确提出,易位句中被倒置的两个成分(易位的两个部分)都可以复位。

(3') 你看现在哪儿还有西服啊,都给抢得差不多了。

由此可见,"都"的被动位移客观上导致了句末主观性焦点的形成,Ⅱ类易位句是由此造成的语法后果,而非孤立的口语现象。

## 六、余论

本文通过对副词"都"位移至句末现象的个案研究,讨论了副词易位的动因以及由此带来的语法后果。我们首先明确了该现象是内部位移的结果,而非外部追加;进一步分析了发生位移的动因,即主要信息的挤压和其他语气副词的排斥造成了"都"的被动位移;最后,我们又指出,Ⅰ类易位句客观上促成了主观性焦点的形成,Ⅱ类易位句便是由此造成的语法后果。

目前,我们得出的一些假设,只能用来解释副词易位的现象。实际上,口语中的易位现象非常复杂,介词短语、动词性成分、一般名词性成分、人称代词等不同成分的易位现象性质是否相同、与副词易位的动因是否相同,我们还很难给出一个明确的答案。缩小研究范围,在保证同质性的同时进行具体、深入的研究,也许会对易位现象的宏观认识有所帮助。

**参考文献**

陈建民(1984)汉语口语里的追加现象,《语法研究和探索》(二),北京大学出版社。
李向农(1985)对《汉语口语里的追加现象》的一点补充,《汉语学习》第4期。
陆俭明(1980)汉语口语句法里的易位现象,《中国语文》第1期。
孟琮(1982)口语里的一种重复——兼谈"易位",《中国语文》第3期。
陶红印(1999)试论语体分类的语法学意义,《当代语言学》第3期。
席建国、张静燕(2008)话语后置的认知基础及其功能分析,《语言教学与研究》第6期。
杨德峰(2001)也论易位句的特点,《语言教学与研究》第5期。
张伯江、方梅(1995)北京口语易位现象的话语分析,《语法研究和探索》(七),商务印书馆。
Ochs, Elinor (1979) Planned and Unplanned Discourses. In T. Givón, ed., *Discourse and Syntax*. Vol. 12. New York: Academic Press.

(1. 100083 北京,北京语言大学汉语水平考试中心;
2. 台北,中国文化大学)

# 以汉语方言为本的"V起来""V起去"比较[*]
## ——兼论"起去"在现代汉语中的消隐

蔡 瑱

**摘 要**：本文着眼于比较各地方言"V起来""V起去"在语义、句法上的对称与不对称，尝试从跨方言角度探讨方言里"V起去"的意义与用法，并通过对它在各地方言里的存废考察，厘清"起去"的语法化演变轨迹。我们认为，方言里"V起去"句法结构杂糅，引申义相对空缺，更多表述"起身(床)而去"基本义与趋向意义，语法化进程缓慢或停滞，在现代汉语方言中也已显现出被逐步废弃的迹象。

**关键词**：V起来；V起去；类型特征；语法化；存废

## 一、引 言

当前，各类现代汉语教材，尤其是对外汉语教学相关教材中会强调指出，趋向动词"起"与"去"搭配上的空缺，即普通话没有复合趋向词"起去"。

汉语史上有"起去"，钟兆华(1988:361)认为如今不见于现代汉语，是"起去"和"起来"词义变化的缘故。邢福义(2003:205—213)以历代文学作品、现当代作家作品及方言语料为依据，根据语言匀整系统的总体趋同规律，认为"起去"在普通话中可说。

且不论普通话说不说"起去"，现有方言语料与研究显示，不少方言如成都话、长沙话、厦门话等，仍存"起来"对称形式"起去"。因此，本文尝试比较各地方言"起来""起去"句法语义上的对称与不对称分布，在类型学视野下对"起去"意义及用法做一解释，并通过"起去"在各地方言的存废考察，厘清其语法化演变轨迹，以挖掘汉语在句法语义的发展演变过程中形成的共同类型特征。

本文语料主要来源于已有的各地方言词典、描写著作与文章。此外，我们对来自各

---

[*] 本文得到国家教育部人文社会科学青年研究项目"汉语趋向范畴的类型学研究"(10YJC740004)和上海市教委科研创新项目(10YS87)资助。

方言区的有系统语法知识的语言学专业教师与研究生做了一定调查。以现有文献语料为准，笔者调查语料为辅。

## 二、各地方言里"起来""起去"的语义分化与不对称

综观各地仍存"起去"的方言，不仅不同方言间"起来""起去"的义项分布、语义发展不平衡，而且各方言点内部，二者的语义分化也极不对称。由此，我们由点及面地发现汉语方言"起来""起去"的相关特征及其差异。

### 2.1 成都话"V 起来"与"V 起去"

#### 2.1.1 成都话"起"的趋向补语标记用法与"V+(起)+来/去"

《成都方言词典》未收入"起去"词条。不过语料里有"起去"，多置于动词后。

(1) 飞机飞起去了。①

(2) 你咋个还不送起去<sub>送去</sub>？（梁德曼、黄尚军，1998）

(3) 这条路不通车，只好走起去<sub>走去</sub>。（张清源，1998）

"V 起去"没有表"完成、始续"等引申义项，多表述人或物体在具体空间或心理位移上的以言者为中心的趋向定位——离言者越来越远。"起"表述"由下而上、由低向高"空间位移基本忽略。例(1)—例(3)可替换为"V 去"。"V 起来"可同样替换：

(4) 把马老师请起来<sub>请来</sub>，哪个敢妖艳儿<sub>调皮、捣蛋</sub>！（梁德曼等，1998）

(5) 白酒都买起来<sub>买来</sub>了，还想啥子呢！

"V 起来/起去"可能是近代汉语"V+X+趋向成分"结构的遗留。近代汉语里常在述语与趋向补语间连接各种补语标记（如"述语+将+补语""述语+得+补语"等），这种惯用语法格式在当前不少方言都有留存。② 成都话选择"起"作为趋向补语标记，置于 V 与"来/去"之间，整个结构既可表已然态，也可表未然态。故"起"不同于"了""将"，它不是体标记，为非强制性成分，可用可不用。口语里"V 来/去""V 起来/去"皆用。

这里，成都话"V 起去"并非我们认为的与普通话"起来"相配套的"V+起去"，而是

---

① 本文语料除注明来源的，都来自作者调查。凡注明作者及年代但文末参考文献未出现的，都来自李荣主编(1998)。例句不刻意考求本字，写不出本字的用同音字代替，下加波浪线标示；无同音字的直接用国际音标标出声韵，一般不标调。

② 详见柯理思的《汉语方言里连接趋向成分的形式》，《中国语文研究》2002 年第 1 期。

"V+(起)+来/去"结构。

#### 2.1.2 成都话"起"的伴随状态标记用法与"V起+来/去"

梁德曼等(1998:18)指出,"起"可作为动态助词,置于动词后大致相当于北京话"着"。"V起"多后跟动词,充作连谓结构或状态状语。"起"一定程度上充当引进伴随状态的标记作用。如"眯起<sub>眯着</sub>眼睛做啥子""把包包拿起<sub>拿着</sub>走"等。

因此"V起来/起去"也可能是"V起+来/去"。"来/去"为主要动词,"V起"修饰"来/去"的伴随状态或方式。

(6)这一带路不好找,只好一路问起来。(张清源,1998)

(7)他殍<sub>向前扑</sub>起去打人。(梁德曼等,1998)

(8)快,跑起去!

#### 2.1.3 成都话"V起去"与趋向词"起去"的废弃

综上,成都话虽有"V起去",但更可能为"V+(起)+来/去"或"V起+来/去"结构。我们推测,其与复合趋向词"起来"相配套的"起去"可能也已废弃。方言合作人①指出,日常会话中表伴随状态的助词"起"使用较频繁,趋向补语标记"起"也常省略。即当下成都话与普通话及大部分方言一致,多以"V来/去"表述趋近或背离。结构杂糅的"V起去"也在逐渐减少。这可能是《词典》未将"起去"列入词条的原因。

### 2.2 湘方言"起来"与"起去"

#### 2.2.1 湘语"起"的多功能性与结构杂糅的"V+起+来/去"

考察《现代汉语方言大词典》(长沙、娄底分卷)及相关资料,不少湘语点"起"承载多项语法功能,具有多功能性。以长沙话为代表的湘语同成都话一样,具有配套匀整的"V+起+来/去"结构。

(9)三毛钱一斤,你就一落锅<sub>全部</sub>咸拿起去<sub>拿去</sub>。(鲍厚星等,1993)

(10)我寻起去<sub>跟着去</sub>哩。(颜清徽等,1994)

但不同于成都话,不少湘语点亦存与普通话"起来"配套的"起去"②,且一定程度上虚化,置于动词后作趋向补语或体标记。

---

① 于红梅,四川眉山市人,上海师范大学对外汉语学院副教授。
② 《长沙方言词典》(鲍厚星、崔振华等,1993)和《娄底方言词典》(颜清徽、刘丽华,1994)都收有"起去"词条。

### 2.2.2 长沙、娄底话已虚化的"V起去"

长沙、娄底话"起来/起去"表本义与趋向义时对称分布,如"起来/起去""站起来/起去"等。湘方言用"起去"多半是说话人位置较低,"处于卧或蹲、跪、坐、伏的状态"。(崔振华,2007:65)

"起去"有非趋向的引申用法。"起来/起去"可以"V起来/起去+AP"形式表达说话人的主观评价,如例(11);"V起去"还表述动作/状态的持续,相当于北京话"下去"(鲍厚星等1993:16)。如例(12)、例(13)。

(11)他讲起来一络流<sub>流利</sub>/他的病看起去好不了哒。(鲍厚星等,1993)

(12)咯样<sub>这样</sub>搞起去<sub>搞下去</sub>,还有个奔头<sub>前途</sub>。(同上)

(13)再打起去会出人命的!(崔振华,1998)

表持续"V起去"常与"咯样""再"等表述动作已然的语法成分共现,强调其为持续而非起始,以区别"V起来"。

### 2.2.3 受限而语法化进度滞后的"V起去"

湘方言"起去"的引申义受到了一定限制。插入语"V起去",后跟形容词 AP 多含消极义。如"好不了、冇味"等;"起去"和"下去"尽管都表持续态,但受音节制约,若前跟动词、形容词为单音节,一般用"起去";双音节多用"下去"。(崔振华,2007:67)

(14)再咯样争起去也冇得么子结果<sub>不会有什么结果</sub>。

(15)再咯样讨论下去也冇得么子结果。

可见,当前以长沙话为代表的湘语存有与"起来"对应的"起去",崔振华(2007:65—68)认为"起去"已完成语法化。我们认为,长沙、娄底话"V起去"走上了语法化道路,但其表"完成"结果义缺失,且已有的引申义项受语义、音节等多项制约,进度较"起来"滞后。

## 2.3 闽南话"起来"与"起去"

### 2.3.1 "起"位移表述的多义性

李英哲(2007:186)认为,由于闽南话趋向补语不使用"上、下",只使用"起、落",使其表达空间移位提升时可规则使用"起来、起去"。李文研究台湾闽南话,所述语言现象未必是闽南话普遍具有的。

排查《厦门方言词典》语料,结合对当地人的调查,厦门话有表达"由低至高"的"上

[tsiũ]",如"上船、上飞机"、"跙<sub>爬</sub>上楼梯、行上大路"等。不过"起"也确如李文所言,既可表述趋距相对较小的位移,也可表达由一点提升至另一高点的空间位移。前类位移与普通话"起"一致,"可能只表达又返回原起点"(李英哲,2007:187)。后类一般伴随运动场所的改变,如"起<sub>上</sub>车、起落<sub>上下</sub>船"等。它在北京话及大部分方言里多用"上"。

### 2.3.2 "起去"语义上的局限性

不过"起"与后跟立足点"来/去"的"起来、起去"有区别。厦门话"起来"既可表达与普通话"上来"一致的位移,也可表达趋距较小的"起来"。

(16)伊破病倒床几若日,跙起来规人浮□□[io²io?]。
（他生病躺床上好多天了,爬起来整个人像浮在半空中一样。）
(17)对楼骹<sub>从楼下</sub>走起来。(周长楫,1993)

"起去"则更倾向表达空间提升位移,即倾向表达北京话"上去"的位移。《厦门方言词典》对"起去"的解释都是"上去,由低处向高处移动"。

(18)伊底时<sub>何时</sub>起去楼顶<sub>楼上</sub>,我敢怎怀知<sub>不知道</sub>?
(19)二楼对遮<sub>从这儿</sub>跙<sub>起去</sub>。

李英哲(2007:187)也指出台湾闽南话"起去"语义上的局限:只表达提升到另一高点,不能表达又返回原起点。

### 2.3.3 "V起去"的引申义项

台湾闽南话与北方话"起来"有相似的隐喻现象(李英哲,2007:188),厦门话"起来"同样,语义分化,隐喻延伸途径与普通话及北京话等大部分方言"V起来"相似。

(20)趋向:即块石头佮两个合伊<sub>把它</sub>拎起来。
(21)完成:电火开关禁<sub>关闭</sub>起来。
(22)起始:我一入去,规间房哗起来<sub>整个房间闹腾起来</sub>。
(23)评价:伊即躯<sub>这套</sub>西装雕<sub>穿着打扮</sub>起来真外气<sub>合乎潮流、时髦</sub>。(以上摘自周长楫,1993)

厦门话"V起去"也已语法化,只是其由实到虚的引申,并未如邢福义强调的"语言匀整系统的总体趋同规律"而显示出与"V起来"相似的语法化历程。"V起去"的引申义项与"V起来"并不对称,却与北京话"V上去"呈明显的平行关系。

(24)我虽罔<sub>虽然</sub>揽身命<sub>身体虚弱</sub>,跙即座山,我咬喙齿<sub>咬紧牙齿</sub>也要甲伊拚起去<sub>拼上去</sub>。
(25)时钟无电咯,拿遮<sub>这</sub>新的换起去。/邮票该伊<sub>把它</sub>搭<sub>贴</sub>起去。
(26)伊即个人看起去真幼秀<sub>秀气</sub>。/即摆<sub>这回</sub>考无好,看起去入大学是无向<sub>无望</sub>略。

李英哲(2007:192)做了相应论证：

(27)北：那么高的位置你攀得上去吗？　闽：彼呢高的位置你攀会起去无？

(28)北：他的名字补得上去吗？　　　　闽：伊的名补会起去无？

(29)北：看上去他实在遥遥不可及！　　闽：看起去伊实在遥遥不可及！

#### 2.3.4 "V起去"语法化演变的推论

材料与能力有限，这里对"V起去"的语法化进程做如下推论：

第一，北京话"上、下"的位移表述在以厦门话为代表的闽南话里，更倾向使用古汉语"起、落"。同时并存的位移"上"很可能是语言接触的结果。

第二，闽南话"V起来""V起去"在具体空间位移表达上不对称，"V起去"语义上有局限性，倾向表达北京话"V上去"的位移。由此推测，同普通话"V起来"相配套的"V起去"在闽南话可能也已消隐。

第三，当前厦门话"V起去"表述的各类引申义极可能由语言接触导致或诱发，是平行语法化的结果。"人类语言发展的一个共性，具有相同语义特征的词汇会朝相同的方向语法化"。(石毓智，2003:213)厦门话"起去"与北京话"上去"在趋向表述上的平行关系，使厦门话"V起去"有可能参照、借用"V上去"的语义分化进程。厦门话同时并存的"V上去"同样表述各类引申义。这一点可作为旁证。

王灿龙(2004:30)指出"起去""语法化未完成或停滞"。而厦门话等闽南话"起去"与其说它语法化未完成，不如说是走上了不同于"起来"的语法化道路。它是语言接触过程中，北京话为代表的北方官话"V上去"诱发而形成的平行语法化的结果。

### 2.4 陕西话"起来"与"起去"

#### 2.4.1 *表基本趋向义的*"起去"

陕西方言有与"起来"配套的"起去"(马晓琴，2007；孙立新，2007)。不过我们发现，陕西话"起去"仍表述基本趋向义，基本没有引申用法。"除表示基本意义以外，没有引申意义。"(马晓琴，2007:59)

(30) 外头有人叫你嘞，快点起去！

　　　我擂了一块石头，鸟就飞起去嘞。(马晓琴，2007)

(31) 我再睡一阵儿就起去咧，你先起去。

　　　小伙子，你先把我老婆搀起去，我自己能拾起去。(孙立新，2007)

### 2.4.2 陕西话"(V)起+去"结构

孙立新(2007:105—106)将户县话"起去"适用语境阐释为:"说话人与'起去'行为主体之间必须有坐(躺)等动作行为上下(高低)距离的参照。"他解释了陕西话"起"的适用范围,但"去"的适用范围较含糊。

依据例句与被调查者①语感,我们认为陕西话"起去"更接近"起+去"短语,强调"(V)起"动作后,动作发出者或某事物离开说话者所在位置。"去"保留有较强动作性,凸显说话人的要求——离开说话者所在地。这一推测源于下述例证:

第一,北京话"起"与"起来"很多义项重合,不过日常口语里,北京人倾向使用"起来"。陕西话则不同,倾向用"起"表达北京话"起来"诸多义项。陕西话不仅"起去"适用范围不广,"起来"运用也不普遍。

(32)跌倒咧再爬起[tɕ'iɛ](爬起来)。

(33)把这一堆砖摞起[tɕ'iɛ](摞起来)。

(34)从初一算起[tɕ'i](算起来)。(以上摘自王军虎,1996)

既然陕西话"V起来"一般由"V起"替代,那么,"V起来"相对应的"起去"也不太可能在口语里广泛运用。陕西话"(V)起去"语法格式更可能是"(V)起+去"结构。

第二,"古汉语中,'起去'用于本义时,意为'从床、座位等上面立起身子并离开',因此,它实际上不是一个词,而是两个动词连用的短语(起+去)。"(王灿龙,2004:29)"去"带有一定"离去、离开"义。

(35)宋四公恰待说,被赵正拖起去。(《宋四公大闹禁魂张》)②

(36)雪雁拿过瓶子来给黛玉看。黛玉道:"我懒怠吃,拿了搁起去罢。"(《红楼梦》第八十二回)

(37)今日哪吒拿起去射了一箭,只射到骷髅山白骨洞有一石矶娘娘的门人,名曰碧云童子。(《封神演义》第一十三回)

例(35)、例(36)"V起去"里"去"的动作性虽有所减弱,但仍带有一定实义,将动作行为转化为趋距上的远离。例(37)"拿起去"的"去"表达"离开"义要弱于前几句。但它后跟动词"射",形成"$V_1$+起+去+$V_2$"结构,使"去"更似连接成分而非趋向词。

综上,古汉语遗留的"去"强动作性在"起去"历时发展的任何一阶段都制约着其语法化进程。而陕西话"起"适用范围的相对广泛性使"去"这一制约更加明显,"起去"因

---

① 张巍,陕西渭南人,上海师范大学对外汉语学院副教授。
② 例(35)—例(37)摘自王灿龙(2004)。

而仍只表述基本趋向义而无引申义。

### 2.5 其他方言里"起来"与"起去"

邢福义(2003:205—213)认为至少在江淮、西南官话、赣语和闽语有"起去"。不过其例句都是"起去+VP"结构。语义上多表述基本义"起床(身)"。由此推断,有"起去"的方言,可能更多的是古汉语"起去(起而去)"的遗留。

除前文具体分析的方言点以外,不少方言"起去"也发生了语法化。但大多是对应于趋向动词的语法化,即"V+起去"表达动作行为的趋向,并未引申出"完成"义和"起始"体标记。山西忻州话、湖北武汉话如是。当地方言词典与调查显示,"V起来"涵盖了普通话"V起来"所有义项与用法,"V起去"却义项简单,仅表述动作趋向。①

### 2.6 方言类型学视野下"(V)起来/起去"的语义分化

前文对各方言点"(V)起来/起去"的梳理,使我们对它们的语义分化及"起去"在各地方言的存废有了大致轮廓。这里尝试在方言类型学视野下,探求隐藏在差异背后的共同类型特征。

第一,各地方言"起去"大多表达基本义,即"起身(床)而去"。与复合趋向补语"起来"配套的"起去",语法化进程明显滞后,"完成"结果义或"起始"体标记大多缺失。

第二,"V起去"结构杂糅,可能为"V起+去"结构,"起"引进伴随状态(成都话、长沙话、陕西话等);也可能为"V+(起)+去"结构,"起"为趋向补语标记(成都话、长沙话等)。这类语言现象并非偶然,不少方言里都有这类古汉语遗留。

第三,部分方言"起去"存有不同于普通话"起来"的引申用法,如长沙话、厦门话等。不过它们对动词V有诸多限制,当地方言同时并存的"V下去""V上去"一定程度上制约了其语法化进程。

第四,部分方言"起去"的语法化现象很可能是语言接触诱发的相关语法复制或借用的结果,常受到语言结构内部的制约。前文提及厦门话"V起去"的引申义如是。我们推测,长沙话"起去"相当"下去"的引申用法也可能是语言接触引发的借用(borrowing),在普通话长期密切接触下,"起去"经由"去"的意象图式投射而对"下去"相关义项的借用。

---

① 详见张光明(2004)、温端政、张光明(1995)和朱建硕(1995)。

## 三、"起来""起去"的句法分布与"起去"在方言中的存废

分布(distribution)理论认为,每个语言单位都有其特有的分布。分布的概念成为一条重要的解释性原则,可最大限度避开意义的干扰,给语言形式定位、归类。(戴维·克里斯特尔,2000)这里,抛开意义等因素,从各地方言"起来""起去"句法位置分布来分析当前"起去"的存在或消隐可能。

### 3.1 "起来""起去"与其他语法成分共现的各类语序

#### 3.1.1 置于句中,后跟其他动词结构的"起来/起去+VP"

(38)我着<sub>应该</sub>起来<sub>起床</sub>煮糜<sub>稀饭</sub>。(周长楫,1993)

(39)瓮里一点水都没唡,快起去担水去!(马晓琴,2007)

(40)外面有人敲门,快起去看看。(鲍厚星等,1993)

"起来/起去+VP"一般为连动结构("V₁V₂O"结构)。"起来/起去"作为核心成分,又在V₁位置上,相对较难语法化。这里"起来/起去"仍为动词,多表达基本义。

#### 3.1.2 置于动词或动词结构后的"VP+起来/起去"

"VP+起来"在北京话等方言里运用广泛,语义功能分化,如"站起来""收起来""唱起来""喫起来有味"等。"VP+起去"相反,尽管不少方言里有这一语序,但明显少于"VP+起来"。且如前所述,"VP+起去"结构形式杂糅,未必是动后跟复合趋向词"起去"。

(41)这个人才好哦,别个掉了的钱他捡到了,又给人家送起去。(梁德曼等,1998)

(42)骹踏车<sub>自行车</sub>起车<sub>上车</sub>真易学,手着掠势,一下就跍起去。(周长楫,1993)

"VP+起去"后往往再跟动词或动词结构,构成连动结构"VP₁+起去+VP₂"。

(43)天还有亮,你就爬起去搞么子<sub>干什么</sub>哪?(崔振华,2007)

(44)王四扒<sub>爬</sub>起去摘果子哩。

邢福义(2004:101—104)指出近代的《封神演义》、《金瓶梅》等白话作品及老舍的《骆驼祥子》、陈忠实的《白鹿原》等现当代小说都有这种连动结构。可见这一结构自古就有,部分方言保留并沿用至今。

### 3.1.3 "起来""起去"的分离式

复合趋向补语与宾语共现时,还可以分离式呈现。不过我们认为,口语中这类分离式并不普遍。日常交谈中,宾语后的"来、去"常会自动脱落,形成"放下碗""拿起衣服"等形式;或用介词"把"将宾语前置,"把碗放下来"等。

北京口语"V起来"的运用大致如此。方言合作人①指出,北京话"拿起衣服来"这类说法使用不算频繁。不过当"起来"表达"开始""评价"等引申义时,往往采用"起+N+来"。如"我们唱起歌来""她说起话来细声细气的"等。马晓琴(2007:59)也指出,陕西话"起来"表达"开始"引申义时,可用"动词+起+宾语+来"表达。如"她干起工作来是那么的认真!""外面下起雨来"等。她还指出,"起去"由于没有引申义,所以不能分开使用。

依据我们的随访,并结合《词典》里相关例句,"V起来"分离式表述的一般为"起始"或"评价"引申义。从这点看,由于大部分方言"起去"大多只表达基本义,这几个引申义项上空缺。因而"起去"的分离式"起……去"也相应缺省。

(45)长沙:他讲起话来痞里痞气。

(46)娄底:他用起钱来冇得个底洞<sub>限度</sub>箇。

(47)忻州:小狗子<sub>人名</sub>钻在中间儿贱起事<sub>挑起事端</sub>来哂。

### 3.2 "起来""起去"句法位置上的不对称

综上所述,"起来/起去"在句法分布上存在一定不对称。其不对称并非绝对的有无对立,而是经调查统计得到的一种倾向。其中与"起去"相关的有如下两点:

其一,"(V)起去+VP"结构仍占多数,"起去"倾向置于动词或动词性结构(VP)前。

"起去"后跟动词结构VP("(V)起去+VP")是较为优势的语序。各地方言"起去看""起去做"这类用法较普遍。即使是"VP+起去"结构也往往会再跟动词或动词结构,构成连动结构"VP$_1$+起去+VP$_2$"。

其二,"起……去"格式相对缺省。

动词后"起来""起去"与宾语共现时,语序上不对称。"V起来"有分离式"V起……来",而"起去"在相应位置上空缺。

---

① 刘辉,北京人,上海师范大学中文系教师。

### 3.3 "起去"在方言中的存废

前文对"起来""起去"的语义分化及句法分布的跨方言考察表明,"起去"作为汉语史上曾与"起来"对应的较活跃的语言形式,现代汉语里并未完全消失,留存于部分方言,但多表述"起身(床)而去"基本义。句法形式上表现为:它更倾向后跟 VP 形成连动结构"起去 + VP",及"起去"离散形式的空缺。①

严格意义上的与北京话"起来"相配套的"起去"在各地方言发展缓慢或停滞。"V 起去"大多仅表述基本趋向义,而且诸如成都话、长沙话等方言里"V 起去"结构形式复杂,一定程度上也制约了其语法化进程。

各地方言"起去"存废情况如下表所示:

| | | "起"与"起来"的适用范围 | V 起去（趋向义） | V 起去（引申义） | V+（起）+来/去 | V 起+来/去 |
|---|---|---|---|---|---|---|
| 官话 | 西南 | 成都 | "起"适用范围较广 | （+） | － | + | + |
| | | 武汉 | | + | － | | |
| | 西北 | 西安 | "起"适用范围较广,多用"起"表达"起来"义项 | + | － | | + |
| | | 户县 | | | | | + |
| | | 北京 | | － | － | － | － |
| 吴语 | | 上海 | "起来"适用范围较广,口语里一般用"起来" | | | | |
| | | 宁波 | | | | | |
| | | 舟山 | | | | | |
| 晋语 | | 忻州 | | + | － | | |
| 湘语 | | 长沙 | "起"适用范围较广 | + | （+）下去 | + | + |
| | | 娄底 | | + | | | |
| 闽南语 | | 厦门 | "起"包含北京话"起"与"上"位移,适用范围较广 | +（上去） | （+）上去 | － | － |
| | | 台湾 | | +（上去） | | － | － |

("+"表示有此用法,"－"表示没有,"（+）"表示较少运用或用法有限制,空格表示不能确定。)

限于时间与精力,我们并未考察很多方言"起去"。不过从现有数据已可清晰获得,当前,不仅北京话、上海话、广州话等大部分方言里"起去"遭到了废弃;有"起去"的方言里,义项分布也有很多局限,引申义项基本没有或受限制。种种语言现象表明,汉语史上一度非常活跃的"起去"正在现代汉语中逐渐消失,逐步退出人们的话语系统。借用

---

① 现代汉语里意义越虚,语序越固定。动后复合趋向补语"趋₁来/去"与宾语共现,若表状态义往往限于"趋₁来/去"的离散形式。

王灿龙(2004:30)论述,则是汉语方言里"起去""走上了语法化的道路,但这一过程未完成或停滞了"。

## 四、结语

通过对现代汉语"V起来""V起去"的类型学考察,"起去"句法、语义特征的全方位探讨,我们了解到,"去"的强动作性、独立性使一度与"起来"一样活跃的"起去"在语法化演变途径上不同于"起来",且明显滞后。而"起来"与"起去"在言者立足点上的不清晰,使"起去"更处于劣势,在普通话及大部分方言里被逐渐替代、消隐。

与此同时,各地方言里"起去"相关结构(V+起+去)的杂糅、引申义的相对空缺,更多表述"起而去"的基本义及趋向意义等这些语言事实的存在。我们推测,随着语言的发展,与复合趋向词"起来"相配套的"起去"恐怕在各地方言中也会逐渐消隐,直至淡出现代汉语的舞台。

**参考文献**

崔振华(1998)《益阳方言研究》,湖南教育出版社。
———(2007)湘方言中的"起去"已经语法化,《汉语学报》第3期。
戴维·克里斯特尔编、沈家煊译(2000)《现代语言学词典》,商务印书馆。
李荣主编(1998)《现代汉语方言大词典》(41分卷本),江苏教育出版社。
李英哲(2007)北方话闽南话的"起来"和"起去"及其隐喻现象,《汉语方言语法研究》(第二辑),华中师范大学出版社。
马晓琴(2007)陕西方言中"起去"的用法——兼说"起去"在普通话中不可说,《陕西教育学院学报》第1期。
石毓智(2003)《现代汉语语法系统的建立》,北京语言文化大学出版社。
孙立新(2007)户县方言的趋向动词,《唐都学刊》第3期。
王灿龙(2004)"起去"的语法化未完成及其认知动因,《世界汉语教学》第3期。
邢福义(2003)"起去"的语法化与相关问题,《方言》第3期。
———(2004)"起去"的普方古检视,《方言》第2期。
———(2005)《西游记》中的"起去"与相关问题思辨,《古汉语研究》第3期。
张清源(1998)成都话的"V起来、V起去"和"V起XY",《方言》第2期。
张光明(2004)忻州方言的"起去",《语文研究》第4期。
钟兆华(1988)动词"起去"和它的消失,《中国语文》第5期。

(200234 上海,上海师范大学对外汉语学院)

# 《对外汉语研究》征稿启事

《对外汉语研究》由上海师范大学对外汉语学院主办,由商务印书馆出版,向国内外发行。本刊以"促进国内外对外汉语教学与研究为目标,及时反映汉语教学与研究领域的最新成果和学术动态,全面提升对外汉语教学界的教学和科研队伍,为学术讨论、研究和理论创新提供平台"为宗旨。竭诚欢迎世界各地从事汉语研究和教学的学者、专家、教师、研究生围绕以下栏目及相关内容给《对外汉语研究》赐稿!

**栏目设置:**

作为第二语言的汉语本体研究;语言测试研究;语言学习理论;汉语作为第二语言的习得与认知;中外汉语教学的历史与现状;语言文化教学;对外汉语学科教学论;教材建设;对外汉语教育技术;学术评论和学术动态等。本刊特别欢迎论证充分、材料翔实,联系实际的新观点、新成果。

**来稿注意事项:**

1. 字数:论文以 8000 字左右为宜,重要文章可做适当调整。

2. 文章要有题目、摘要和关键词。摘要一般不超过 200 字。关键词一般不超过 5 个。

3. 例句:

例句全部用小五号宋体,用(1)(2)(3)……统一编号,按顺序排列,并在例句后面用小括号注明出处。

4. 注文:注文一律采用脚注,用①②③……编号。

5. 参考文献:

中文参考文献一律用小五号宋体,外文参考文献一律用罗马字体,其中著作、杂志用斜体。

例如:马箭飞(2001)以"交际任务"为基础的汉语短期强化教学教材设计,载《对外汉语教学与教材研究论文集》,华语教学出版社。

沈家煊(1994)"语法化"研究综观,《外语教学与研究》第 4 期。

朱德熙(1982)《语法讲义》,商务印书馆。

Dowty, David (1991) Thematic proto-roles and argument selection. *Lan-*

guage 67(3):547-619.

　　　Wilkins, D. A. (1976) *National Syllabuses*, Oxford University Press.

6. 投稿要求：来稿请寄打印本和电子本各一份。打印本一律要用 A4 纸，正文用 5 号宋体字，例句用 5 号仿宋体。稿件也可以 WORD.DOC 格式用 E-mail 通过附件的方式发送至本刊编辑部。

7. 来稿时写明：作者姓名、工作单位、通信地址（含邮政编码）、联系电话、E-mail 地址和主要研究方向等内容。

8. 来稿审读时间一般为 6 个月，6 个月内未接到用稿通知，可自行处理。

《对外汉语研究》编辑部
邮政编码：200234
地址：上海市桂林路 100 号上海师范大学对外汉语学院
电话：021-64328691；电子信箱：dwhyyj@shnu.edu.cn
联系人：姚占龙

图书在版编目(CIP)数据

对外汉语研究. 第 10 期/上海师范大学《对外汉语研究》编委会编. —北京:商务印书馆,2013
ISBN 978-7-100-10309-1

Ⅰ. ①对… Ⅱ. ①上… Ⅲ. ①汉语—对外汉语教学—教学研究—文集 Ⅳ. ①H195-53

中国版本图书馆 CIP 数据核字(2013)第 234759 号

所有权利保留。
未经许可,不得以任何方式使用。

DUÌWÀI HÀNYǓ YÁNJIŪ
对 外 汉 语 研 究
(第 十 期)
上海师范大学《对外汉语研究》编委会 编

商 务 印 书 馆 出 版
(北京王府井大街36号 邮政编码 100710)
商 务 印 书 馆 发 行
北京瑞古冠中印刷厂印刷
ISBN 978-7-100-10309-1

| | |
|---|---|
| 2013 年 12 月第 1 版 | 开本 787×1092 1/16 |
| 2013 年 12 月北京第 1 次印刷 | 印张 15½ |

定价:35.00 元